Jornada da Liderança Exponencial

Organização:
Antonio Muniz
Júnior Rodrigues
Juliana Guedes Almeida
Priscila Paulo
Gean Pereira

Jornada da Liderança Exponencial

Construindo uma relação humanizada nas organizações com destaque para o papel executivo

BRASPORT

Rio de Janeiro
2023

Editor: Sergio Martins de Oliveira
Gerente de Produção Editorial: Marina dos Anjos Martins de Oliveira
Editoração Eletrônica: Abreu's System
Capa: Trama Criações

J82 Jornada da liderança exponencial : construindo uma relação humanizada nas organizações com destaque para o papel executivo / organização: Antonio Muniz ... [et al.]. – Rio de Janeiro: Brasport, 2023.
296 p. ; il ; 17 x 24 cm.

Inclui bibliografia.
ISBN 978-85-7452-964-6

1. Liderança. 2. Produtividade. 3. Gestão de pessoas. 4. Era digital. 5. Transformação digital. I. Muniz, Antonio. II. Rodrigues, Júnior. III. Almeida, Juliana Guedes. IV. Paulo, Priscila. V. Título.

CDU 65.011.4

Catalogação na fonte: Bruna Heller (CRB10/2348)

Índice para catálogo sistemático:
1. Produtividade / Eficiência / Sucesso / Etc. 65.011.4

BRASPORT Livros e Multimídia Ltda.
Rua Washington Luís, 9, sobreloja – Centro
20230-900 Rio de Janeiro-RJ
Tel./Fax: (21)2568.1415
e-mails: marketing@brasport.com.br
vendas@brasport.com.br
editorial@brasport.com.br
www.brasport.com.br

A Jornada Colaborativa

Juntos somos mais inteligentes e transformamos mais vidas!

Era uma vez um professor universitário que sonhava lançar um livro quando finalizou o mestrado em 2006.

Depois de algumas ideias para publicação em temas como certificação Microsoft, gestão de projetos e gestão de serviços, o sonho começou a ser concretizado em 2017 com o livro "Jornada DevOps", mas alguns obstáculos travaram sua evolução após a definição da estrutura final para a certificação oficial EXIN e a escrita de três capítulos.

Em setembro de 2018, durante uma palestra na PUC Minas, surgiu um *click*: "será que outras pessoas apaixonadas por *DevOps* ajudariam com a escrita colaborativa?" Dezenas de pessoas aceitaram o convite e o livro foi lançado para 350 pessoas no dia 06 de junho de 2019 no Centro de Convenções SulAmérica no Rio de Janeiro, após um intenso trabalho coordenado com pessoas de várias cidades que nunca haviam trabalhado juntas antes.

Após esta experiência bem-sucedida com muitos aprendizados, a escalada dos times gerou grandes amizades, novas iniciativas e conseguimos doar R$ 298.590,00 para instituições carentes com o lançamento dos primeiros 15 livros em 23 eventos Jornada Summit com mais de 15 mil participantes.

Sonhamos transformar mais vidas somando a inteligência coletiva e o apoio de empresas amigas...

Prefácio

Quando pequeno, costumava ouvir de minha bisavó, imigrante alemã fugida dos horrores da guerra, a seguinte frase: devemos ter sempre cuidado com nossas certezas. Na maioria das vezes, quando temos muitas certezas, a vida nos mostra que estamos perdidamente enganados.

Escrevo este prefácio tomando uma xícara de café em uma manhã de inverno de 2022 e aproveito para olhar para trás analisando os dois últimos anos. Vejo que todas as certezas que tínhamos foram, em sua maioria, esmagadas por um turbilhão que sacudiu o mundo.

Paradoxalmente, uma certeza sobreviveu e se encontra mais forte: o mundo não é mais o mesmo. Poucas vezes nossa pequena esfera azul, no meio da imensidão do espaço, foi sacudida de forma tão intensa.

E é em cenários como esses, tão cheios de incertezas e dúvidas, que surgem as grandes discussões. E uma das pautas mais importantes, sem dúvida, é o papel da nova liderança nessa realidade ainda em construção.

Tendo o privilégio de ler em primeira mão a "Jornada da Liderança Exponencial", fruto de um trabalho apaixonado e persistente da Jornada Colaborativa, deparei com um fantástico guia para a formação do modo de pensar da liderança do futuro: unindo o foco na humanização das relações, o desenvolvimento de competências humanas e a capacidade de entrega de resultados concretos.

Tenho total confiança na construção de um mundo melhor, com o protagonismo de empresas mais humanas, lideradas por um propósito maior. E fico feliz em saber que esta publicação pode ser um primeiro e grande passo nesse sentido.

Rodrigo Lang
Sócio-diretor do BBI of Chicago

Apresentação da Jornada da Liderança Exponencial

A história deste livro coincide com a situação atual do mundo imprevisível em que vivemos e foi necessário adaptarmos a ideia original em função de imprevistos que surgiram ao longo do caminho. Mas quando temos pessoas incríveis no time, as mudanças podem superar nossas expectativas...

Dentre os diversos imprevistos que tivemos, passamos por uma pandemia e outras situações familiares graves com pessoas amigas do time organizador que me fizeram pensar durante algumas semanas sobre a viabilidade de prosseguir com esta publicação.

Durante minhas reflexões, o nome do meu grande amigo Júnior Rodrigues martelava na minha cabeça como a pessoa ideal para assumir a liderança do time e prosseguir com a iniciativa deste livro tão importante para o mundo atual. Além de grande experiência de mercado e forte comprometimento quando assume uma missão, o Júnior também tem grande propriedade nesse tema porque teve importante atuação na organização e curadoria do nosso livro "Jornada Ágil da Liderança".

Como eu imaginava, o Júnior ficou superempolgado e aceitou de imediato o convite para assumir a liderança na retomada do livro. Um dos grandes desafios das atividades que realizamos na Jornada Colaborativa é priorizar uma parte do nosso tempo para a escrita dos livros, e o líder do time organizador desempenha importante papel para mobilizar os autores e orquestrar todas as ações necessárias para o sucesso no resultado final para nossos leitores, a nossa razão de ser.

Como o time organizador também tem um importante papel na escrita colaborativa e curadoria do conteúdo, o próximo passo foi confirmar os participantes na retomada do livro e convidar novas pessoas com perfis complementares. Dessa forma, tivemos a chegada de outras feras para somar esforços ao time organizador: Juliana Guedes

Almeida, Priscila Paulo e Gean Pereira. Em função de sérias situações particulares, a Bianca Machado, a Josi Marinho e o Guilherme Santos não puderam permanecer e agradecemos suas ideias e colaboração no início dessa jornada.

Após os aprendizados nos primeiros livros, estamos escolhendo os participantes com critérios mais objetivos, pois o sucesso da escrita colaborativa depende de pessoas superengajadas e com forte inteligência emocional para se relacionar e evitar conflitos que possam gerar confrontos desnecessários. A escolha das pessoas com experiências diversificadas também é um passo muito importante para o time de autores, e parabenizo todos que se comprometerem com o seu melhor para mais uma construção coletiva de sucesso.

Tenho grande orgulho de ter plantado a semente da escalada dos livros e saber que posso seguir com minhas atribuições na mentoria de novas lideranças, visando mobilizar novas pessoas apaixonadas por transformar mais vidas com a cultura colaborativa e a inteligência coletiva. Lembro-me de que precisei participar de pouquíssimas reuniões com o time deste livro, e as demais ações foram lideradas pelo Júnior e pelo time organizador.

Refletindo sobre o papel da liderança exponencial, lembrei do artigo que escrevi no LinkedIn em novembro de 2018 com o título "A transformação digital depende do *mindset* ágil e *DevOps*". Nessa ocasião, reforcei o quanto podemos melhorar a cultura colaborativa com a analogia do frescobol substituindo o tênis nos departamentos e *squads* das empresas. Como tenho reforçado no movimento LiderProExpert, as pessoas destravam seu potencial e suas carreiras quando trabalham em ambientes saudáveis. A liderança tem papel fundamental nessa transformação porque dá o tom de como os times se comportam, conforme ilustrado na tabela a seguir.

Comportamentos	**Tênis**	**Frescobol**
Como olhamos o outro	Concorrente	Parceria
Propósito do jogo	Derrubar o outro	ColaborAÇÃO
Quando acertamos	Um ganhador	Todos ganham
Quando erramos	Somos punidos	Aprendizado
Adaptabilidade	Dificultar mais para o outro	Facilitar mais para o outro

Gosto de reforçar em minhas palestras e mentorias a importância de adaptar as práticas que funcionam no Vale do Silício para a realidade brasileira, porque nossas organizações vivem contextos específicos. Temos orgulho de mais um lançamento com experiências brasileiras.

Parabéns ao time organizador e aos autores pelo excelente resultado!

Antonio Muniz
Fundador da Jornada Colaborativa e JornadaCast, criador do programa LiderProExpert e CEO Advisor 10X

Ação social

A Associação Cristã de Apoio a Criança (ASCAC) é uma entidade beneficente de assistência social que tem o objetivo de desenvolver atividades que contribuam para a educação socioparticipativa de crianças, adolescentes e familiares no que diz respeito a sua convivência em sociedade e cuidados com sua qualidade de vida.

Tem por atividades a realização de: assistência social (palestras, rodas de conversa, atendimento socioassistencial e ações sociais); oficinas (artes, esportes e música); e atividades complementares (passeios culturais, sarau literário e eventos culturais).

Este livro tem o intuito de contribuir com essa ação social, tanto na divulgação para que mais pessoas possam ajudar quanto na doação de 100% dos *royalties* recebidos pelas vendas. Contribua você também através do QR Code ou do link que estão a seguir:

<https://bit.ly/doacaoascac>

Sumário

PARTE III. LIDERANÇA FOCADA EM PESSOAS

PARTE IV. LIDERANDO PARA A TRANSFORMAÇÃO DIGITAL

PARTE V.
LIDERANDO COM FOCO EM RESULTADOS

PARTE VI.
CRIANDO E PREPARANDO O AMBIENTE ORGANIZACIONAL PARA O EXERCÍCIO DA LIDERANÇA EXPONENCIAL

PARTE VII.
NA CONTRAMÃO DA LIDERANÇA

PARTE VIII.
DESENVOLVENDO HABILIDADES EXPONENCIAIS

PARTE I.
O MUNDO MUDOU:
POR QUE *VOCÊ* PRECISA SE TORNAR ESSE NOVO LÍDER?

1. Liderando em contextos exponenciais

Marcio Luiz Reis e Pimenta
Bruno Leonardo Rosa

O capítulo irá apresentar quais desafios que a liderança enfrenta nesse contexto de exponencialidade, com a adoção de uma visão estratégica que seja construtora de contextos integralmente ligados à liderança.

A única constante é a mudança.
– Heráclito de Éfeso

Introdução

A Walt Disney, uma das principais empresas de mídia e entretenimento do planeta, demorou cerca de 69 anos para chegar ao valor de mercado de US$ 1 bilhão. A Netflix, outra gigante, demorou aproximadamente 10 anos para chegar a esse mesmo patamar. Amazon e Google, empresas que dispensam apresentações, cerca de cinco anos.

Segundo reportagem da Época Negócios de fevereiro de 2019 (QUANTO, 2019), o mais recente bilhão conquistado pela Amazon teria sido conquistado em aproximadamente dois dias; o da Google, conquistado em pouco mais de três dias; e o do Facebook, em menos de dez dias.

Poucas vezes na história transformações tão grandes ocorreram em espaços tão curtos de tempo. E, obviamente, mudanças dessa monta são precedidas por algo bem anterior ao caixa ou balanço da empresa. Essa nova realidade impacta diretamente tecnologias, empresas e pessoas.

A velocidade das mudanças é tanta que palestrantes como Beia Carvalho e Jaqueline Weigel (LIDERANÇA, s.d.), entendem que esta era (bem marcada pela Quarta Revolução Industrial) é uma "época de pulos", onde a velocidade das mudanças deixa de ser linear e se torna exponencial.

Ser uma liderança exponencial é estar preparado para transitar em um ambiente de complexidade, de decisões estratégicas de extrema dificuldade, circunstâncias de pouca previsibilidade e onde o foco é no crescimento contínuo.

É ter a compreensão do ambiente externo, conhecer técnicas e ferramentas de coleta e análise de dados e ter o compromisso de alcançar as melhores soluções possíveis para os problemas, de tal forma que os objetivos estratégicos definidos pela organização sejam sempre perseguidos, sem deixar de pensar no real valor das pessoas.

Contudo, para que tudo isso possa fluir naturalmente de forma que o líder não fique tentado a utilizar a intuição como o processo principal de seu cotidiano, é imprescindível que conceitos como o de tomada de decisão, complexidade e gestão de riscos estejam devidamente assimilados.

É preciso também que o líder entenda a dinâmica das mudanças e sua influência no ambiente organizacional. É fundamental que ele esteja investido de autoridade organizacional para transformar a mudança em algo positivo, saber influenciar os eventos para alcançar as metas e, principalmente, saber construir um ambiente sustentado por parâmetros confiáveis de previsibilidade e riscos controlados.

Ser uma liderança exponencial é saber construir e gerenciar contextos!

Construção de contextos

Já vimos nos parágrafos anteriores que a missão de uma liderança exponencial pode ser considerada um trabalho hercúleo, por exigir um esforço demasiadamente grande. Nesse sentido, muito mais do que pensar exatamente no esforço envolvido, a liderança exponencial deve ter a preocupação de buscar o trabalho colaborativo e se apoiar em uma rede robusta de informação, ter a consciência de que está imersa em um mundo instável e em veloz transformação, e que liderar passa necessariamente por inspirar pessoas.

É preciso construir uma equipe que trabalhe permanentemente com um *mix* de conceitos, técnicas e ferramentas que permita a construção de contextos fidedignos, decisões rápidas e objetivas, e *feedbacks* ágeis para retroalimentar as análises iniciais.

Mas o que significa construir um contexto? E por que ele deve ser fidedigno?

Contexto pode ser entendido com a inter-relação de circunstâncias que acompanham um fato, uma situação ou o retrato do ambiente organizacional em que está inserida determinada organização.

Pode ser entendido também, segundo a NBR ISO 9000:2015 (ASSOCIAÇÃO BRASILEIRA DE NORMAS TÉCNICAS, 2015), como um processo:

> *Este processo determina fatores que influenciam o propósito, os objetivos e a sustentabilidade da organização. Ele considera fatores internos, como valores, cultura, conhecimento e desempenho da organização. Ele também considera fatores externos, como legal, tecnológico, competitivo, mercado, cultural, e ambientes social e econômico.*

Um contexto deve ser o mais fidedigno possível, ou seja, deve ser extremamente fundamentado, confiável e de baixo risco. Contextos fundamentados em informações de qualidade tornam a tomada de decisão mais objetiva e diminuem os riscos organizacionais. Dessa forma, é possível blindar, ou pelo menos reduzir, e gerenciar os possíveis impactos no propósito da organização, isto é, na visão, missão, políticas e objetivos.

O que há de novo na construção de contextos?

Desde sempre habitamos um mundo formado por uma certa dose de incerteza e complexidade. Eventos climáticos extremos, invasões romanas, a Guerra Fria, a União Europeia e o *Brexit* são exemplos históricos de fatos imersos em ambientes conturbados. Sempre estivemos diante de mudanças geopolíticas e contextos desafiadores.

A questão que vem alterando o *status quo* dessa equação, e que faz com que lideranças e a academia voltem a considerar tais aspectos em suas estratégias, é a velocidade com que as mudanças estão ocorrendo e a eventual incapacidade de conseguirmos nos adaptar no mesmo ritmo.

Isso acontece graças aos processos associados à globalização e ao estágio atual das comunicações, com a concretização dos conceitos que abrangem a "sociedade 5.0", onde o foco do desenvolvimento das tecnologias passa a ser o bem-estar humano. O indivíduo, através de um pensamento holístico, se torna o centro dos processos de tomada de decisão.

Apoio na construção de contextos

Para apoiar a construção de contextos e prover sentido rápido a uma ideia ou conceito, a academia criou algumas siglas. Talvez a mais famosa seja VUCA.

Como detalhado em Sinha e Sinha (2020, p. 17) VUCA, sigla para *Volatility, Uncertainty, Complexity and Ambiguity* (volatilidade, incerteza, complexidade e ambiguidade), foi cunhada no ano 1987 com base nas teorias de liderança de Warren Bennis e Burt Nanus.

Como muitos outros conceitos na literatura de gestão, o termo VUCA também teve sua origem nas forças armadas. Com o fim da Guerra Fria e o desaparecimento da antiga União Soviética, o exército dos EUA ficou, de certa forma, "desorientado", pois o inimigo poderia ser qualquer um e vir de qualquer lugar. O mundo bipolar havia acabado.

O Centro de Ensino Empresarial (CEEM) da Fundação Getúlio Vargas detalha os elementos do acrônimo VUCA da seguinte forma (CENTRO DE ENSINO EMPRESARIAL, 2019):

> ***Volatilidade*** *– O mundo está escorrendo por nossas mãos, tamanha a velocidade com que as mudanças estão acontecendo. À medida que os eventos se desdobram de formas completamente inesperadas, está se tornando impossível determinar causa e efeito.*
>
> ***Incerteza*** *– É mais difícil antecipar eventos ou prever como eles se desdobrarão, tampouco usar o passado como base para prever a forma das coisas que estão por vir, sendo quase impossível planejar investimentos, desenvolvimento e crescimento, e cada vez mais incerto para onde o trajeto está levando.*
>
> ***Complexidade*** *– O mundo moderno é mais complexo do que nunca, tornando impossível obter uma visão geral de como as coisas estão relacionadas. As decisões são reduzidas a uma emaranhada rede de reação e contrarreação – e escolher o caminho correto é quase impossível.*
>
> ***Ambiguidade*** *– Não dá mais para tentar padronizar as coisas ou as melhores práticas, como se todos os grupos e realidades fossem os mesmos. Em outras palavras, o mundo binário deixou de existir. Nem tudo é preto e branco – o cinza também é uma opção.*

Com isso, as demandas das organizações modernas e do gerenciamento são mais contraditórias e paradoxais do que nunca, desafiando nossos sistemas de valores pessoais. Tomar decisões requer coragem, inteligência emocional e disposição para cometer erros.

Mas se o VUCA teve lugar de destaque durante muito tempo no meio corporativo, foi necessário depararmos com a pandemia do novo coronavírus em março de 2020 para que percebêssemos que estávamos diante de um novo contexto, agora com uma nova abordagem.

Essa nova abordagem proposta pelo antropólogo e historiador Jamais Cascio (2020) tornou-se conhecida como "mundo BANI", que significa: *Brittle, Anxious, Non-linear and Incomprehensible* (frágil, ansioso, não linear e incompreensível).

Cascio, em seu artigo "Facing the Age of Chaos" ("Enfrentando a Era do Caos") (2020), explica o mundo BANI da seguinte forma:

> *BANI é uma forma de melhor enquadrar e responder ao estado atual do mundo. Algumas das mudanças que vemos acontecendo em nossa política, nosso meio ambiente, nossa sociedade e nossas tecnologias são familiares – estressantes à sua maneira, talvez, mas de um tipo que já vimos e lidamos antes. Mas muitas das convulsões agora em curso não são familiares, são surpreendentes e completamente desorientadoras. Elas se manifestam de maneiras que não apenas aumentam o estresse que experimentamos, mas também o multiplicam.*

Tentando olhar a realidade idealizada por Cascio por uma nova lente, a psicóloga Sofia Esteves (2021) descreve o BANI da seguinte forma:

> ***Frágil*** *– A fragilidade geralmente surge de esforços para maximizar a eficiência, para extrair até a última gota de valor – dinheiro, energia, comida, trabalho – de um sistema. Ele também relaciona essa característica com o desequilíbrio de sistemas que dependem de um único elemento para se manterem de pé.*
>
> ***Ansioso*** *– Em um mundo ansioso, toda escolha parece ser potencialmente desastrosa. E, com isso, surge uma passividade diante da tomada de decisão, ao mesmo tempo em que, freneticamente, busca-se por atualização constante.*
>
> ***Não linear*** *– A lógica da causa e efeito muda e ações que parecem pequenas podem causar efeitos gigantescos, não têm uma solução única, envolvem diversos fatores, requerem medidas mais complexas, mas também dependem de cuidados*

"simples". É um problema amplo e, portanto, requer uma "rede" atuando de forma conjunta para ser contida.

Incompreensível *– Muitas dúvidas, absurdos e perguntas sem resposta. Tudo isso colabora para essa sensação de falta de compreensão da realidade, pois em um mundo com tantos dados, tantas informações, parece que nunca estivemos mais perdidos.*

Conclusão

Seja pela perspectiva do VUCA ou do BANI, a única certeza que temos é a necessidade de construirmos, recorrentemente, os contextos internos e externos da organização. Entender o contexto externo tem se tornado, por vezes, mais importante, já que não conseguimos ter a gestão fora dos muros que cercam a organização, sua intrincada rede de conexões e principalmente com a velocidade das mudanças.

É imprescindível entender que o mundo repercute na velocidade com que as mudanças ocorrem. Conseguir antever o início da mudança é decisivo para que a organização possa se adaptar e se manter lucrativa e perene.

É preciso ter consciência de que estamos diante de algo inovador e, por vezes, disruptivo; sendo assim, técnicas e ferramentas consagradas na literatura podem ser pouco úteis para avançar nesse novo mundo.

É, portanto, como preconizado por Indigo Anchor (2019) o momento de abraçar o fracasso inteligente (ou seja, errar pequeno, rápido, barato) e aprender continuamente com os erros, se abrindo então para a possibilidade de quebrar paradigmas e buscar a experimentação.

2. Futuro do trabalho e a relação homem x máquina

Roberta Kühleis
Thiago Barcellos Diniz

Observar a relação homem-máquina é importante para entendermos como humanizar a liderança. "O trabalho que uma máquina faz melhor que o ser humano é um trabalho desumano".

A evolução do relacionamento homem e máquina

Pensando em futuro, geralmente buscamos traçar um paralelo com o passado, entender de onde viemos e para onde vamos. Esse paralelo geralmente vem recheado de histórias, pontos altos e baixos, revelações e evoluções, e é exatamente assim que a relação entre homem e máquina vem funcionando.

Se olharmos para o cenário de evolução do mundo no que tange às revoluções industriais, conseguimos enxergar perfeitamente onde esses caminhos se cruzam com mais força e a forma como começar a mudar também o rumo da humanidade, em um caminho que, aparentemente, não tem mais volta.

Quando Chaplin fez história com seu filme "Tempos Modernos", datado de 1936, ele trouxe uma perfeita crítica sobre o cenário que estava vivenciando: máquinas *versus* humanos, foco na produtividade e pessoas como peças que apoiavam os processos.

"A tecnologia sempre influenciou poderosamente o funcionamento das organizações a partir da Revolução Industrial" (CHIAVENATO, 2011), sendo que o ritmo da inovação tecnológica só aumentou.

Mas este foi apenas um grande capítulo de nossa história, cercado de diversos outros pontos que deixaram uma herança inigualável. Se voltarmos um pouquinho mais, encontramos Ford (em torno de 1903) e sua visão inovadora de produção em série, já tracionando esse contraponto da relação entre homem e máquina e levando a outro patamar a visão de que agora havia concorrência entre os dois.

A partir daquela época, ficou mais evidente que as máquinas eram amigas e inimigas do homem: era mais fácil trabalhar com elas, mas era cada vez mais difícil concorrer com sua capacidade. A comparação entre o trabalho de ambos aumentou.

E essa comparação, de certa forma, virou uma cobrança velada para provocar melhores performances e melhores resultados, mesmo sabendo que isso depende diretamente da ação humana, ou seja, o desempenho otimizado da máquina cobra melhores performances do homem, que por sua vez é responsável pela evolução da sua própria concorrência.

> *Houve um tempo em que o homem enfrentou o universo sozinho e sem amigos. Agora ele tem criaturas para ajudá-lo; criaturas mais fortes que ele próprio, mais fiéis, mais úteis e totalmente devotadas a ele. A humanidade não está mais sozinha (ASIMOV, 2014).*

A convivência do homem com a máquina

"As empresas precisam utilizar alguma tecnologia para executar operações e realizar sua tarefa" (CHIAVENATO, 2000). Com a evolução tecnológica que passamos a observar nesses últimos 100 anos, não conseguimos mais dissociar, hoje, o que fazemos da tecnologia que utilizamos, das quais dependemos ou que, de certa forma, provê o que precisamos.

Se parar para pensar agora, nesse exato momento, o que está fazendo, além de ler este livro? Ouvindo música? Está à frente de seu computador ou do *smartphone*? Tanto faz, é quase natural a nossa convivência diária com todas as opções que temos ao nosso alcance.

Seguindo em uma direção que há poucos anos parecia futurista, chegamos no acontecimento da IoT, da inteligência artificial e da constante busca pela cópia do comportamento humano, onde máquinas já substituem o trabalho humano repetitivo.

A IoT (*Internet of Things*), conectou tudo e trouxe a proposta de um mundo *on-line*, com facilidades que mudaram nossas vidas, as nossas casas, o nosso trabalho e a produtividade das organizações. A conexão desses dois mundos, facilitada pelos avanços impressionantes e assustadores que a humanidade fez, trouxe também uma percepção de naturalidade da máquina em relação ao homem.

E se por um lado fizemos conexões, por outro lado atravessamos a barreira da compreensão humana através do surgimento da IA (Inteligência Artificial), por volta de 1956.

Supõe-se que esse termo surgiu muito em função do conhecido experimento de Alan Turing durante a Segunda Guerra Mundial, onde ele foi capaz de fazer a máquina se passar por ser humano. Desde então, a missão de criar máquinas inteligentes passou a ser algo cada vez mais incorporado às iniciativas de produto que temos visto no mercado.

Então, estamos hoje em um cenário de conexões rápidas, máquinas inteligentes, dados, informações na nuvem e relacionamentos *on-line*. A pandemia apenas acelerou aquilo que já era um caminho sem volta. Diante de tudo isso, algo vem acompanhando todas essas mudanças, a grande chave que permite que tudo isso continue acontecendo, melhorando e evoluindo: o conhecimento.

Conhecimento este que precisamos saber armazenar, compartilhar, disponibilizar, direcionar e aplicar, oferecendo capacidade de continuidade, acompanhamento e melhoria para aqueles que aqui estão e para os próximos que virão.

A essa altura, fica pairando uma dúvida no ar: como será o futuro? Como será a dinâmica da convivência homem x máquina x conhecimento? E a pergunta que mais incomoda: seremos substituídos pela máquina?

O Homem, a máquina, o conhecimento: a tríade do futuro

O Homem, o inventor, com seu mais incrível "processador", o cérebro. Nada pode ser comparado a ele nesse momento.

Estimam-se 86 bilhões de neurônios em conexões que nos fazem pensar e ter consciência. Especialistas da Thomas Jefferson University, nos Estados Unidos, mapearam pela primeira vez os neurônios de um coração humano (PRIMEIRO, 2020).

Sim, nosso coração tem um sistema nervoso próprio para monitorar e corrigir distúrbios. Como ainda não mapearam toda essa potência, nosso cérebro irá continuar nos surpreendendo.

Essa capacidade de pensar e ter consciência nos permite manter domínio sobre a máquina. A célebre frase de Descartes, "penso, logo existo", nos faz crer que não há verdade absoluta e que tudo começa com uma dúvida.

A consciência humana vai além e talvez seja o grande diferencial. Ela nos permite conhecer, autoconhecer, sentir, vivenciar, experimentar, compreender, perceber moralmente o que é certo e o que é errado.

Na frase de Yuval Harari (2018) ("quando você crescer, talvez não tenha um emprego..."), o futuro parece perturbador. Imagine grandes impérios econômicos formados principalmente por gigantes da tecnologia adquirindo *startups* cada vez mais enxutas e menos dependentes das pessoas. Realmente será um imenso desafio para as lideranças.

O futuro dependerá de uma mudança coletiva, de uma nova consciência. Máquinas substituem as pessoas, que migrarão para aplicativos de transporte e entrega, que serão substituídos por carros autônomos e drones, que terão que se reinventar para não morrer de fome.

Então os empreendedores sociais entrarão em ação, captando recursos desses gigantes, e ajudarão a ensinar essas pessoas a empreender, cooperando e colaborando entre grupos menores para atender a demandas locais. Profissionais das áreas de assistência social, da educação, da saúde, de tecnologia e empreendedores serão destaque nesse suporte à falta de emprego.

Entendendo que não temos para onde fugir ou mesmo que não precisamos fugir, o homem deverá assumir um papel de intermediador, de facilitador para o funcionamento da tríade, a ponto de conseguir gerir o volume de informações e conhecimentos gerados no seu meio.

E, além de conseguir atuar de forma mais técnica, precisará de *soft skills* para se reinventar, recriar e continuar acompanhando as suas próprias criações.

Afinal, o futuro é amanhã e ainda não sabemos tudo que nos espera, mas temos a certeza maior de que, junto com o conhecimento que estamos gerando, nosso grande e maior diferencial é conseguir colocar o sentimento dentro dessa fórmula complexa.

3. Uma realidade diversa

Priscila Paulo
Veronica Manoela Oliveira
Maria Augusta Bastos Torres
Ricardo Alves de Carvalho

Como liderar times diversos (culturalmente, de habilidades, experiências e conhecimentos) impulsiona resultados exponenciais.

Muito já foi falado, escrito ou documentado sobre os impactos nas organizações e na sociedade a partir das constantes mudanças ocorridas nos últimos tempos, que vieram por configurar os mundos VUCA e BANI.

Entretanto, tais mudanças possibilitaram a criação de uma realidade diversa ainda pouco explorada na literatura e que está quase nada ligada às questões tecnológicas, como transformação digital ou realidade virtual.

O advento da globalização permitiu a integração entre os povos, e a transformação digital acelerou a conectividade, nos permitindo chegar ao momento presente com infinitas possibilidades de expansão dos negócios.

Mas como ir além e aproveitar essa integração para potencializar resultados? Como a máxima das relações pessoais "os opostos se atraem" pode ser ampliada para "os diferentes se complementam", de forma a criar resultados nunca atingidos?

Esse é um dos grandes desafios do líder exponencial: potencializar o capital humano para atingir a eficiência na execução da estratégia de negócios da organização.

No passado, o contexto tradicional refletia relações de trabalho hierárquicas e os profissionais mais seniores eram aqueles com mais idade e/ou mais tempo de carreira, ou, ainda, de experiência. Então veio o mundo BANI e, além do conhecimento, características pessoais e comportamentais passaram a ser muito requeridas e valorizadas.

Essa evolução das relações profissionais mudou o cotidiano das organizações sem muito alarde e, sem perceber, líderes ao redor do mundo precisaram aprender a gerenciar times formados por pessoas de diferentes etnias, gêneros e raças.

Mas será que esses líderes aprenderam de forma efetiva a compatibilizar as diferenças para garantir o melhor desempenho ou apenas aceitaram, de forma passiva, essa nova realidade?

Por onde começar

Nesse contexto de mudanças constantes e silenciosas, o líder exponencial precisa manter ativa sua própria busca por conhecimentos que vão além do técnico e do gerencial. E é fato que a escuta ativa, a empatia e a resiliência são fundamentais para auxiliar times no atingimento de um objetivo comum.

No entanto, ao ampliarmos o escopo para times diversos, além das habilidades comportamentais e competências técnicas, o líder precisa aumentar seus conhecimentos gerais, especialmente aspectos históricos e culturais que influenciaram a formação dos povos, e as particularidades naturais e geográficas que podem influenciar a rotina de seus liderados em diferentes contextos.

Com esses conhecimentos adquiridos e consolidados, o líder exponencial passa a ter uma poderosa vantagem competitiva na gestão: a visão ampla de potenciais competências que seus liderados possam desenvolver ou aprimorar.

O copo meio cheio

Times diversos, quando bem direcionados e respeitados, obtêm resultados expressivos e elevam o nível de produtos e prestação de serviços. Vejamos alguns exemplos:

1. Equipes formadas por profissionais recém-formados e por aqueles com muito tempo de carreira, por exemplo, conseguem unir a criatividade com a experiência. Uma vez superada a barreira da comunicação inicial, com eventuais adequações da linguagem e alinhamentos sobre o tempo de resposta, surgem soluções inovadoras.
2. Um time formado por pessoas em diferentes localidades, apesar do contexto desafiador de gerenciar remotamente profissionais em fusos horários distintos,

pode ser uma excelente oportunidade de ampliar a escala de atendimento e/ou de explorar diferentes nichos de negócio conforme os costumes do povo local.

3. Unir diferentes raças e etnias pode ampliar a visão do líder e do time, ajudando na identificação de riscos e oportunidades que, individualmente ou no coletivo semelhante, poderiam passar despercebidos.
4. A força de trabalho diversificada ajuda na propagação da marca empregadora. Em tempos de escassez de capital humano, essa repercussão ajuda na captação e retenção de talentos não apenas pelo simples reconhecimento e identificação com grupos semelhantes, mas principalmente pela posição inclusiva que a organização assume.

A teoria gera lucro

Alcançar novos patamares de excelência a partir da aplicação de conceitos pouco explorados pode gerar desconfiança, em um primeiro momento, por parte de empregadores, clientes e parceiros. Cabe ao líder exponencial munir-se de argumentos e exemplos que lhe permitam explorar as possibilidades que se apresentam na realidade atual.

A equação "pessoas certas + pensamentos diferentes em prol de um mesmo propósito" leva, sim, a um aumento da lucratividade. A tomada de decisão passa a ser mais eficaz. O engajamento da força de trabalho eleva os níveis de produtividade e, por consequência, o desempenho contábil e financeiro.

Adicionalmente, o posicionamento no mercado se consolida, atraindo mais talentos, clientes e parceiros (redução de esforço para contratação e gastos com propaganda, respectivamente).

Por todos os fatores expostos, ampliar os horizontes e aumentar a diversidade no time pode trazer muitos benefícios para as organizações, requerendo, dessa forma, que o líder tenha a capacidade de extrair o melhor dessa realidade diversa em prol do alcance de resultados.

PARTE II.
AS NOVAS BASES DE PENSAMENTO E ATITUDE DO LÍDER

4. A liderança exponencial é a resposta a esse novo mundo!

Curadoria

O objetivo deste capítulo é compilar os diversos conceitos necessários à liderança exponencial, tanto para o contexto atual quanto para o que há por vir.

Como será apresentado nos capítulos posteriores, não há como negar que a velocidade das transformações está cada vez maior, e as empresas e os profissionais precisam acompanhar essa exponencial evolução. A liderança tem um papel fundamental na orientação e condução desse processo.

Vivemos tempos sem precedentes e as respostas que tínhamos até hoje não mais funcionam. O desenvolvimento de competências da liderança para responder a esse novo momento é mais essencial do que nunca e vamos aprofundar o assunto ao longo deste livro. Nosso objetivo é apoiar o desenvolvimento das habilidades necessárias e criar as condições estruturais para que as pessoas possam atuar da melhor maneira possível e evoluir continuamente.

A liderança exponencial, portanto, concentra diversos aspectos que podem ser consolidados em um modelo que provê uma base efetiva para o alcance de resultados.

Embora o termo seja citado diversas vezes nessas páginas, é bom reforçar que "exponencialidade" é a velocidade cada vez maior e impactante com que as tecnologias têm evoluído nos últimos anos. O resultado que elas trazem para o mercado e a sociedade, consequentemente, impulsiona o crescimento que produtos e empresas podem alcançar.

Esse crescimento vigoroso é demonstrado com base no conceito matemático de "função exponencial", em um gráfico com a curva de crescimento que sobe de forma quase vertical.

Salim Ismail e seus parceiros (2018) apresentaram o conceito dos 6Ds (Digitalização, Decepção, Disrupção, Desmonetização, Desmaterialização e Democratização) das organizações exponenciais e destacaram os perfis de um líder exponencial (Capítulo 5) e os passos para uma empresa alcançar esse estágio.

Ainda, Muniz *et al.* (2020) afirmam que "uma organização exponencial não nasce pronta e ela se faz com o tempo" e apresentam cinco fatos exponenciais (*#ExponentialFact*) que as empresas precisam considerar nessa jornada, sendo que o último destaca exatamente a liderança.

Os autores destacam que "o papel da liderança deve promover não apenas a nova forma de pensar, mas também personificar a transição de um mundo "follower" para um "maker", ou seja, se tornando um agente da transformação e liderando as pessoas nesse sentido.

O modelo da liderança exponencial

Sem a pretensão de esgotar o assunto, o modelo apresentado na Figura 4.1 consolida a visão apresentada pelos autores deste livro, considerando as *human skills* (habilidades humanas) necessárias para o líder, com foco em três blocos principais para propiciar um pontapé nessa caminhada:

- ✓ **Liderando pessoas** – Compreendendo que elas são a razão da existência da empresa e "exponencializando" sua capacidade como um todo:
  - **Afeição** – Entender o colaborador como um ser integral e com necessidades.
  - **Humanização** – Ter relações baseadas em empatia, empoderamento etc.
  - **Propósito** – Definir e transmitir claramente por que se faz o que se faz.
- ✓ **Liderando a transformação** – Identificando potencialidades e alavancando os recursos necessários para o crescimento organizacional:
  - **Digital** – Possuir o *mindset* e as habilidades adequados para essa nova era.
  - **Ambidestria** – Saber equilibrar o foco entre o presente e o futuro dos produtos.
  - **Tecnologia** – Aproveitar as oportunidades de usar os melhores recursos.
- ✓ **Liderando por resultados** – Buscar a otimização do trabalho realizado para o alcance dos objetivos desejados de forma efetiva:
  - ***Lean*** – Evitar desperdícios e retrabalho, com foco na entrega de valor.
  - **Inovação** – Usar criatividade, experimentação e ferramentas para inovar.
  - **Evidências** – Basear decisões em evidências e análise de dados.

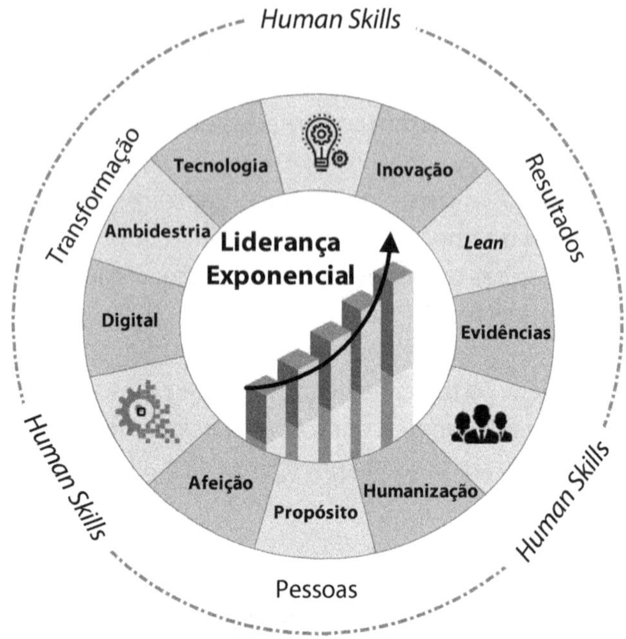

Figura 4.1. Modelo de liderança exponencial.
Fonte: os autores. Design do modelo: SlideModel.com

Conclusão

Nesse mundo exponencial, o líder deve desenvolver as habilidades requeridas, preparar a organização para permitir o crescimento esperado e atentar para as armadilhas que irá encontrar pelo caminho, sempre pronto para se adaptar às mudanças constantes.

Essa jornada apenas se inicia aqui, devendo-se ter em mente que esse não é um movimento que tem um fim em si, mas que é um processo evolutivo, contínuo e escalável, que dependerá enormemente da capacidade desse líder ser, de fato, um eterno aprendiz e inspirar os colaboradores nesse sentido.

Dessa forma, o caminho para o crescimento está pavimentado para que as pessoas possam brilhar através do exercício efetivo dessa liderança exponencial.

5. *Human skills* do líder exponencial

Michelle Borges
Ricardo Jerônimo
Robertha Magalhães Rodrigues

As principais habilidades, competências e papéis que o líder exponencial deve ter para acompanhar as rápidas transformações.

Na primeira parte do livro abordamos os desafios da liderança no contexto da "exponencialidade"; refletimos sobre a relação homem-máquina, com o intuito de entendermos como humanizar a liderança; para finalizar, compreendemos como a diversidade dos times, seja em termos de cultura, habilidade, experiência ou conhecimento, podem impulsionar os resultados exponencialmente.

Entender esse novo cenário é refletir também sobre o papel do líder e, principalmente, quais as principais habilidades e competências que ele deve ter para acompanhar as rápidas transformações.

> *Isso não é uma anomalia. VUCA não vai embora. A mudança promete acelerar, não desacelerar. Para prosperar em um mundo onde "a mudança é a única constante", os líderes precisam substituir o pensamento antigo por uma nova estrutura. A mudança exponencial exige líderes exponenciais (SOLOMON, 2017).*

Estamos vivendo em um mundo cada vez mais dinâmico e imprevisível, que exige, de pessoas e empresas, mudanças rápidas. Há duas décadas, militares criaram uma sigla que refletia o cenário do mundo naquele momento – VUCA (Capítulo 1) – e que representava um cenário de incerteza, complexidade, volatilidade e ambiguidade.

Anos depois, muita coisa mudou, mas o termo continua pertinente. Os dias estão cada vez mais agitados e turbulentos em todos os aspectos da sociedade.

> *Nós aprendemos como expandir a tecnologia; agora é hora de aprendermos a expandir as organizações. Essa nova era exige uma solução diferente para a cons-*

> *trução de novos negócios, para melhorar o nível de sucesso e para a resolução dos desafios que encontraremos pela frente. A solução é a Organização Exponencial (ISMAIL; MALONE; VAN GEEST, 2018).*

Organizações ágeis possuem capacidade de adaptação e resposta mais rápida. Os autores Ismail, Malone e Van Geest (2018) explicam por que as **organizações exponenciais** são dez vezes melhores, mais rápidas e mais baratas que as organizações tradicionais.

Elas têm maior resultado com menos recursos e apoiam sua base na tecnologia da informação. Usam os dados para tomar decisões pensando no futuro e, por isso, precisam de líderes cujas competências estejam alinhadas às expectativas e ao cenário proposto.

Os **líderes exponenciais** precisam ser capazes de gerar o mesmo impacto nas suas equipes e, portanto, necessitam de um conjunto de competências comportamentais específicas, que são chamadas de *soft skills*.

Para entendê-las, um dos modelos de referência são os quatros perfis da liderança exponencial, definidos pela Lisa Kay Solomon (2017), da *Singularity University*, e que explicitam as expectativas em torno desse profissional.

> *Futurista, inovador, tecnologista, humanitário. Essas são as habilidades essenciais que os líderes devem aprender para navegar com sucesso em um mundo em rápida mudança – não apenas para criar vantagem estratégica para suas organizações, mas também para ajudar a construir o tipo de futuro inclusivo, equitativo, positivo e abundante em que todos queremos viver (SOLOMON, 2017).*

Futurista

Sentem-se tão confortáveis com o desconhecido como com o conhecido. São ousados e otimistas para ir além das previsões e tendências comumente existentes nos modelos de organizações tradicionais. Realizam muitas perguntas amplas para considerar novas possibilidades, estimulando a curiosidade e diferentes pontos de vista.

Transformam ainda o incerto e complexo em algo palpável e estimulam que a experiência e imaginação caminhem juntas no processo. Aceitam que a tecnologia sempre trará impacto no resultado e por isso sempre deve ser considerada na estratégia.

Seu principal desafio é mudar o *mindset* sobre a forma como realizam a gestão e geram impacto no resultado, pois tomam decisões com base em dados, evidências, ferramentas de gerenciamento de riscos, na experiência que tiveram ou conhecem e no histórico da empresa. Fazem previsões lineares. O **líder exponencial** sabe que existem momentos de curva e que a tecnologia apresenta muitas variáveis nas previsões.

Inovador

São corajosos para realizar experimentos de maneira criativa, centrando seu olhar para o ser humano. Usam os dados e *insights* obtidos para propor novos produtos que atendam às necessidades do cliente e fazem isso de forma contínua. Esse comportamento os torna capazes de gerar soluções em poucas horas e testar a aceitação do mercado sem medo de erros ou prejuízos. Possuem uma mentalidade de crescimento e estão sempre trabalhando soluções e ideias.

Seu principal desafio é desenvolver soluções novas em vez de apenas melhorar o que já existe, desconhecendo o impacto no mercado. Os líderes de maneira geral são cautelosos e apostam em ideias e produtos que possuem uma base sólida de êxito. O **líder exponencial** coloca a observação do ser humano como ponto-chave e atua diretamente nas necessidades das pessoas, reconhecendo suas particularidades e tratando-os com equidade.

Tecnologista

São conscientes do avanço tecnológico e se mantêm atentos às inovações, aos impactos delas no cenário atual da organização e como podem modificar o futuro. Os **líderes exponenciais** fazem parte do processo e não apenas estudam ou leem sobre ele; eles experimentam e inovam.

Valem-se da tecnologia para alcançar resultados (vide capítulos 7, 9 e 11) e entendem que deve existir um equilíbrio entre humanos e máquinas e assim podem lidar com os impactos morais, éticos, sociais e jurídicos ocasionados por todo o avanço.

Seu principal desafio é entender e lidar com os limites e as implicações decorrentes da relação entre máquinas e pessoas. O **líder exponencial** não precisa saber construir um robô, porém precisa entender o quanto isso interfere no resultado da organização.

Humanitário

A tecnologia criou oportunidades e possibilidades de crescimento inimagináveis para pessoas, negócios e sociedade. Por isso, os **líderes exponenciais** devem construir uma organização com o objetivo de fazer o bem para o todo e melhorar a vida das pessoas e da sociedade a partir do seu comportamento positivo.

Eles são responsáveis e usam a comunicação com clareza e transparência. Inspiram colaboradores e parceiros a realizar suas atividades por um propósito maior. Incluem as pessoas e proporcionam um bom clima de trabalho que as motivam a atingir todo seu potencial.

Seu principal desafio é ir além da responsabilidade social corporativa. Ter um olhar humanitário deve fazer parte do seu DNA e da construção de um negócio que crie um impacto positivo através da tecnologia.

Conhecer os pilares citados é fundamental para entender as expectativas que as organizações possuem para um líder exponencial. Cada um desses perfis exige um conjunto de *soft skills* e comportamentos. Desenvolvê-los é a chave para que o líder de hoje esteja pronto para construir um futuro inclusivo e em equilíbrio.

O que são *soft skills*?

> *Habilidades universais/transversais, não acadêmicas e não relacionadas com a formação ou desempenho de funções técnicas, objetivos, preferências e motivações, atributos de carreira, tais como: capacidade de comunicar, de diálogo, de resposta, cooperação com os outros, trabalho em equipe/grupo, capacidade de resolver problemas/conflitos, motivar, estimular, incentivar, facilitar, apoiar, saber, adaptar-se, criatividade (SWIATKIEWICZ, 2014).*

São formadas por um conjunto de comportamentos ligados à aptidão mental de um líder e interferem diretamente na forma como ele lida com suas emoções e atitudes. Os **líderes exponenciais** possuem alta capacidade de aprender com a experiência, criticar e desenvolver novos conhecimentos, e compartilhar com outras pessoas. A seguir conheceremos com mais detalhes as *soft skills* que esses líderes devem possuir.

Como detalhado na obra "Organizações Exponenciais" (ISMAIL; MALONE; VAN GEEST, 2018), Rob Prego, CEO e fundador associado da *Singularity University*, analisou as qualidades de liderança e determinou seis traços característicos de líderes exponenciais que iremos explorar a seguir:

Visionário defensor do cliente

A abordagem do cliente no centro determina que uma empresa precisa focar suas energias para remediar suas dores e necessidades de forma a encantá-lo positivamente e superar suas expectativas. Isso é o que vai gerar ligação e engajamento entre as partes.

O gestor visionário deve ouvir e defender o cliente e passar a visão de que satisfazer suas necessidades e entregar a melhor experiência em produtos e serviços alavancará o crescimento exponencial da organização, ao manter o foco igualmente nos seus objetivos e nas suas prioridades estratégicas.

Experimentalista voltado aos dados

Obter sucesso empresarial em meio ao caos acelerado exige uma abordagem orientada a processos ágeis e escaláveis. A organização deve possuir processos de tomada de decisões com base em análise rápida de dados.

Isso aumenta o engajamento dos clientes e diminui as incertezas perante o cenário volátil que vivemos, ocasionando redução de custos, automação de processos, aumento da eficiência, prevenção de erros, *feedback* imediato e evolução nos produtos e serviços entregues aos consumidores.

Otimista realista

Ao crescer rapidamente, o empenho para entender e dimensionar a realidade de uma inconveniência ou oportunidade é primordial para o direcionamento em ambientes competitivos e exponenciais.

Os líderes que conseguem manter o otimismo nas organizações em todos os contextos, mesmo em cenários caóticos, estão aptos a ajudar a manter o propósito e a positividade em suas equipes.

Os gestores otimistas são melhores para as empresas e seus colaboradores pois são capazes de inspirar e contagiar pessoas, dar direcionamentos e encontrar oportunidades e soluções em cenários de incerteza.

Adaptabilidade extrema

Quando a empresa cresce e suas tarefas se modificam, os gestores precisam se adaptar e evoluir junto. A capacidade de adaptação é um dos fatores fundamentais para a liderança exponencial, pois proporciona flexibilidade e faz o gestor perceber que as mudanças surgem de forma rápida e constante para o crescimento da organização.

Um **líder exponencial** é capaz de unir o crescimento exponencial da organização simultaneamente com a evolução tecnológica e descobrir oportunidades de melhoria na liderança. A capacidade de adaptabilidade abrange a busca por informações, a identificação de mudanças, a curiosidade e o aprendizado contínuo para suportar o crescimento exponencial.

Abertura radical

É a capacidade que o líder possui de abrir um canal para críticas e sugestões em nível amplo, selecionar o que pode ser aproveitado e o que deve ser descartado, sem gerar frustrações. Com a evolução dos meios tecnológicos e a grande utilização das mídias sociais, surgiram novos modelos de negócios e de canais de comunicação entre consumidores e empresas.

O **líder exponencial** deve criar uma visão que seja compartilhada com os colaboradores para que tenham a motivação de trabalhar juntos e alcançar uma meta conjunta que contribua com a visão, a missão e a transparência da organização perante os clientes e a sociedade.

Hiperconfiante

Para conseguir acompanhar a onda do crescimento exponencial e não ser pego pelo sistema da burocracia empresarial, o líder deve ser autoconfiante e estar disposto a inovar frequentemente, mesmo que isso tire todos os colaboradores da zona de conforto.

Cabe ressaltar que essa confiança não pode ser exacerbada em detrimento de tudo e a ponto de não considerar o contexto ao redor.

Líderes exponenciais devem ser corajosos, ousados, realizadores, determinados a aprender constantemente e capazes de antecipar as necessidades dos clientes, recriando, assim, organizações que ofereçam cada vez mais produtos e serviços inovadores, agregando valor ao cliente.

Conclusão

Líderes exponenciais são protagonistas no processo de mudança e crescimento ágil das organizações. As responsabilidades são complexas, assim como a realidade com a qual lidam diariamente. No entanto, vimos que é possível se preparar e desenvolver as *soft skills* necessárias para atingir um resultado de alto impacto nas organizações.

A evolução tecnológica é irreversível e nós, como pessoas e clientes, estamos cada vez mais exigentes e seletivos. **Líderes exponenciais** sabem disso e buscam sempre desenvolver sua empatia e visão humanitária para contribuir com o crescimento da organização. Mudar não é simples; transformar comportamentos para desenvolver novas *soft skills* exige esforço, dedicação, novos hábitos e *mindset* de crescimento.

Para finalizar, propomos que você faça uma autorreflexão: onde você está e o que falta para se tornar um **líder exponencial** mais completo?

Suas observações podem ser registradas a seguir ou em uma folha separada. O importante é deixá-las em local de fácil visualização e acesso, para facilitar a lembrança.

Pontos fortes (liste cinco características predominantes e que levam você ao êxito)	**Suas *soft skills* de destaque (liste ao menos cinco)**	**As *soft skills* do líder exponencial**	**Quais *soft skills* você precisa desenvolver agora (liste as três imediatas)**
(escreva aqui)	(escreva aqui)	(escreva aqui)	(escreva aqui)

Escreva aqui como os **seus pontos fortes** podem ajudá-lo a desenvolver as **três *soft skills* imediatas**. Toda meta precisa de uma ação imediata para nos colocar na rota do sucesso, então pense nisso ao definir **o como.** Exemplo: agendar uma conversa, amanhã, com alguém que tenha essas características e observar como ela age na prática (modelagem).
(escreva aqui)

PARTE III. LIDERANÇA FOCADA EM PESSOAS

6. Liderança humanizada e afetiva

Hélio Meirim
Clara Érica Takayama de Castro
Aline de Queiroz Assunção

Características, mitos e soluções simples para estabelecer vínculos e relações de confiança com seus liderados.

O líder não é um super-herói que tem superpoderes e, assim, consegue sozinho resolver os problemas que surgem no dia a dia da organização. Ele é um ser humano que reúne qualidades e defeitos como todos de sua equipe.

Precisa ter humildade para reconhecer seus defeitos e perseverança para continuar buscando aprender a aprimorar suas qualidades. Por isso é tão importante entender como desenvolver uma liderança humanizada e afetiva.

Quando falamos de liderança humanizada é importante levarmos essa reflexão para além das questões relacionadas a ser um líder "bonzinho". Normalmente a linha entre o líder afetivo e o paizão é muito tênue e esse aspecto merece sempre uma atenção especial.

Características da liderança humanizada e afetiva

Silva (2006) descreve três competências importantes que um líder humanizado precisa estar constantemente desenvolvendo.

Competência técnica

- ✓ **Comunicação:** comunicar bem ideias, projetos, resultados e aspectos relacionados ao time e ao negócio é uma competência desafiadora, porém essencial para o engajamento das pessoas.

- ✓ **Trabalhar em equipe:** conhecer as habilidades de cada membro do time e entender como elas podem ser conectadas e colocadas à disposição do projeto/atividade a ser realizada.
- ✓ **Formar substitutos:** desenvolver seu time para que eles se tornem (se desejarem) líderes e possam substituí-lo. É imprescindível para o crescimento da equipe e do líder, que poderá desempenhar outros papéis.
- ✓ **Resolver problemas:** desenvolver sua capacidade criativa para lidar com situações imprevistas. Problemas precisam ser encarados como oportunidades de enxergar alternativas até então escondidas. Pensar e estimular o time a desenvolver soluções criativas é uma competência que traz um grande diferencial para o líder humanizado.

Competência humana

- ✓ **Valorização do ser humano:** esta é a essência da liderança humanizada. Dedicar tempo ao time é essencial para conhecer seus sonhos, suas habilidades, suas competências e entender como a equipe, de forma colaborativa, poderá contribuir para o desenvolvimento de um projeto/atividade.
- ✓ **Relacionamento interpessoal:** estabelecer vínculos com as pessoas nos possibilita uma intensa troca de energia, conhecimentos e emoções. Por isso, é importante estar atento às relações que vivenciamos no ambiente de trabalho e fora dele, procurando sempre observar quando o outro não está bem e entender como auxiliá-lo. É importante também estimular a diversidade do time, pois isso nos ajuda a entender as situações a serem solucionadas, sob diferentes pontos de vista.
- ✓ **Capacidade de estimular as pessoas:** mola propulsora de uma liderança humanizada, a capacidade de estimular o time consiste em ser inspirador através de suas ações no dia a dia, ter um propósito e ser um realizador de sonhos.
- ✓ **Empatia:** desenvolver a habilidade de compreensão da situação, colocando-se no lugar do outro em vez de fazer prejulgamentos.

Competência contextual

- ✓ **Pensar estrategicamente:** observar o passado e o presente pensando no futuro, procurando assim identificar oportunidades e projetar cenários.
- ✓ **Reflexão:** desenvolver o ato contínuo de pensar e repensar sobre a condução dos projetos, buscando sempre estar atento às lições aprendidas.

✓ **Empreendedorismo:** desenvolver características empreendedoras como iniciativa, persistência, comprometimento, preocupação com a qualidade e a eficiência, *networking* e autoconfiança.
✓ **Visão sistêmica:** ter uma visão integrada dos processos, conseguindo estabelecer a relação de causa e efeito que decisões podem gerar como um todo.

Mitos

Mitos sobre a liderança humanizada são amplamente discutidos. Estar ciente deles faz toda a diferença para que líderes e liderados tenham abertura e transparência em suas rotinas e relações.

Mito 1 – Ele é um super-herói

Como comentamos no início deste capítulo, o líder humanizado não é aquele que resolverá todos os problemas com seus superpoderes. Contudo, ele é dotado de muitas capacidades e habilidades que o tornam eficaz na orientação de seu time para a condução e resolução dos problemas.

Ele sabe utilizar sua **competência técnica** para enfrentar as dificuldades e mudanças constantes do mundo atual.

Mito 2 – Ele tolera tudo

Ser um líder humanizado e afetivo demanda muito aprendizado sobre si mesmo e sobre o ser humano, o que lhe traz a capacidade de enxergar e entender as pessoas com quem trabalha. Pode existir a falsa ideia de que ele é tolerante com todos os erros e desvios de comportamento que possam ocorrer com os membros de sua equipe; porém, há uma grande diferença entre tolerar e buscar a razão desses comportamentos.

Ele utilizará sua **competência humana** para entender os reais motivos e tratá-los de maneira adequada, ou seja, ele não deixará passar a situação despercebida.

Mito 3 – Ele está sempre bem e despreocupado

Uma aparente imagem de despreocupação é consequência de sua extrema habilidade de ver o todo, de sua inquietude em procurar sempre novos caminhos e estratégias, o que lhe traz mais segurança em saber que abordou e buscou as melhores soluções e estratégias para seu time e organização.

Problemas e situações novas sempre poderão aparecer, mas ele consegue garantir o controle dos riscos através de sua **competência conceitual**, minimizando os possíveis impactos que eles possam causar.

Soluções simples para estabelecer vínculo e relações de confiança com seus liderados

Uma ferramenta muito eficaz que promove o vínculo é a adoção do *feedforward*. Ao contrário do *feedback* (devolutivo), onde o foco é nas ações pretéritas, resultados já apresentados, no *feedforward* (preventivo) a essência são as ações futuras, a orientação estratégica para melhoria de desempenho.

Seguem as principais diferenças:

Feedback	***Feedforward***
Ênfase no passado	Ênfase no futuro
Critica trabalhos anteriores	Sugestão do que fazer na próxima vez
Descreve o que aconteceu de errado	Ideias sobre como melhorar para as próximas vezes
Focado no que deu ou não certo	Focado em como desenvolver e progredir
Pode fazer com que as pessoas se sintam julgadas	Ênfase está na tarefa e na forma como fazer melhor e não nas pessoas
A pessoa que recebe o *feedback* pode levar os comentários para o lado pessoal e ficar na defensiva	A pessoa que recebe os comentários do *feedforward* é motivada, pois se concentra na estratégia

Empodere sua equipe!

Para Chiavenato (2005), o *empowerment*, ou delegação de autoridade, basicamente é o processo de dar poder às pessoas, liberdade e informação para ajudar na tomada de decisões e com isso participar ativamente da organização.

Esse processo colabora inclusive para formação de novos líderes, promovendo a melhora do clima organizacional, redução de *turnover* e aumento da produtividade.

Michael J. Barry (2018) elencou as qualidades de um grande líder numa época de ruptura:

- ✓ **Empoderamento:** líderes mais próximos ao trabalho são capazes de tomar decisões mais rápidas e bem informadas, baseadas em dados, pesquisas, melhores práticas e proximidade com o cliente.
- ✓ **Engajamento:** junte-se às suas equipes nas trincheiras não apenas para se manter fundamentado na realidade do negócio, mas também para inspirá-los a liberar suas paixões e talentos em uma visão compartilhada.
- ✓ **Influência:** ser capaz de influenciar outras pessoas sem ter autoridade direta é extremamente importante. A influência positiva estimula a motivação e o engajamento.
- ✓ **Inovação:** os líderes em todos os níveis devem incubar e incentivar a criatividade e a inovação, apoiando a experimentação e o aprendizado, incluindo a permissão para fracassar.
- ✓ **Comunicação:** uma comunicação forte promove o alinhamento de atividades, recursos e prioridades. Também promove o compartilhamento de resultados, percepções e melhores práticas em toda a organização.
- ✓ **Resolução de problemas:** esta deve ser uma atividade contínua. Desafie constantemente o *status quo*. Não aborde os problemas linearmente, mas de forma mais ampla para obter um impacto maior.
- ✓ **Transparência:** a transparência constrói relacionamentos fortes, cria autenticidade, gera confiança e impulsiona níveis mais elevados de desempenho.
- ✓ **Adaptabilidade:** um líder adaptável deve lidar com situações imprevisíveis e mutáveis com destreza e confiança, usando fortes habilidades interpessoais e interculturais.
- ✓ **Empatia:** transmitir empatia combinada com escuta ativa e humildade aumentará o desempenho e a autoestima da equipe.
- ✓ **Aprendizado contínuo:** os líderes devem adquirir continuamente novos conhecimentos, buscar as melhores práticas, aprimorar habilidades e ganhar novas perspectivas.

Conclusão

Na liderança humanizada, o foco principal é voltado para as relações com as pessoas, buscando obter o melhor de cada indivíduo e "exponencializar" resultados por meio da sinergia criada pela coletividade.

O líder precisa, portanto, entender as emoções e as características individuais de cada membro do time e, assim, identificar como elas podem complementar e agregar o time, pois esse é o caminho de grandes realizações.

Não existe fórmula mágica para se tornar um líder humanizado e, como vimos, não precisamos usar capas de super-heróis ou super-heroínas para tal.

Para nos tornarmos líderes humanizados é preciso desenvolver nossas competências técnicas, humanas e contextuais, e isso demanda autoconhecimento, prática no dia a dia e disponibilidade para estar em constante aprendizado.

7. Liderança por propósito

Ricardo Alves de Carvalho
Adriana Brandão
Janaina Conde Crespo

Demonstrar a importância que um propósito claramente definido e comunicado tem para engajar as pessoas e a necessidade de o líder focar seus esforços e direcionar o time para seguir tal rumo.

Liderança pode ser entendida como a capacidade do indivíduo de influenciar pessoas à sua volta, de modo que exerçam as atividades propostas. O conceito de liderança, segundo Azevedo (2002), compreende três elementos: influência, grupo e objetivo, onde os líderes procuram influenciar o grupo em busca dos objetivos esperados.

Kofman (2018) define liderança como um processo pelo qual uma pessoa (o líder) suscita o comprometimento íntimo dos outros (seguidores) a cumprir uma missão em sintonia com os valores do grupo. Segundo ele, liderança não é uma posição, é um processo.

Bryman (1996) afirma que a característica fundamental da liderança, na perspectiva simbólica, seria promover valores que forneçam significados partilhados sobre a natureza da organização. Para ele, a liderança envolve um processo de influência social no qual uma pessoa conduz os membros do grupo em direção a um objetivo.

Organizações exponenciais pedem líderes exponenciais. Conhecer o propósito da organização e entender os diversos tipos de liderança contribui para identificar os *gaps* que precisam ser preenchidos a respeito da liderança. Nesse contexto, consideramos que ter um propósito claro e forte é fundamental para as organizações e para a vida.

Segundo Neves (2020), o modelo de liderança por propósito difere do que a velha escola de líderes acredita. Neste modelo, o líder é muito mais um facilitador, desde a tomada da decisão até a implementação de um trabalho cocriativo e colaborativo.

Além disso, está muito mais em consonância com a expectativa dos *millenials* e das gerações Z e Alpha.

Esse modelo de liderança implica que o líder conheça claramente o que é esperado dele e tenha em mente sua atuação no processo organizacional e o propósito da empresa.

O alinhamento do líder aos objetivos estratégicos da empresa é tão fundamental quanto o alinhamento a crenças e valores, que são os grandes diferenciais para a ação, distinguindo os que desistem dos que persistem.

De acordo com Sinek (2018), o propósito do líder pode ser identificado e comunicado através da resposta a três perguntas, que ele dispôs no *Golden Circle*, conforme Figura 7.1.

1. ***Why:*** comece pelo porquê. Trata do real objetivo, da razão ou causa com a qual as pessoas possam e queiram se identificar para se inspirar. Sem saber o destino, qualquer caminho serve; sem um propósito, qualquer resultado deveria ser aceito.
2. ***How:*** como? Aborda qual o melhor caminho, estratégia ou plano de ação. O alinhamento entre o plano e a ação é um fator essencial de sucesso ou fracasso.
3. ***What:*** o quê? Esse será o resultado, a entrega, o mais tangível que existirá, seja um produto ou um serviço, e representará o real propósito.

Para liderar pelo propósito, invariavelmente comece pelo porquê e todas as outras etapas e ações partirão dele, ou seja, de dentro do círculo para fora.

Esse pensamento inspira ação, aprimora a comunicação e converge para o que é realmente importante, gerando valor na entrega e nas relações humanas. Por exemplo, a Honda, cuja crença no "poder dos sonhos" tem um significado além dos produtos, inspira a superação.

A inspiração e o significado precedem o controle no contexto. Assim, a redução progressiva do comando e controle dá lugar ao contexto com liberdade e responsabilidade. Propósito, razão ou causa não permitem manipulação e microgerenciamento – ao contrário, proporciona alinhamento e senso de pertencimento para que as pessoas se inspirem e queiram realizar o trabalho, diferentemente de apenas cumprir uma obrigação.

Figura 7.1. *Golden Circle* (Círculo Dourado).
Fonte: adaptado de Sinek (2018).

A resposta a essas questões culminam no propósito e nas ações necessárias para que o propósito se cumpra. Ter um propósito dá sentido à rotina e ao trabalho de cada um, além de tornar possível que as equipes trabalhem em sintonia na busca de um objetivo coletivo.

Trabalhar por um propósito é a chave para transcender a dinâmica do mundo atual, onde a estratégia muda a todo momento, além de ser o gatilho para potencializar o crescimento pessoal e profissional, com impacto direto nos resultados da empresa.

Os benefícios de uma liderança por propósito

Ser um bom líder não requer cargo; requer um forte propósito, uma comunicação eficaz, muito desenvolvimento, colaboração e empoderamento das pessoas para que realizem um trabalho tão incrível quanto suas capacidades máximas.

O líder com propósito é capaz de engajar e unir a todos em busca dos objetivos comuns entre pessoas e empresa. Ele se conecta com as pessoas com facilidade e propicia ambientes mais saudáveis de trabalho.

Características como empatia, foco nos resultados e legítimo interesse nas pessoas são fundamentais para quem lidera por propósito.

Quando a empresa possui um propósito e a liderança está comprometida com esse propósito, observam-se diversos benefícios:

✓ Alinhamento e engajamento de todos.
✓ Conexão significativa entre pessoas e empresa.
✓ Desenvolvimento e ganho de autonomia das pessoas.
✓ Ganho de produtividade, em função do foco.
✓ Maximização do valor nas relações e resultado.

As empresas são feitas de pessoas e para pessoas, portanto, a atuação da liderança é fundamental para fomentar o trabalho em equipe, estimulando a colaboração e a conexão dos membros dentro da organização sem que haja competitividade interna.

A liderança por propósito se destaca pela autenticidade e pela atuação antifrágil, uma vez que a honestidade, mesmo em contextos difíceis e delicados, é essencial para transmitir a visão que irá inspirar as pessoas à ação.

A capacidade de liderar evoluiu para uma abordagem mais transformacional e inspiradora. Independentemente de cargos, o líder deve possuir legítimo interesse nas pessoas e, ao mesmo tempo, manter o foco nos resultados.

Líderes devem estar cientes de que o autoconhecimento é essencial e contínuo, tanto em *hard* como principalmente em *soft skills*, como inteligência emocional, criatividade, empatia, colaboração e a própria liderança.

O líder deve deixar seu papel e realmente ser honesto com seus valores e princípios, afinal, interpretar um papel ou vestir uma máscara não é aceitável na liderança, pois a coerência entre seu propósito e ação irá reforçar ou corromper suas iniciativas.

É improvável que o líder atual consiga energizar e empoderar com demasiado comando e controle. Portanto, é essencial acreditar antes de realizar. Sem o famoso brilho nos olhos ou sem convicção, como o líder será capaz de inspirar?

O conhecimento abre portas e janelas, esclarece e traz transparência, que é a base da confiança nas relações, sem a qual não conseguimos nos conectar com as pessoas – e sem pessoas não há resultados. Um ciclo virtuoso que depende do resultado para ser sustentável, com base no foco e no investimento nas pessoas, que por consequência potencializará o resultado.

No contexto do mundo atual, é necessário atuar com uma comunicação objetiva, transparente e compartilhada em termos de objetivos e desdobramentos das estratégias da empresa, a fim de alcançar os resultados desejados.

Além disso, é preciso promover uma cultura de aprendizado e desenvolvimento, com forte propósito, percepção de pertencimento e positividade, tornando-se evidente que, quando somamos números absolutos, o resultado de 1 + 1 = 2. Mas quando envolvemos pessoas e a cultura da empresa, 1 + 1 = ...

Isso pode ser tão infinito quanto a nossa capacidade de atuar coletivamente – e o resultado certamente será maior que a soma dos fatores!

PARTE IV.
LIDERANDO PARA A TRANSFORMAÇÃO DIGITAL

8. *Mindset* digital

Cíntia Bortotto
Alessandro Seixas

Neste capítulo, exploramos as habilidades essenciais da liderança digital – *soft* e *hard skills* – e indicamos formas de desenvolver o *mindset* digital, considerando que essas habilidades podem acelerar uma disrupção significativa em um futuro imediato, sendo cruciais para a exponencialização dos negócios.

Conceito de *mindset*

A tradução de *mindset* é mentalidade, que, segundo Antônio Houaiss, é o que caracteriza os processos da mente ou conjunto de crenças, maneiras de pensar etc. próprias de um indivíduo ou de um grupo (HOUAISS, 2001). Podemos entender então ***mindset* digital** como um conjunto de crenças ou uma maneira de pensar que reforça comportamentos digitais no dia a dia.

Para complementar, podemos ter também a definição de mentalidade de Lankshear e Knobel (2006):

> *A ideia de uma mentalidade geralmente se refere a um ponto de vista, perspectiva ou referência por meio da qual indivíduos ou grupos de pessoas experimentam o mundo, interpretam e dão sentido ao que eles encontram e respondem ao que experimentam.*

O líder com *mindset* digital, por sua vez, desafia sua equipe a manifestar esses comportamentos e facilita o exercício das habilidades no dia a dia, servindo como um exemplo.

Pois bem, se *mindset* digital é um conjunto de crenças que reforça comportamentos digitais no dia a dia e é prerrogativa para a liderança digital, que demonstra esses comportamentos no cotidiano fomentando uma cultura digital, então o que devemos saber sobre essa mentalidade?

Ter *mindset* digital é desenvolver conhecimentos, habilidades e atitudes que contribuam para que o líder se torne um "challenger", ou seja, uma pessoa que desafia o *status quo*, lidera para o novo e utiliza as tecnologias disponíveis para incrementos nos negócios, seja de novos modelos, novos faturamentos ou aumento da rentabilidade.

Vamos começar entendendo algumas referências.

Habilidades digitais

Um estudo conduzido pelo Fórum Econômico Mundial (WORLD ECONOMIC FORUM, 2016) mostra quais são as habilidades que podem acelerar uma disrupção significativa em um futuro imediato, sendo elas cruciais para a exponencialização dos negócios.

Elas são chamadas de habilidades do "futuro do trabalho" e estão divididas em:

1. **Cognitivas:** flexibilidade cognitiva; criatividade; raciocínio lógico; sensibilidade ao problema; raciocínio matemático; visualização.
2. **Físicas:** força física; destreza manual e precisão.
3. **Conteúdo:** aprendizado ativo; expressão oral; compreensão de leitura; expressão escrita; alfabetização em tecnologia e comunicação da informação.
4. **Processo:** escuta ativa; pensamento crítico; monitorar a si mesmo e aos outros.
5. **Sociais:** coordenando com outros; inteligência emocional; negociação; persuasão; orientação a serviço; treinar e ensinar os outros.
6. **Sistêmicas:** julgamento e tomada de decisão; análise de sistemas.
7. **Resolução de problemas complexos:** soluções atuais não funcionam mais em certas situações.
8. **Gestão de recursos:** gestão de recursos financeiros; gestão de recursos materiais; gestão de pessoas; gestão de tempo.
9. **Técnicas:** manutenção e reparo de equipamentos; operação e controle de equipamentos; programação; controle de qualidade; design de tecnologia e da experiência do usuário; solução de problemas.

O estudo do Fórum Econômico Mundial (WORLD ECONOMIC FORUM, 2016) fala sobre as habilidades do futuro e podem ser exigidas de todos os colaboradores. As habilidades essenciais da liderança digital são descritas em estudos realizados pela Deloitte (DELOITTE UNIVERSITY PRESS, 2017) e AESC (2019).

Líderes precisam pensar, agir e reagir diferente para construir o sucesso de suas organizações no mundo digital		
Transformação cognitiva (PENSE diferente)	Transformação comportamental (AJA diferente)	Transformação emocional (REAJA diferente)
Conceitualizando possibilidades em um mundo virtual.	Adaptando-se à mudança constante de poder e influência.	Tolerando um ambiente de risco e ambiguidade.
Lidando com a complexidade cognitiva cada vez maior.	Colaborando com facilidade através de vários times diferentes.	Mostrando resiliência em face da mudança constante.
Pensando divergentemente sobre novas maneiras de fazer as coisas.	Valorizando a contribuição de novos parceiros de trabalho e grupos de interesse diferentes.	Sendo corajoso em desafiar como as coisas estão sendo feitas.
Tomando decisões rapidamente sem toda a informação.	Investindo enormes quantidades de energia em fazer as coisas certas; tentar, falhar e tentar novamente.	Tendo confiança para tomar a liderança em impulsionar a mudança.

Figura 8.1. Habilidades essenciais da liderança digital.
Fonte: adaptada de Deloitte University Press (2017).

Adaptando os conceitos da pesquisa *Executive Talent 2025*, publicada pela AESC (*Association of Executive Search and Leadership Consultants*) em 2019, temos o complemento aos estudos anteriores:

1. Liderando a mudança (ter coragem de desafiar o *status quo*, propondo novas maneiras de fazer as coisas).
2. Empreendedorismo (tolerar um ambiente de risco e ambiguidade).
3. Inteligência emocional (ter resiliência frente à constante mudança).
4. Pensamento crítico (ter capacidade de conceituar e lidar com a complexidade).
5. Inovação (usar todos os meios digitais para inovar e escalar produtos e serviços).
6. Inspirando os outros (adaptar-se constantemente e exercer equilíbrio sábio entre poder e influência).
7. Colaboração (colaborar em diferentes tipos de equipes).
8. Agilidade de aprendizagem (investir muita energia em fazer direito: em tentar, falhar e tentar de novo, aprendendo e ganhando velocidade).
9. Abertura à mudança (ter a confiança de liderar e estimular a mudança constantemente)
10. Conhecimento digital (conhecer o impacto da transformação digital, ter facilidade em dar suporte e desafiar a melhoria da tecnologia, demonstrar conectividade, adotar desde cedo novas tecnologias e tendências, trabalhar para a construção da inteligência coletiva)

Desenvolvendo líderes com *mindset* digital

Mas o que precisa ser feito, de fato, para um líder desenvolver habilidades digitais, sejam elas *soft skills* ou *hard skills*?

A seguir, uma série de dicas para o fortalecimento de *hard* e *soft skills* enquanto líder com ***mindset* digital**, com base no que tem sido solicitado em perfis de vagas de executivos digitais nos últimos três anos:

- ✓ ***Hard skills* e dez dicas de desenvolvimento:** 1. demonstrar através de resultados o conhecimento técnico; 2. demonstrar a habilidade de colocar o conhecimento em prática; 3. conhecer equipamentos tecnológicos; 4. conhecer programação/saber programar; 5. conhecer controle de qualidade e tecnologias atreladas; 6. usar design da experiência do usuário; 7. usar dados para trabalhar; 8. saber se defender de ciberataques; 9. conhecer as tecnologias disruptivas e como elas afetam seu negócio; 10. usar sistemas de comunicação e redes sociais para influenciar em prol do seu negócio.
- ✓ ***Soft skills* e dez dicas de desenvolvimento:** 1. capacidade de liderar a mudança, errar rápido, aprender rápido e corrigir rápido, uma cultura de não punição ao erro; 2. empreendedorismo: demonstrar resiliência e capacidade de tolerar um ambiente de risco; 3. inteligência emocional: ter resiliência e controle sobre as emoções; 4. pensamento crítico: ter capacidade de desenvolver a crítica mesmo em cenários complexos; 5. inovação: entende as tendências e as tecnologias disruptivas e utiliza tais recursos; 6. inspirando os outros: é capaz de estabelecer uma visão e motivar a equipe em prol da visão/propósito; 7. colaboração: desprender-se de posições "centradas em si" em prol da equipe; 8. agilidade de aprendizagem: capacidade de aprender rapidamente, investindo a energia em tentar, falhar e tentar de novo; 9. abertura à mudança: demonstrar abertura ao novo, querer tentar outras abordagens e metodologias; 10. consciência digital: ter conhecimentos e habilidades que lhe permitam experimentar ou compreender os fenômenos digitais em sua totalidade.

O *mindset* como prerrogativa da liderança e da cultura digitais

O *mindset* digital fomenta a adoção rápida de novas tecnologias e maneiras de liderar. Em um mundo que está passando por uma crise profunda, mudanças drásticas e disrupção extrema, ter *mindset* digital auxilia muito na adoção de novas práticas para a liderança em ambiente híbrido ou digital.

Além disso, ajuda na liderança exponencial que utiliza o humano como principal recurso de exponencialização. Dessa forma, líderes e colaboradores como um todo podem desenvolver as habilidades citadas neste texto, para que estejam preparados para tudo o que já vivenciamos e o que ainda vem por aí.

9. Liderança ambidestra

Fábio J. P. Santos
Marcelle Cury

Como os líderes podem ampliar sua capacidade de adaptação às constantes transformações, a partir da redefinição de modelos de negócio que visem otimização operacional.

Denomina-se ambidestro alguém que utiliza ambas as mãos com a mesma destreza e facilidade, mas não se limita a usar igualmente os dois lados do corpo. Não é uma palavra muito complexa, mas é carregada de significado quando colocamos dentro do espectro das habilidades, uma vez que a ambidestria denota a soma de muitas competências e aptidões.

O conceito, aplicado às organizações, foi utilizado pela primeira vez em 1976 por Duncan, para qualificar a capacidade de gerenciar de forma eficiente as operações e ao mesmo tempo mantê-las adaptáveis e abertas a demandas futuras (RAISCH; BIRKINSHAW, 2008).

Entretanto, para descrever forma de liderança, segundo Rosing, Frese e Bausch (2011), a ambidestria era pouco considerada. Havia certo descrédito em tal abordagem tão nova nas organizações, até então.

Os mesmos autores explicam mais profundamente os comportamentos de ambidestria individual definindo dois vieses principais: exploratório (*exploration*) e explotatório (*exploitation*). A grafia é semelhante, mas há diferenças importantes.

Enquanto o exploratório centra-se em procurar, descobrir, criar e experimentar novas oportunidades, o explotatório busca selecionar, implementar, melhorar e refinar incertezas existentes.

Pense no desafio que os líderes enfrentam para desenvolver um trabalho buscando inovar, assumir riscos e experimentar, sem, entretanto, abandonar a eficiência e a qualidade. Então, é nesse ponto que o perfil do líder ambidestro se revela.

Uma mesma pessoa pode ser bem-sucedida combinando, de forma apropriada, o viés explotatório e exploratório para alcançar alta performance através de alinhamento e adaptabilidade.

Corrêa (2020) explica que o mundo do negócio está sendo remodelado por novas tendências, e as empresas precisam se transformar para se manterem competitivas – nesse contexto, os conceitos de liderança também mudam.

O conceito de liderança ambidestra foi popularizado por Jeff Immelt, quando este era CEO da empresa GE, destacando a união da eficiência e da criatividade como característica desses líderes em diversas entrevistas e ocasiões públicas. Entretanto, muito antes já vinha sendo conceituado por estudiosos, conforme discorrem Marques e Cunha (2018).

Se ainda há dúvidas, caro leitor, sobre como uma mesma pessoa poderia equilibrar tais talentos, adotar comportamentos abertos (exploração) e fechados (explotação) e, de forma flexível, transacionar entre esses estados conforme a situação que estiverem vivenciando, com tamanha destreza, compare-o a um equilibrista de pratos.

O desafio é tão grande nos dias de hoje na vida das empresas e dos diversos negócios que podemos imaginar tal analogia, ilustrada na Figura 9.1.

Figura 9.1. O equilibrista-líder ambidestro.
Fonte: adaptado de Gunzi (2018).

Esses equilibristas sempre estão atentos e concentrados, dedicados, o tempo todo, a evitar que os pratos caiam, transformando o show, com momentos de muito suspense e emoção, em uma experiência envolvente que resulta em um grande final, tal como deseja-se obter nas empresas.

O líder quer envolver seus liderados e atingir os objetivos estratégicos com sucesso, seja em atividades de rotina e sustentação dos negócios, seja em atividades inovadoras que podem abrir novos caminhos para projetos futuros.

Em qualquer área de atuação, é crescente a percepção de que o progresso e a inovação precisam andar de mãos dadas o tempo todo. Isso exige das empresas e dos seus gestores uma mudança de pensamento que gere a busca constante por melhoria do desempenho, bem como para recuperar e corrigir o que não deu certo, resultando em mais solidez nos negócios.

Além de tudo isso, as empresas e os líderes têm de explorar o seu lado inovador para antecipar-se às possíveis situações ou oportunidades que surgem no mercado. Empresas e líderes ambidestros mesclam suas atenções e focam nos processos e resultados operacionais do dia a dia sem abandonar o olhar para o futuro e os projetos de inovação, tudo isso acontecendo simultaneamente.

O líder ambidestro fica com a responsabilidade de transformar e habilitar a empresa e seus times para trabalhar de forma híbrida, ou seja, mantendo o foco nos processos e buscando sempre a eficiência sem deixar de de lado a colaboração e a criatividade.

Como exemplo, olhe para os últimos dois anos: empresas que optaram por trabalhar de forma remota tiveram que substituir preconceitos por habilidades fundamentais para estabelecer uma relação de confiança entre a tríade empresa, líder e time (colaboradores).

Nesse cenário, as lideranças começaram a trabalhar algumas habilidades para se adaptarem às necessidades exigidas no momento. Veja algumas dessas habilidades, conforme HSM (2020):

- ✓ **Mentalidade colaborativa:** trabalhe para criar dentro do time um ambiente sem competição e colabore para que a relação de confiança seja verdadeira entre as pessoas.
- ✓ **Comunicação objetiva:** deixe claro e apresente para as pessoas do time quais são as expectativas sua e da empresa em relação à produtividade e às entregas e como tudo será medido.

- ✓ **Planejamento:** crie prioridades com seus respectivos cenários e prazos e não deixe de comunicar para todas as pessoas envolvidas.
- ✓ **Tecnologias e ferramentas:** escolha e padronize as tecnologias e ferramentas que devem ser utilizadas pelo time.
- ✓ **Reunião *on-line* com o time:** crie uma agenda e estabeleça uma pauta de assuntos. Não deixe que as reuniões sejam improdutivas.
- ✓ **Ações para engajar:** faça reuniões remotas curtas ou atividades com assuntos leves, algo que constitua agradável e prazerosa maneira de passar o tempo.

À primeira vista, parece simples. Entretanto, a questão desafiadora é o perfil pessoal de cada líder. O líder mais criativo costuma ter mais dificuldade com processos e prefere uma forma mais livre de trabalhar.

Já o eficiente, naturalmente mais analítico e propenso ao controle, possui mais inibição e fica mais preso na hora de conceber soluções inovadoras. Deve-se sair da zona de conforto, em ambos os casos, e explorar novas oportunidades, abrindo-se para novos aprendizados (CORRÊA, 2020).

Em 2018 a Deloitte publicou um artigo (FINZI; FIRTH; LIPTON, 2018) que apontava a liderança ambidestra como fator positivo associado ao crescimento do desempenho de empresas, tendência observada tanto em negócios em estágio inicial quanto nos já consolidados.

Nesse mesmo artigo, a ambidestria é definida como a capacidade de otimizar as operações do modelo de negócio atual e ao mesmo tempo redefini-lo, tratando riscos e buscando soluções inovadoras (FINZI; FIRTH; LIPTON, 2018).

Ainda no mesmo artigo, Benjamin Finzi, Vincent Firth e Mark Lipton explicaram como cultivar a ambidestria tanto individualmente quanto na condução das organizações – e vale ressaltar algumas características destacadas para os líderes que desejam tornar-se ambidestros:

- ✓ **Mentalidade paradoxal:** ser colocado em duas situações difíceis e diferentes no mesmo momento cria tensão e estresse. Contrariando todas as intuições, há quem diga que os conflitos podem ser favoráveis. Muitas pessoas que decidem aceitar situações adversas mostram maior flexibilidade, produtividade e criatividade, aumentando seu desempenho. Chamam isso de "mentalidade paradoxal", e este é o melhor cenário para começar a incentivar e articular uma visão de negócio que envolva tensões concorrentes.

- ✓ **Time com talento e predisposição para ambidestria:** ter um time com pessoas com aptidões e habilidades de liderança ambidestra é o ideal para um líder ambidestro, isso vai trazer sinergia.
- ✓ **Ambiente ambidestro na organização:** colaborar para a ambidestria em nível organizacional, pois quando a ambidestria faz parte da cultura, as atitudes nesse sentido fluem naturalmente, afastando a inércia diante das mudanças e evoluções necessárias e atraindo decisões objetivas com vistas para o futuro.
- ✓ **Alinhamento estratégico constante:** mesmo que seja necessário gerenciar abordagens diferentes ou, até mesmo, contraditórias, essa é uma importante premissa. Abordagens de gestão híbridas estão demonstrando grande alinhamento às necessidades de líderes ambidestros, uma vez que modelos de gestão tradicionais e ágeis não são antagônicos como se pensava há alguns anos e se mostram complementares ao serem utilizados em diferentes fases de um projeto, favorecendo o equilíbrio de demandas do projeto e do negócio (GEMINO; HEICH; SERRADOR, 2021; AZENHA; REIS; FLEURY, 2021).
- ✓ **Sempre buscar aprendizado e se expor a situações novas:** problemas novos precisam de novas soluções. As boas ideias, que resultam em soluções inovadoras, são provenientes de aprendizado contínuo e de tentativas. Muitas ideias ruins vão surgir antes que uma realmente boa possa agregar valor, então se manter ativo e aberto à experimentação vai garantir que o líder e a equipe desenvolvam formas de resolver problemas diferentes dos habituais.

Entre as décadas de 1930 e 1950, Alan Turing, considerado o "pai da computação", pensou, pesquisou e trabalhou intensamente no desenvolvimento de uma máquina com a capacidade de aprender (TURING, 1950).

Passados todos esses anos, aos trancos e barrancos, a inteligência artificial (IA) está chegando próximo ao que Turing desejava. A certeza que temos nesse cenário é de que a regra para inovar é desconstruir e reconstruir, várias vezes, a percepção e o conhecimento (TAVARES, 2021).

Da mesma forma, tal caminho de ressignificação é percorrido pelos líderes para analisar as situações e saber qual tipo de abordagem usar, ou qual liderança aplicar, diante de uma situação complexa. Essa capacidade completamente humana de compreensão é o grande ativo intangível dos líderes.

Quando se fala de liderança, é preciso olhar para si mesmo e para sua equipe. Quando um líder ambidestro analisa o futuro, ele sabe que o time precisa ser preparado para adaptação e flexibilidade, ter algo a mais e habilidades totalmente diferenciadas. Por exemplo:

- ✓ Independentemente de quão impactante for a situação, o time deve ter a capacidade de encarar as adversidades e se restabelecer com muita resiliência.
- ✓ A mentalidade do time deve estar totalmente alinhada com a proposta e os objetivos colocados. O time tem que acreditar e ter um *mindset* diferenciado.
- ✓ O time precisa ter liberdade para pesquisar, aprender e testar novos conhecimentos. A busca por novos experimentos deixa o time sempre antenado às tendências.
- ✓ O desenvolvimento pessoal e profissional vai condicionar melhor os integrantes do time a enfrentar os novos desafios. Esse desenvolvimento deve ser contínuo.

As qualidades de um líder são medidas pelos resultados que entregam a seus clientes e pela satisfação com a qual sua equipe trabalha. Ao fim, é justamente a capacidade de reunir soluções que vai impactar positivamente o negócio. A isso dá-se o nome de sucesso, esse sim, importante. Motivado por essa busca é que se faz gestão. Essa é a razão pela qual pessoas e organizações se abrem para transformações.

10. Liderança mediada por tecnologia

Marcantonio Fabra

Como o líder deve se portar com a tecnologia sendo uma realidade bastante enraizada nas organizações modernas.

A liderança sempre foi um dos pontos mais importantes quando se fala em estar à frente de equipes. Claro que existem outras habilidades importantes, como comunicação, motivação, persuasão, gestão de conflitos, entre outras, mas todas elas acabam contribuindo de alguma forma para a habilidade de liderança.

Com o advento da transformação digital, paulatinamente a comunicação virtual passou a ser utilizada por organizações que buscavam uma redução dos custos operacionais e a otimização do tempo dos seus líderes em times que possuíam, muitas vezes, pessoas de diferentes lugares e que precisavam ser acionadas várias vezes ao dia e, em muitos casos, ao mesmo tempo.

Quando chegou a pandemia da COVID-19, a prática do *home office* passou a ser obrigatória mundialmente – e isso, é claro, afetou diretamente o processo da liderança mediada por tecnologia.

Características das equipes virtuais

Segundo Gilson *et al.* (2015), as equipes virtuais são um conjunto de indivíduos dispersos geograficamente, em diferentes fusos horários, de diversas culturas e que se comunicam por meio de ferramentas de tecnologia da informação.

Por conseguinte, normalmente são formadas por pessoas que atuam de forma interdependente, embora trabalhem isoladas entre si e busquem propósitos em comum ou complementares.

Diante disso, como deve ser a postura do líder nessa nova realidade? Quais são os mitos criados nesse tipo de liderança? Nos itens seguintes, versaremos sobre esses dois pontos.

Postura do líder em uma equipe liderada através da mediação por tecnologia

Ser um líder completo de uma equipe com a mediação por tecnologia é muito mais do que apenas conhecer e utilizar ferramentas de TI e saber lidar com as inovações dessa área. Além disso, o líder deve possuir uma inteligência emocional bastante alta, criando laços de confiança e deixando as estratégias e os objetivos bem claros para todos.

O líder dessa nova realidade tem que possuir os três Cs:

- ✓ **Comunicação:** em ambientes virtuais a comunicação muda bastante, pois a conversa presencial é, sem sombra de dúvidas, o tipo de comunicação que menos gera ruídos. Para que a comunicação aconteça da melhor forma possível, o líder deve seguir algumas regras essenciais:
  - **Combinar a tecnologia com a tarefa:** a ferramenta deve ser a mais adequada para o tipo de atuação. Ex.: e-mails e WhatsApp para atividades rotineiras e videoconferências para atividades mais complexas.
  - **Ficar em sincronia:** o fato de as pessoas não estarem colocadas, ou seja, juntas em um mesmo local físico, faz com que o líder tenha que garantir uma sincronia entre todos os membros do time para que a informação não se perca.
  - **Eliminar as barreiras físicas:** as pessoas em *home office* geram uma série de novas barreiras físicas de comunicação por estarem em casa. É importante que o líder defina regras bem claras para todos da equipe, como, por exemplo, definir um local isolado da casa para as reuniões e utilizar ferramentas ou fones que eliminem o som ambiente.
- ✓ **Colaboração:** o líder virtual precisa entender que é preciso existir esse tipo de sintonia com seus liderados. É importante que ele esteja sempre presente e à disposição da equipe. Nesse tipo de ambiente, a demora na resposta a um membro pode gerar muitos problemas na atuação da equipe. Seguem aqui algumas dicas para que isso não aconteça:
  - Não utilize as videoconferências apenas para reuniões; crie um espaço recorrente onde as pessoas possam entrar todas as vezes que quiserem durante o expediente.

- Esteja sempre disponível e compartilhe a sua agenda diária com todos os membros do time.
- Estimule a colaboração mútua entre os membros da equipe, em especial com a captação de lições aprendidas. O ideal é que exista algum arquivo compartilhado com todos para esse fim.

✓ **Confiança:** um bom líder deve liderar por exemplo e não por imposição (aliás, isso já era uma característica do líder presencial). E essa confiança vem através de atos e não de fatos. Seguem algumas dicas para você gerar essa confiança nos seus liderados em ambientes mediados por tecnologia:

- **Nunca chegue atrasado em uma reunião com a equipe:** já era um "mico" nas reuniões presenciais, imagine agora nas virtuais.
- **Saiba lidar com os diferentes perfis dos membros da equipe (*baby boomers*, geração X, geração Y, *millenials* e geração Z):** para isso, respeite as suas diferenças e níveis de adequação ao ambiente tecnológico e coloque em evidência as suas virtudes.
- **Esqueça as formas tradicionais e centralizadoras de liderar:** se você ainda utiliza esse tipo de liderança, não tem a mínima chance de ganhar a confiança da equipe. Os líderes virtuais são mais mentores do que direcionadores de trabalho. Uma dica é criar um ambiente de cooperação mútua com troca de informações que vai fazer com que o liderado se sinta um empreendedor e não alguém que apenas segue ordens.

Se houver uma preocupação sua em implementar estes três Cs na sua liderança, o sucesso no mundo virtual estará bem mais próximo de ser alcançado.

Mitos da liderança por meio da tecnologia

Existem algumas situações que as pessoas mencionam nesse tipo de liderança virtual que na verdade são mitos, pois já aconteciam na liderança presencial. Vamos a eles:

✓ **"Você não vai conseguir controlar a sua equipe no virtual":** esse controle não existia nem durante o trabalho presencial, a menos que você colocasse localizadores nos seus liderados.

✓ **"A produtividade do seu time vai cair sem você por perto":** esse tipo de comentário é feito por pessoas que não conseguem garantir essa produtividade no formato presencial e se aproveitam dessa nova situação para mascarar isso.

✓ **"Não é seguro trabalhar remotamente":** se grandes corporações que possuem informações sigilosas e órgãos públicos do alto escalão conseguem trabalhar remotamente com segurança, por que sua empresa não conseguiria?

Como mencionado anteriormente, muitas equipes passaram a ter que atuar remotamente por causa da pandemia. Podemos afirmar com total tranquilidade que, mesmo depois da crise sanitária mundial enfrentada em 2020 e 2021, as empresas nunca mais voltarão a atuar como antes.

Teremos um modelo híbrido de atuação, com pessoas trabalhando no formato presencial e/ou remoto. Ou seja, ser capaz de liderar equipes mediadas por tecnologia é algo que veio definitivamente para ficar!

PARTE V.
LIDERANDO COM FOCO EM RESULTADOS

11. Liderança *lean*

Rodrigo Aquino
Cacilda Andrade

O líder *lean* faz o trabalho e desenvolve as pessoas ao mesmo tempo, respeitando-as e fazendo as perguntas certas.

Na década de 80, a Toyota iniciou sua expansão mundial e percebeu uma queda substancial na qualidade de seus produtos. Mesmo os colaboradores locais sendo treinados pelos mentores da matriz, algo de errado estava acontecendo.

Ao realizar um estudo detalhado sobre o problema, identificou-se que muitos dos padrões estabelecidos por ela não estavam sendo seguidos. Na maioria das companhias, quando acontece algo desse tipo, existe uma tendência a enxergar o problema nos subordinados e não no processo como um todo.

O resultado desse estudo foi que os colaboradores, devido à língua e à cultura local, não entendiam exatamente o que os líderes queriam dizer. A solução foi treinar um seleto grupo de trabalhadores locais para serem líderes, de forma que eles pudessem replicar o conhecimento da melhor maneira possível aos demais colaboradores. E funcionou!

A qualidade dos produtos voltou a seguir o padrão esperado pela matriz e principalmente pelos clientes. Esse método foi aplicado em diversas filiais da empresa presente em mais de 25 países (BUSINESS CONNECTION, 2006).

O trabalho da liderança é um dos fatores mais críticos para uma correta resolução de problemas e uma efetiva transformação cultural. De acordo com Covey (2009), uma autêntica liderança não é algo que acontece imediatamente assim que a pessoa recebe o título: "a liderança é uma escolha, não um cargo". E informa também: "líderes que precisam de um título para mostrar autoridade não serão tão eficientes".

De acordo com Chiavenato (2009, p. 23) há diversos tipos de liderança, como, por exemplo: autoritário, paternalista, democrático e situacional. Bem diferente dos demais, conforme Morgan e Liker (2008), o estilo de liderança *lean* – **siga-me ou vem comigo**, tendo como base os conceitos e princípios do Sistema Toyota de Produção – se destaca dos demais por conter as seguintes características:

- ✓ **O líder conhece muito bem o processo**, pois ele já trabalhou executando as funções que o subordinado faz ou porque ele aprendeu por meio do *genchi genbutsu*. Esse termo japonês remete a uma atitude do líder de ir até o local e ver com seus próprios olhos, a fim de entender com profundidade o que está acontecendo. Segundo Liker (2007), cerca de 21% do tempo do líder é gasto compensando a falta dos subordinados na linha de produção, seja por ausência ou por férias.
- ✓ Ele **conduz o diálogo respeitando as pessoas**, ou seja, aguarda o mentorado falar até o final, pensa a respeito e só então inicia a fala.
- ✓ **Ensina fazendo a pergunta certa**, desafiando e estimulando o subordinado a pensar, tomar iniciativa e assumir responsabilidades. O ato de perguntar não é tão simples quanto parece: primeiramente, o líder deve demonstrar respeito e entender como o colaborador está pensando, a fim de perguntar corretamente para que o subordinado possa identificar e corrigir os *gaps* entre compreender o problema e dar a solução. Especificamente sobre as perguntas certas, elas são divididas em três categorias: exploratórias (conhecendo melhor a situação com fatos e dados), desafiadoras (questionando as informações trazidas pelo subordinado de forma que ele vá além) e de diagnóstico (entendendo o sentido que o subordinado dá para a situação).
- ✓ **Possui papel estruturado na cadeia de ajuda.** Quando ocorre uma situação fora do padrão, seja em uma linha de produção, no desenvolvimento de um software ou na entrega de valor ao cliente por meio de algum tipo de serviço, o subordinado é motivado a chamar ajuda. O líder imediato tem determinado tempo para chegar até o local e verificar o que está ocorrendo, não com a intenção de punir o colaborador, e sim com o objetivo de ajudá-lo a resolver o problema.
- ✓ **Assume a melhoria contínua (*kaizen*) como parte de sua rotina.** Quando falamos sobre *kaizen* é importante entendermos como isso funciona. Conforme a Figura 11.1, percebemos que a padronização é a base para que uma melhoria não seja perdida. O papel da liderança *lean* não é apenas realizar e incentivar *kaizens* pela companhia, mas também evitar que essas melhorias se percam com o passar do tempo.

Figura 11.1. Sem padronização, não há melhoria contínua.
Fonte: adaptado de Freepik[1] (s.d.).

Nas fábricas da Toyota, no Japão, um subordinado consegue subir de cargo de duas maneiras: pelo tempo de trabalho ou se fizer uma melhoria que elimine suas atividades no dia a dia (nesse caso, ele sobe de cargo automaticamente).

Nas empresas que conhecemos, se fizermos um *kaizen* e eliminarmos nosso trabalho no dia a dia, adivinhe o que acontecerá conosco? Provavelmente seremos demitidos. Em uma companhia com verdadeiros líderes *lean* esse tipo de situação não acontece.

- ✓ **Ele melhora o trabalho e desenvolve as pessoas ao mesmo tempo.** A Figura 11.2 apresenta um exemplo de como seria a distribuição do trabalho dos colaboradores em uma empresa que adota a liderança *lean*. Segundo Hoeft (2013), há uma citação de Isao Kato, que foi instrutor da Toyota durante muitos anos, que diz: "você não pode separar o desenvolvimento das pessoas do desenvolvimento do sistema, se é que pretende ter sucesso a longo prazo". Entende-se que uma empresa é um organismo vivo em constante mudança, e o desenvolvimento dos subordinados pelo líder imediato é uma maneira de evoluir constantemente.
- ✓ **Resolve os problemas usando o clássico método científico PDCA (*Plan, Do, Check and Act*).** O líder tem experiência para entender o contexto de cada situação, garantir que os fatos e dados foram corretamente levantados, analisar objetivamente e só então propor contramedidas adequadas que terão alta probabilidade de resolver o problema.

---

1 <https://br.freepik.com/fotos-premium/homem-de-negocio-que-empurra-a-grande-pedra-ate-o-monte--tarefas-pesadas-do-negocio-e-conceito-dos-problemas_4385284.htm>

✓ O líder do time é **sempre o primeiro a chegar às reuniões**. Esse ato não apenas demonstra respeito pelos subordinados (pois não precisam ficar aguardando), mas também é uma forma de mostrar interesse pelo assunto ou problema que será discutido.

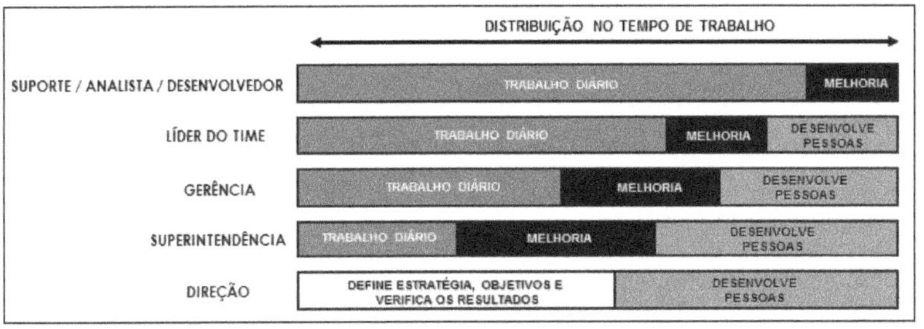

Figura 11.2. Distribuição do trabalho dos colaboradores no tempo.
Fonte: adaptado de Orzen; Bell (2010) e Liker (2007).

É importante destacar que o desenvolvimento do subordinado pelo líder *lean* ocorre principalmente durante situações nas quais a empresa está passando por algum tipo de problema.

Mas para isso ocorrer de forma correta é necessário que, anteriormente, o líder *lean* entenda claramente o propósito de onde a empresa quer chegar e defina sua estratégia de comunicação. Dessa maneira, ele estará auxiliando na conexão entre as metas estratégicas da companhia e as atividades diárias executadas pelos subordinados.

Entendemos neste capítulo que a liderança é a base para que a empresa possa colher os frutos de uma autêntica transformação cultural. As atitudes de um líder *lean* ajudarão a direcionar a companhia de forma a fazê-la atingir seus objetivos a curto, médio e longo prazo.

As características do líder *lean*, aplicadas no dia a dia da empresa, certamente ajudarão a conduzir e sustentar os novos comportamentos dos subordinados, necessários para criar uma mudança duradoura.

12. Liderança inovadora

Carla Barros Moacho
Júnior Rodrigues
Patrícia dos Santos Mendes

A importância da inovação e do *citizen development* (uso do *nocode* e *lowcode*) para o líder, e como este pode "exponencializar" a entrega de valor.

Os desafios que os líderes encaram agora são diferentes dos enfrentados no século XX. Uma economia globalizada gera riscos e oportunidades para todos e incentiva empresas e profissionais a fazer melhorias notáveis para competir e prosperar localmente e globalmente.

A globalização, por sua vez, é impulsionada por um vasto e poderoso conjunto de forças associadas à mudança tecnológica e ao amadurecimento do mercado interno dentro dos países mais desenvolvidos.

Assim sendo, prevê-se que a taxa de transformação do ambiente econômico e tecnológico crescerá, bem como aumentará a pressão sobre as organizações para que se transformem nas próximas décadas.

Diante de tantas mudanças a nível global, as maiores repercussões incidirão em pessoas e empresas. Isso porque é cada vez maior a exigência de antecipar ocorrências e reagir às transformações.

Nesse contexto, a habilidade de lidar com cenários mais frágeis e ansiosos (vide mundo BANI no Capítulo 1) e competências humanas (ou *human skills*) como resiliência e empatia tornar-se-ão cada vez mais importantes, isso sem falar das inovações tecnológicas.

Assim, os líderes inovadores são indivíduos que inspiram, com papel de visionário criativo, ou seja, são movidos pela busca constante por novas ideias, tecnologias, metodologias, motivando todos ao seu redor a serem criativos e inovadores, sem pressões ou medo de experimentar e errar.

Agilidade nos negócios

Nesse cenário de globalização e transformações econômicas, a agilidade nos negócios deve ser uma das estratégias das empresas para atender às necessidades de seus clientes de forma inovadora. Essa ideia é reforçada pelo *Business Agility Institute* (s.d.), que tem o seu modelo de agilidade centrado no usuário (*customer centricity*).

É a capacidade de uma organização de responder com rapidez e flexibilidade às solicitações dos clientes, adaptar-se rapidamente às mudanças do mercado de forma que tais mudanças sejam produtivas e econômicas, sem comprometer a qualidade, e estar continuamente em vantagem competitiva.

A agilidade nos negócios tem como propósito adotar e evoluir valores, comportamentos e capacidades que permitem que empresas e indivíduos sejam mais adaptáveis, criativos e resilientes ao lidar com a complexidade, a incerteza e a mudança.

Assim sendo, é possível a criação de soluções inovadoras que permitam responder às necessidades dos clientes de forma personalizada e de ferramentas que gerem indicadores relevantes sobre o negócio, de forma que decisões em tempo real possam ser tomadas.

Entretanto, é preciso mais do que inovar; é necessário realizar a gestão da inovação, que transforma o potencial inovativo da empresa em resultados.

O papel da gestão de inovação nas empresas é tornar o ambiente de negócio propício para a concepção de ideias inovadoras, seu desenvolvimento, sua materialização e, quando aplicável, inserir o serviço, o produto ou o processo no mercado. Assim, a gestão da inovação ganha um caráter estratégico nas organizações.

Consequentemente, organizações que pretendem implementar estratégias de inovação devem fomentar a abertura para novas ideias, tendo um ambiente seguro, onde os profissionais possam, de fato, contribuir, independentemente do título ou cargo.

Os pilares da inovação

Nesse cenário, é crucial um estilo de líder que tenha como competências principais a colaboração, a empatia e a experimentação, pilares do *Design Thinking* (BROWN, 2017).

Um líder empático deve se comunicar com os seus colaboradores, mostrar que os valoriza e que procura desenvolver o potencial e as habilidades de cada um, de forma a tornar a organização cada vez mais forte e inovadora através da união dos seus membros. Portanto, a empatia deve ser uma prática que promova o desenvolvimento dos colaboradores e a inovação na equipe e na organização.

Além disso, a empatia é colocar-se no lugar do outro, entender seus sentimentos, suas emoções e pensamentos. Igualmente, a ideia de empatia consiste em olhar um problema através do ponto de vista de quem o vivencia. O relacionamento interpessoal é essencial para uma liderança bem-sucedida. Um líder empático deve conseguir fortalecer o vínculo e o relacionamento com os colaboradores da sua equipe.

Já a colaboração é fortalecida pelo líder através da confiança e da segurança. É preciso estabelecer uma base sólida identificando, adotando e recompensando comportamentos de liderança que aumentam a segurança psicológica e a confiança. A confiança encoraja as pessoas na busca de metas aspiracionais, permitindo-lhes assumir riscos e colaborar.

Se os profissionais não confiarem uns nos outros como no líder, então as ideias não são compartilhadas. Líderes conseguem facilitar a confiança entre os colaboradores estabelecendo segurança psicológica, ou seja, as pessoas podem fazer uma crítica construtiva ou dar uma nova ideia ao grupo sem sofrer rejeição.

É necessário implementar a cultura de experimentação, a qual envolve a implementação de novas ideias ou soluções em toda a organização, sem se restringir a apenas alguns departamentos.

A ideia central desse método de trabalho é montar um processo de experimentos que tenham hipótese, observação, mensuração e aprendizado em cada teste. Além disso, a experimentação precisa ser adotada em toda a empresa. Nesse contexto, os líderes precisam ter uma mentalidade aberta às opiniões ou ideias de todos.

O fracasso é aspecto imperativo da cultura de experimentação. Sem ele, não será possível conceber uma ideia que, de fato, ajude a organização a se tornar competitiva. Realizar muitos experimentos significa que algumas ideias florescerão e muitas outras falharão. Portanto, quanto mais rápido for o fracasso em um projeto, mais rápido virá a inovação.

Assim, nesse cenário em que é exigido que as organizações entreguem soluções inovadoras, os líderes deverão permitir que as ideias surjam de todas as áreas da organização, incentivando o espírito criativo e protegendo as pessoas, promovendo a autonomia e fazendo com que elas se tornem cada vez mais colaborativas e empenhadas em conseguir resultados juntas.

Entretanto, alcançar a verdadeira agilidade organizacional é ainda um enorme desafio.

Hiperagilidade

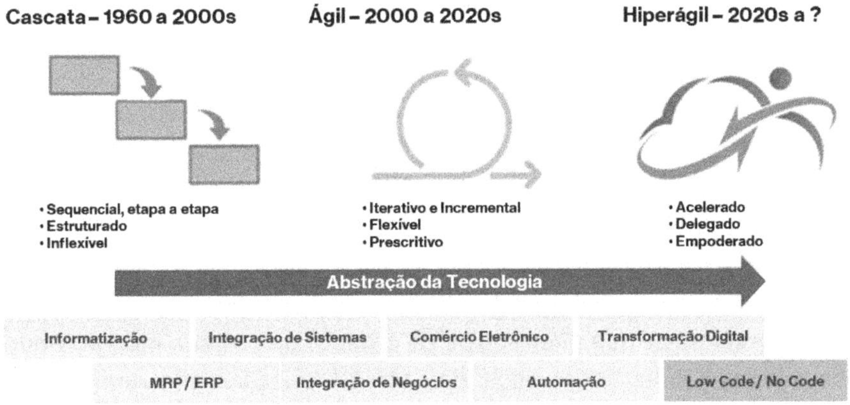

Figura 12.1. Evolução ao hiperágil.
Fonte: traduzido e adaptado de Project Management Institute (s.d.).

A gestão considerada tradicional (serial ou cascata) é impulsionada a partir da década de 60 com conceitos de administração científica que estão fortemente baseados em hierarquização (gestores, supervisores, coordenadores) e burocratização (*processes-based*, conformidade etc.).

O conceito de gestão de projetos era muito mais destinado à gestão por processos e boas práticas. Um projeto de sucesso era aquele que cumpria o âmbito, o tempo e o custo acordados no planejamento com o cliente, sem levar em consideração o valor da entrega para o cliente.

Em contraste a esse modelo tradicional, surge, com a publicação do Manifesto Ágil a partir de 2001, a gestão ágil, que se baseia em equipes autônomas, auto-organizáveis e princípios, não mais em processos.

Esse novo *mindset* resultou em novos *frameworks* de gestão que permitem maior flexibilidade e adaptação por parte das equipes, bem como no surgimento de um tipo de líder, mais empático e focado em entregar valor ao cliente do que em atender à tripla restrição clássica da gestão – custo, escopo e prazo.

Nos anos posteriores a 2001, a gestão ágil ganhou força. A internet era uma realidade global e o mercado tornou-se dinâmico. Muitas organizações adotaram abordagens ágeis para se adaptar ao mundo VUCA (citado no Capítulo 1), justamente por serem mais aderentes a esse cenário de transformações e incertezas.

Em adição, o contexto mundial pós-pandemia trouxe novos desafios. A transformação digital foi acelerada e exigiu novas competências dos profissionais e também o desenvolvimento de novas capacidades nas organizações.

A partir de um cenário pandêmico em 2020, o mundo tornou-se BANI, como visto no primeiro capítulo, e, com isso, a agilidade poderá não ser a melhor estratégia ou o caminho suficiente para seguir daqui para frente.

Surge, então, o conceito de hiperagilidade, que busca impulsionar uma cultura ágil além das fronteiras de qualquer equipe de produto ou projeto, incorporando-a ao DNA organizacional, sendo um resultado da transformação digital, uma combinação do uso cada vez mais intensivo de novas tecnologias e mudanças comportamentais aceleradas pela pandemia.

A transformação digital, impulsionada pelo cenário epidêmico, conduziu as organizações ao imperativo de responder à crescente demanda por soluções. Aliado a isso, encontra-se a alta demanda por desenvolvedores de software que não está acompanhando o número de talentos, tensão que está aumentando na força de trabalho, bem como em empresas e *startups* (MEARIAN, 2022).

De acordo com o *Bureau of Labor Statistics* dos EUA (U.S. BUREAU OF LABOR STATISTICS, 2019), as vagas para desenvolvedores de software deverão crescer 21% entre 2018 e 2028 – muito mais rápido que a taxa média de ocupações em geral.

Nesse contexto, o conceito de **desenvolvimento cidadão** tem se tornado atraente para diversos setores, permitindo que pessoas comuns possam desenvolver soluções com o uso das ferramentas *low code* e *no code*.

Desenvolvimento cidadão

O desenvolvimento cidadão, descrito pelo Gartner (2019) como uma "TI liderada pelos negócios", por usuários que não são técnicos, tem se tornado cada vez mais comum em diversas áreas da tecnologia.

No relatório "The Future of Apps Must Include Citizen Development", (GARTNER RESEARCH, 2019), o Gartner observou que a TI guiada pelos negócios refere-se a um esforço colaborativo, onde padrões e políticas apropriadas são aplicadas e a amplitude do papel da equipe de TI pode variar expressivamente.

Isso é possível graças às plataformas *low code* e *no code*, que permitem utilizar componentes e modelos prontos para acelerar o processo de desenvolvimento de software (TRENTIM, 2020).

O desenvolvimento cidadão conceitua-se como a abstração de camadas de tecnologia para que os usuários de negócios possam criar seus aplicativos, automatizações e soluções sem possuir conhecimento profundo em linguagens de programação, infraestrutura, bancos de dados, segurança e outros aspectos (TRENTIM, 2020).

"É basicamente a evolução do desenvolvimento ágil; colocando cada vez mais controle nas mãos dos usuários finais para acompanhar o ritmo das suas necessidades", afirma Gary Kern, CIO da MutualBank (MEARIAN, 2022).

Ao dar esse "poder" às pessoas com a retirada das limitações tecnológicas, cabe ao líder criar as condições para que elas possam desbloquear os limites da sua capacidade de identificar as dores de seus usuários e criar soluções que efetivamente as resolvam.

Ademais, conforme pesquisa da Deloitte (GURUMURTHY; SCHATSKY; CAMHI, 2020), as organizações que possuem maior maturidade digital, em diferentes indústrias ou setores de atuação, apresentam melhores resultados financeiros. Por outro lado, a taxa de sucesso em projetos de transformação digital é extremamente baixa.

Assim sendo, desenvolver competências e capacidades tecnológicas para competir em um mundo cada vez mais digital requer estratégias, empoderamento das equipes e liderança. A estratégia voltada para a inovação e uma liderança colaborativa conduzirão à transformação digital, e não apenas à tecnologia.

Low code e no code

A habilidade de transformar ideias criativas em realidade, indicando o caminho e as etapas a serem seguidas, criando condições para que elas se realizem, é uma das características mais importantes de um líder inovador.

Para tal, é fundamental que o líder esteja atento às tendências tecnológicas e crie um ambiente seguro para que a equipe possa experimentar, errar, aprender e inovar (RIES, 2019).

A evolução tecnológica e a busca pela agilidade organizacional fazem com que as organizações tenham à sua disposição, impulsionada pela busca de soluções no *time-to-market*, ferramentas que sejam mais efetivas para a realização das entregas.

Tais ferramentas possibilitam que soluções sejam desenvolvidas com pouca (*low code*) ou nenhuma (*no code*) necessidade de digitar linhas de código, permitindo que usuários de negócio possam criar soluções sem depender de desenvolvedores.

Em meio às priorizações e aos gigantes *backlogs* de iniciativas organizacionais, o *low/no code* traz liberdade para criar, validar com usuários finais e medir os resultados de soluções inovadoras de forma muito mais acelerada, dando aos líderes a capacidade de tomar decisões mais efetivas, sem grande dispêndio de esforço e tempo.

Jason Wong, Mark Driver e Saikat Ray (2019), analistas do Gartner, preveem que o número de usuários de *low code* e *no code* superará os profissionais de TI nas grandes organizações de 4 para 1 até 2023. Igualmente, segundo o relatório do Gartner de 2021 (NEWSROOM, 2021), o mercado mundial de tecnologias de desenvolvimento *no code* está projetado para totalizar US$ 13,8 bilhões em 2021, um aumento de 22,6% com relação ao ano de 2020.

O aumento no desenvolvimento em modo remoto durante a pandemia COVID-19, as disrupções digitais ocorridas e a hiperagilidade continuarão a impulsionar a adoção de *low code*. Portanto, é esperado que o *low code*, como movimento social e tecnológico geral, continue crescendo significativamente.

É esperado que as plataformas de *low code* continuem sendo o maior componente do mercado de tecnologia de desenvolvimento até 2022, aumentando quase 30% com relação a 2020 e alcançando US$ 5,8 bilhões em 2021 (NEWSROOM, 2021).

Liderança inovadora

Empatia, resiliência, escuta ativa, adaptabilidade, flexibilidade, propósito, capacidade de comunicação e de resolver problemas, além de conhecimento sobre metodologias de projetos e inovações tecnológicas, serão os desafios do líder inovador.

A liderança inovadora perpassará pela capacidade de exercer empatia, confiança, promover a colaboração e a cultura da experimentação e impulsionar a agilidade nos negócios e a entrega de valor para os clientes finais.

O líder inovador, portanto, será aquele capaz de fomentar tais valores na sua equipe, conjugando com o uso de tecnologias que encurtam o caminho até a entrega das soluções aos usuários finais, desenvolvendo-as com o uso do *low/no code*.

O líder do futuro deverá fomentar a inovação e, consequentemente, motivar a liderança inovadora nas organizações. Para essa liderança se tornar realidade, é necessário que o líder esteja aberto a novas experiências, a trabalhar com incertezas e riscos, a valorizar e a promover a melhoria contínua dos colaboradores e dos projetos. Deve instigar a inovação de forma transversal em várias frentes, empoderar os profissionais ao seu redor e criar um ambiente de comunicação honesto e transparente.

A liderança inovadora precisa entender o negócio em que atua de forma mais profunda, ou seja, é essencial que o líder conheça o que o cliente deseja realizar, quais problemas enfrenta e como o produto/serviço da sua empresa poderá ajudá-lo a resolvê-los.

A utilização de plataformas *low code* e *no code* poderá ser essencial para essa liderança, pois elas possibilitam maior aproximação com o negócio e o cliente e maior agilidade no entendimento do problema.

Conclusão

O líder inovador será o profissional que consegue lidar com mudanças, se adapta bem, é flexível e valoriza a opinião dos seus liderados. Os verdadeiros líderes estarão sempre abertos ao diálogo para receber críticas, sugestões e reclamações.

O líder deverá ser um exemplo para os demais, ensinando por meio do exemplo e possuindo equilíbrio para diferenciar momentos em que é necessário comandar, ter empatia e oferecer ajuda.

Ademais, o exemplo também passa por não ter medo de experimentar. Um líder preparado deverá estar sempre disposto a aprender e a motivar os seus colaboradores. Esse profissional sempre encoraja sua equipe a vencer desafios, buscar conhecimento, criticar e apontar erros.

Adicionalmente, o líder inovador precisará, cada vez mais, reconhecer a importância da tecnologia como um dos valores para o sucesso. Assim, os líderes de amanhã devem estar disponíveis para ouvir e integrar o que está à sua volta – seja *feedback* das equipes ou indicadores dos *dashboards*.

Assim, deve ser capaz de ajudar a organização a alcançar a hiperagilidade, entregando soluções inovadoras e de valor aos seus clientes, com o *time-to-market* necessário para ganhar vantagem competitiva e garantir a longevidade dos negócios.

13. Gestão com base em evidências e *people analytics*

Juliana Guedes Almeida
Ricardo Alves de Carvalho

A gestão com base em evidências diminui vieses que podem comprometer a qualidade da tomada de decisão. Após a onda do uso de dados em TI e marketing, a terceira onda chega à gestão de pessoas com o *people analytics* e tem transformado o cenário da liderança. Grandes empresas como Google e Netflix baseiam todas as suas decisões em *people analytics* e têm tido resultados exponenciais.

Bill Gates é um excelente gestor e afirma que confia em seus instintos na hora de tomar decisões. Depois de analisar todos os dados disponíveis, ele se inclina para onde sua experiência e intuição indicam. Não há nada errado em usar a intuição para fechar processos de tomada de decisão.

Tendo a responsabilidade de atuar de maneira efetiva (CIULLA, 2008), líderes, em favor da celeridade, constantemente confiam unicamente em seus instintos. E assim podem comprometer grandemente o futuro de tarefas, processos e organizações.

É de conhecimento comum que o processo decisório humano é altamente contaminado por vieses que o tornam impreciso e passível de falhas (FISKE, 1993). Assim, desconsiderar evidências que poderiam subsidiar uma tomada de decisão mais acurada pode custar muito caro (PFEFFER; SUTTON, 2006). O resultado pode ser uma tomada de decisão de baixa qualidade que desperdiça tempo e dinheiro. Entretanto, há cada vez menos espaço no mercado para líderes que agem assim.

Com as facilidades de acesso à informação e tecnologia, a disputa no mundo dos negócios aumentou significativamente, pois melhores práticas, agilidade e *benchmarking* já devem estar incorporados aos processos e à cultura das empresas.

Em favor da efetividade, um líder deve considerar a valorização das pessoas e todas as informações e dados disponíveis. Todos esses dados servem para uma abordagem preditiva, estatística e até para análise de tendência, como forma de gerenciar, equalizar e antecipar movimentos futuros que impactem a empresa.

Segundo Deming, "não se gerencia o que não se mede, não se mede o que não se define, não se define o que não se entende e não há sucesso no que não se gerencia" (DEMING *apud* SENA, 2016).

Dito isso, será necessário atuar fortemente com as pessoas para definir suas funções, respectivas responsabilidades, tarefas e competências (conhecimentos e habilidades) para que possamos desenvolvê-las para exercer o trabalho com excelência, pois não podemos medir sem definir, tampouco definir sem entender.

As pessoas precisam estar preparadas com base em gestão por competências, ter visão e ciência da contribuição para os objetivos, assim como da consequência de suas ações na organização. Para isso, precisamos cada vez mais de dados e evidências em um tempo cada vez menor para tomada de decisões.

O grande volume de dados armazenados por empresas, o avanço na disponibilidade de estratégias de análise e a pressão por minimizar erros e aumentar o diferencial competitivo têm levado líderes e organizações a investir na gestão com base em evidências.

O princípio básico subjacente à gestão com base em evidências é que boas decisões estão diretamente relacionadas ao uso do pensamento crítico aliado à qualidade das evidências que as subsidiam. Assim, na gestão com base em evidências o processo decisório é aprimorado. Para aumentar a probabilidade de alcançar resultados favoráveis, líderes devem:

- ✓ Formular problema de gestão em forma de pergunta para traduzi-lo em um problema prático passível de ser respondido.
- ✓ Coletar dados e buscar evidências empíricas da ciência de gestão de pessoas para subsídio estratégico.
- ✓ Avaliar criticamente a fonte, a relevância e o tamanho do impacto de evidências disponíveis antes do uso.
- ✓ Conectar evidências complementares para ampliar e aprofundar seu entendimento de pessoas e do negócio.
- ✓ Aplicar o uso das evidências já refinadas em seu processo decisório.
- ✓ Avaliar constantemente os resultados provenientes desse processo.

Benchmarking e melhores práticas

Uma prática comum no mundo corporativo é usar *benchmarking* e melhores práticas como fonte confiável para desenho e implementação de projetos. Entretanto, a concepção de que uma prática possui evidências de sua efetividade em decorrência de ter sido bem-sucedida em outra empresa é errônea (PFEFFER; SUTTON, 2006).

O fato de uma opinião ser amplamente compartilhada não quer dizer que existam evidências de que ela está certa. Antes de adotar uma prática de outra empresa (PFEFFER; SUTTON, 2006) – ou país – o líder pode:

- ✓ Questionar se a efetividade propagada de fato decorre da prática implementada: o sucesso de um projeto tem múltiplas causas. Atribuir a uma prática isolada antes de possuir dados que indiquem sua efetividade pode ser precipitado e não gerar os resultados esperados.
- ✓ Questionar quais são os problemas com a prática original; nenhuma prática é perfeita. Quando estamos impressionados com uma ação podemos nos deixar levar. O pensamento crítico aqui é central, até para aperfeiçoarmos a prática original na eventualidade de sua aplicação em nossa empresa.

A gestão com base em evidência não é algo novo. Ela serve de base para importantes avanços que ocorrem exponencialmente nas organizações atualmente, dentre eles o *people analytics*.

People analytics

O que coloca as empresas em posição de destaque são as pessoas – engajadas, com apoio, felizes e saudáveis –, e por isso elas merecem atenção e investimento. Logo, precisamos de *people analytics* para otimizar o investimento e melhorar a tomada de decisão com base em ***people strategy*** ou uma **gestão estratégica de pessoas**.

Em um nível mais elevado, o *people analytics* consiste no uso de evidências para a tomada de decisão acerca de pessoas e negócios. E muitas empresas já percebem os benefícios da gestão com base em evidências de dados e da ciência de negócios como estratégia de RH.

Assim, por meio de método científico e análises de dados, torna-se possível responder a problemas de negócios por meio de perguntas de pessoas de maneira customizada e efetiva.

O movimento de *business* começou em TI e depois no marketing. Agora ele chega no RH e é a terceira camada (WEST, 2019). Com a proliferação de dados arquivados por empresas, a facilidade de conduzir análises e o entendimento de que dados são o novo petróleo, o uso de evidências para tomada de decisão de qualidade tem crescido exponencialmente e deve em breve dominar o cenário da gestão de pessoas.

Os benefícios de ser mais efetiva, mais barata e de trazer *insights* tornam a adoção de *people analytics* uma transformação muito sólida.

Mas por que o foco em pessoas é tão importante? Na prática, organizações consistem em pessoas que trabalham nelas fazendo coisas para aqueles que não trabalham nelas (clientes, sociedade). Todos os processos são feitos e implantados por pessoas e para pessoas.

Entretanto, processos de gestão de pessoas são amplamente orientados com base em abstrações e generalizações. Esse é um grande obstáculo à gestão efetiva de pessoas.

As decisões relacionadas a pessoas são tradicionalmente tomadas com base em instintos, *benchmarking*, experiência e melhores práticas. Por mais que essas fontes forneçam alguns elementos, faltam argumentos sólidos e acompanhamento consistente de resultados.

Esse processo de análise de dados dedicado à gestão estratégica de pessoas deve aprimorar e embasar análises que antes eram subjetivas, abordando as melhorias necessárias de desenvolvimento, seja em pessoas ou processos, e potencializando o engajamento e a satisfação na realização do trabalho.

O mais importante é o *analytics*?

Em *people analytics*, o *analytics* está a serviço do *people*. Os dados e análises são usados para subsidiar decisões de negócios impactadas por pessoas. Existem seis grandes áreas de competências que precisam ser desenvolvidas para um *people analytics* efetivo (GUENOLE; FERRAR; FEINZIG, 2017):

Negócios	Consultoria	Recursos humanos
• Entendimento financeiro • Habilidades políticas • Consciência da organização • Consciência do mercado	• Definição do problema • Construção da hipótese • Gestão do projeto • Desenvolvimento de solução • Gestão de mudanças • Gestão de *stakeholders*	• Subfunções de RH • Interdependências de RH • Gestão internacional de RH ou *international HR* • Ética e privacidade • Intuição e experiência de RH
Psicologia organizacional	**Ciência de dados**	**Comunicação**
• Psicologia do trabalho • Psicologia das organizações • Construção de medidas psicológicas • Desenho de pesquisa e análise	• Análises quantitativas • Ciência de dados: banco de dados e programação • Consciência sobre os dados	• *Storytelling* • Visualização de dados • Escrita • Apresentação • Marketing

Figura 13.1. Áreas de competência de *people analytics*.
Fonte: adaptada de Guenole; Ferrar; Feinzig (2017).

Assim, fica claro que a gama de competências para a construção de projetos efetivos de *people analytics* é maior. Além disso, muitas dessas competências já existem em algum nível e podem ser aprimoradas.

Por que usar *people analytics*?

A gestão de pessoas é constantemente alvo de críticas e insatisfações por parte dos gestores e dos empregados. As críticas apontam que o RH é, de maneira geral, muito restrito a atividades operacionais e de departamento de pessoal; muito administrativo e pouco ou nada estratégico e de *insights* (CAPELLI, 2015).

Muitas empresas questionam se vale a pena manter uma unidade de RH. Existem quatro diferentes níveis de maturidade do RH, e as tarefas e resultados alcançados correspondem ao nível em que a gestão da empresa está (ULRICH *et al.*, 2012).

No primeiro nível está o administrativo; no segundo, o RH mais voltado para práticas; no terceiro, o RH estratégico; e no nível mais avançado, o RH de *insights*, que se volta a problemas do negócio. Nesse nível encontram-se as empresas que adotam *people analytics*.

Portanto, para potencializar o diferencial competitivo, as empresas priorizam suas ações no capital humano, pois as pessoas não são "replicáveis". Afinal, somos únicos!

As pessoas ganham reconhecimento como a maior força de uma empresa, pois o melhor planejamento estratégico não será eficaz sem a realização operacional.

Para pessoas, o planejamento deve considerar ações para buscar a excelência operacional por meio do treinamento e desenvolvimento das pessoas, do seu bem-estar, infraestrutura, ferramentas, clima e cultura e simultaneamente estabelecer parâmetros para dados e métricas mensuráveis que permitam avaliar o resultado individual, do grupo e da empresa.

Partindo do princípio de que "não se gerencia o que não se mede" (Deming), trabalhar com métricas é uma forma de construir um caminho mais sólido em um mundo extremamente volátil e incerto.

É imprescindível ter dados confiáveis para subsidiar a tomada de decisão. Com a cadeia de valor de *people analytics*, é possível entender profundamente a relação entre processos e variáveis de resultado de pessoas que impactam os resultados de negócios.

É possível, assim, estruturar projetos sistemáticos que tragam resultados constantes e trazer o RH de uma atuação administrativa para uma atuação que agregue à mesa estratégica, respondendo perguntas de gestores e CEOs que só a gestão de pessoas pode resolver.

Entre essas perguntas estão: "temos os talentos certos para implementar o novo projeto?"; "qual treinamento traz mais retorno financeiro?"; "nossa cultura está alinhada à estratégia?".

Responder a essas perguntas é determinante para o negócio porque, na prática, o que gera diferencial competitivo são pessoas: talentos engajados, cultura organizacional, líderes efetivos, bom recrutamento.

Sistemas, processos e variáveis mais relacionados à infraestrutura podem ser copiados de outras empresas quando se têm os recursos financeiros. A estratégia adequada para as pessoas, não.

14. *Case* Projeto Oxigênio

Marcantonio Fabra

O Projeto Oxigênio nasceu no Google em 2008 para entender o que leva um gerente a ser necessário e eficaz, fornecendo uma base real e imprescindível para um líder melhor.

O estudo de caso *Oxygen Project* é um exemplo de aplicação de *people analytics* (que é o processo de analisar dados para estudar o comportamento dos funcionários de uma empresa, conforme foi visto no Capítulo 13) com vistas a resolver os seus problemas concretos.

Fundada por Sergey Brin e Larry Page em 1998, a organização sempre foi, de certa forma, uma empresa de desenvolvedores. Quer seja o chefe de uma equipe, quer seja o responsável pelo software, todo mundo é da área de computação e todo mundo programa. O cerne é pôr a mão na massa.

Bem, se um profissional tem 20 ou 30 pessoas abaixo dele, talvez seja preciso ir além dos conhecimentos técnicos. Será que a equipe vai andar sozinha?

Em 2008, as respostas a essas questões se tornaram preocupações da divisão de operações de RH, que havia sido criada alguns anos antes e que tinha profissionais com uma pegada forte de *people analytics*.

Ela foi encarregada de verificar se o quadro atual se apoiava em dados, se os gestores realmente importavam ou se a empresa poderia viver muito bem com o mínimo de gestores. Assim nasceu o *Oxygen Project* (Projeto Oxigênio).

O que foi avaliado na pesquisa

Como o *people analytics* sempre parte de boas perguntas que orientam a coleta de dados, o estudo de caso começou por entender a questão-chave que direcionou a pesquisa: gestores fazem realmente a diferença em um time?

Para responder à questão-chave, não interessava tanto ter a visão dos diretores (*top--down*) sobre o que acontecia no nível operacional, mas sim capturar a realidade com base em informações coletadas diretamente na fonte, ou seja, o pessoal que estava à frente da execução das operações.

A pesquisa, no seu início, buscou verificar os motivos da saída de antigos colaboradores para descobrir se as taxas de rotatividade de pessoal se relacionavam com a insatisfação com os gestores.

Em seguida, buscou-se um aprofundamento dessa relação entre indicadores de desempenho e competências de gestão, discriminando os gestores de níveis mais altos e mais baixos e coletando uma maior quantidade de dados.

Por fim, iniciou-se uma série de pesquisas qualitativas para identificar os atributos ou as competências que ditavam o sucesso à frente das equipes.

Conclusões da pesquisa

Com a coleta de dados, os pesquisadores demonstraram a relação entre a qualidade do gestor e os indicadores de desempenho, satisfação e retenção de pessoas. Assim, construiu-se uma base de informação para apoiar conclusões relevantes para recrutamentos, avaliações e treinamentos de que **gestores realmente fazem a diferença**.

Diante disso, se o funcionário não produziu como esperado, nem sempre a culpa deve recair exclusivamente sobre ele e sim sobre o seu gestor. Embora esse *feedback* possa ser difícil para quem está à frente das equipes, a liderança ruim desengaja os colaboradores, prejudicando a produtividade e aumentando os índices de *turnover*.

A pesquisa comprovou as características ideais para se estar à frente de uma equipe. Os chamados "oito oxigênios dos grandes gestores" depois foram acrescidos de mais duas características que veremos a seguir. Vale lembrar que essas características foram tomadas com base nos bons gerentes que existiam na Google.

As características de um bom líder

Esses foram os dez pontos considerados pela Google como cruciais para ser um bom líder:

1. **É um bom *coach*:** bons gerentes investem tempo e energia para treinar os outros e compartilham as melhores práticas e sua experiência para que sua equipe possa crescer profissionalmente.
2. **Empodera a equipe e não pratica microgerenciamento:** permitir que o profissional possa tomar sozinho decisões alinhadas com o objetivo da empresa é mais importante do que fazer um acompanhamento muito próximo das suas ações.
3. **Cria um ambiente de equipe inclusivo, mostrando preocupação com o sucesso e o bem-estar:** um bom gerente ajuda a manter um ambiente construtivo e acolhedor, onde todos se sintam à vontade para propor novas práticas, questionar decisões e trabalhar em novas ideias.
4. **É produtivo e orientado para resultados:** mais do que estabelecer metas, o papel do gestor é mostrar como se alcançam os resultados. Ele deve criar uma cultura na qual todos possam prosperar e atingir seus objetivos.
5. **É um bom comunicador – ouve e compartilha informações:** um bom gerente deve saber passar uma mensagem clara e objetiva ao mesmo tempo em que deve saber ouvir os seus colaboradores. A comunicação não deve ser unilateral.
6. **Apoia o desenvolvimento da carreira e discute o desempenho:** um bom gerente precisa mostrar que se importa com a carreira dos colaboradores, entender seus objetivos e ambições e proporcionar meios para que eles os alcancem através de *feedbacks* constantes.
7. **Tem uma visão/estratégia clara para a equipe:** para chegar a algum lugar é preciso saber para onde se está indo. É papel do bom gerente traçar uma rota para desenvolver a equipe com base nessa direção.
8. **Tem habilidades técnicas fundamentais para ajudar a aconselhar a equipe:** um bom gerente precisa ter as habilidades técnicas necessárias para poder auxiliar sua equipe nas tarefas do dia a dia.
9. **Colaboração (dentro da Google):** os gerentes é que fazem a conexão das áreas dentro de uma empresa, fato este que faz com que eles precisem ter uma visão colaborativa e enxergar onde é o ponto de encontro dos projetos que lideram.
10. **É um forte decisor:** é obrigação de um bom gerente saber analisar e tomar decisões estratégicas e fazer com que seus colaboradores enxerguem nele a capacidade de fazer boas escolhas.

É importante salientar que resultados gerenciais baseados na aplicação desses atributos por si só não representam uma mudança de comportamento real na natureza das pessoas. Entretanto, por outro lado, elas acabam internalizando tais comportamentos e, de certa forma, atendendo às expectativas idealizadas para eles.

Outro ponto a se considerar é que cada empresa funciona como um ecossistema diferente, tendo suas particularidades e características, e esses atributos precisam se adequar a cada uma delas, continuamente.

PARTE VI.
CRIANDO E PREPARANDO O AMBIENTE ORGANIZACIONAL PARA O EXERCÍCIO DA LIDERANÇA EXPONENCIAL

15. Saúde organizacional e vantagem decisiva para executivos

Ana Costa

Por que a saúde organizacional vem se tornando crucial para o sucesso das organizações e qual o papel da liderança nesse contexto?

Este capítulo tem por objetivo trazer luz ao conceito de saúde organizacional, com base em observações em organizações brasileiras e americanas, e como aplicá-lo de forma abrangente e prática para facilitar o exercício da liderança exponencial com vista ao sucesso da organização.

Uma reflexão sobre o sucesso organizacional

As empresas de qualquer indústria lutam para sobreviver, crescer, prosperar e atingir suas metas de lucratividade em meio a um ambiente de negócios cada vez mais complexo, incerto e competitivo.

A cada década, novas "fórmulas de sucesso" são experimentadas, muitas vezes com um viés reativo ou com o enfoque "de fora para dentro", ou seja, algo que outras empresas fizeram ou estão fazendo para ser bem-sucedidas, e que precisamos adotar para "não ficarmos de fora".

A preocupação com a inovação, por exemplo, como fator crítico para vantagem competitiva, levou muitas empresas ao longo das últimas décadas a criar iniciativas, departamentos e até cargos funcionais dedicados à inovação como parte de suas práticas organizacionais.

A transformação digital também surgiu como uma resposta à necessidade das empresas de estarem ininterruptamente disponíveis com seus produtos e serviços, através dos canais digitais.

Ao falar de vantagem competitiva, nos remetemos à necessidade de encontrar um "diferencial", e muitos movimentos de transformação no mercado foram adotados pelas empresas na busca por diferenciação e sucesso econômico.

Ao tentar gerenciar essas iniciativas e as mudanças dentro da organização, com o intuito de diminuir o grau de incerteza inerente a elas, as lideranças acabam criando ambientes mais complexos, com processos, controles, KPIs e diversas camadas de gestão que acabam gerando, muitas vezes, um desvio e até perda do foco principal, além de conflitos internos e ineficiências.

Os aspectos culturais e o "olhar para dentro" da empresa são, muitas vezes, negligenciados e dificilmente considerados como pontos-chave da estratégia de mudança. Ao contrário, são mais uma frente de trabalho a ser considerada.

A transformação ágil que vem ocorrendo nos últimos anos e praticamente nasceu se apoiando na mudança de *mindset* pode ser um bom exemplo desse "olhar para dentro". Baseada em princípios e valores fundamentais que buscam mudar comportamentos, ela tem um alto potencial de transformar uma cultura de fato, permeando-se por toda a organização de forma sustentável.

Então, quando se fala de buscar o diferencial que irá alavancar o sucesso, através de um olhar para dentro da empresa, para suas características comportamentais, está se falando sobre saúde organizacional.

Definindo a saúde organizacional

Nesse contexto de compreensão sobre o que gera o sucesso organizacional, há duas qualidades que as organizações devem incorporar, segundo o conceito de Lencioni (2012): ser **inteligente** e ser **saudável**.

A inteligência remete aos fundamentos clássicos de negócios:

- ✓ Estratégia
- ✓ Marketing
- ✓ Finanças
- ✓ Tecnologia

Pela teoria, se uma empresa contrata os melhores profissionais do mercado em qualquer dessas áreas de conhecimento, ela terá condições de ser bem-sucedida. Mas será que isso é o suficiente?

A outra variável da equação é sobre ser saudável. Mas aqui não estamos falando necessariamente, ou literalmente, da saúde física e mental dos seus colaboradores, nem da saúde financeira ou estrutural da própria entidade jurídica. Estamos reconhecendo se esta empresa opera com, por exemplo:

- ✓ Baixa incidência de politicagem
- ✓ Baixo nível de desorganização
- ✓ Moral elevado
- ✓ Alta produtividade
- ✓ Baixa rotatividade

A pergunta a seguir seria: se, como líderes, precisamos ser capazes de diminuir as incertezas e complexidades para levar a empresa ao sucesso, como lidar com aspectos tão subjetivos e por vezes confusos, imprevisíveis e difíceis de mensurar?

O lado "inteligente" da equação gera um conforto maior para os líderes ou tomadores de decisão, na medida em que são ciências testadas e comprovadas por pesquisas e práticas mercadológicas e organizacionais por décadas a fio. Agora, não se veem facilmente pesquisas sobre o impacto da politicagem ou da desordem para o sucesso de uma empresa, não é mesmo?

Saúde organizacional: o verdadeiro diferencial

Retornando à questão sobre diferencial competitivo no início do capítulo, se considerarmos que o acesso à informação, às trocas tecnológicas e ao conhecimento de uma maneira geral está cada dia mais disponível a todos, podemos expandir o conceito de Lencioni (2012) de que a inteligência não é mais uma vantagem competitiva, apesar de ser imprescindível para o sucesso da empresa de forma sustentável.

Pelo contrário, ela pode ser encarada como *commodity* e não mais um diferencial. Vamos entender melhor por quê.

Citando o livro "Jornada Ágil de Liderança" (MUNIZ *et al.*, 2020), ao avaliar a dificuldade que as *startups* enfrentam para sobreviver e se destacar, e aquelas que finalmente conseguem tornar-se unicórnios, uma característica importante apontada pelo Nubank, e que reflete diretamente na postura dos líderes, é: **não abrir mão dos seus princípios!**

Princípios orientam atitudes e comportamentos, que por sua vez orientam as tomadas de decisão que levarão ao seu diferencial, seja para o sucesso ou fracasso.

Então, quanto mais consciente for a empresa sobre atitudes, comportamentos, práticas gerenciais e decisões que norteiam sua performance e a lucratividade do negócio, mais saudável ela será e, consequentemente, poderá desenvolver seu diferencial no mercado.

Abordagem prática

Pode-se ilustrar a abordagem prática da saúde organizacional com o modelo de Patrick Lencioni (2012), que foi aplicado na organização de um dos coautores deste capítulo como parte da jornada de transformação cultural.

Modelo das quatro disciplinas

Para tornar sua empresa saudável, a liderança deve se apoiar em quatro disciplinas simples:

1. **Implantar uma equipe executiva coesa.** Essa disciplina parte do princípio de que qualquer empresa, corporação ou departamento deve criar um corpo diretivo que seja composto por pessoas que trabalham de forma interativa, mutuamente dependente e frequentemente intercambiável. É como um time de basquete e não um time de golfe, no qual os jogadores vão a campo, jogam sozinhos e depois se reencontram, somando suas pontuações ao fim do dia.
2. **Criar clareza organizacional.** A equipe de liderança deve definir e estar alinhada e comprometida com as mesmas respostas para seis questões simples, porém críticas. Não pode haver divergências entre os líderes no que diz respeito a essas questões fundamentais. São elas:
   - ✓ Por que existimos?
   - ✓ Como nos comportamos?
   - ✓ O que fazemos?
   - ✓ Como vamos obter sucesso?

- ✓ O que é mais importante nesse momento?
- ✓ Quem deve fazer o quê?

3. **Supercomunicar a clareza.** As disciplinas 1 e 2 geram coesão comportamental e clareza de seus princípios fundamentais. O próximo passo é comunicá-las aos demais colaboradores da empresa de forma clara, repetidamente, de maneira entusiasmada. É quase como criar um mantra.
4. **Reforçar a clareza.** A última disciplina visa garantir que a saúde organizacional seja sustentável ao longo do tempo, de forma que seus líderes estabeleçam práticas não burocráticas para reforçar a clareza em todos os processos que envolvam pessoas. Toda política, toda atividade e todo programa devem ser projetados para relembrar aos colaboradores o que realmente é o mais importante.

A primeira disciplina pode ser considerada a mais importante, pois uma equipe executiva coesa estimula o pensamento em grupo, aprende com seus erros e aponta potenciais problemas antes que estes saiam de controle.

A vantagem decisiva

Não há como negar que, em um mundo cada vez mais marcado por transformações disruptivas e grandes mudanças acontecendo em períodos cada vez menores de tempo, as empresas precisarão de líderes que se adaptem rapidamente e desenvolvam habilidades e atitudes que lhes permitam enfrentar as exigências dessa nova era, de forma a criar uma vantagem decisiva para o sucesso da organização.

É com esse espírito que pensar, sentir e agir de forma saudável, dentro e para a organização, serão fatores-chave para se diferenciar e promover esse movimento na empresa, que é o que irá desenvolver a sua principal fortaleza com relação ao mercado e será fundamental para alcançar o sucesso organizacional.

Case – Adotando o modelo

Foi realizado um trabalho de seis meses na organização em que um dos coautores trabalhava, uma *startup* em franco crescimento que já havia passado por um ciclo de avaliação (*valuation*) por seu corpo de investidores e reestruturado sua diretoria (equipe de liderança – Disciplina 1).

O contexto era de alta rotatividade (incluindo o corpo executivo), uma alta incidência de questões de política interna, pressão interna (investidores) e externa (clientes) por resultados, e alta fricção do mercado em questão (concorrência, pandemia).

A jornada: construir uma base para trazer novos colaboradores de forma saudável.

Para não estender muito o conteúdo do capítulo, destacam-se aqui de forma resumida algumas das práticas adotadas conforme o modelo e os resultados obtidos.

1. Equipe executiva coesa

- ✓ Grupo enxuto de pessoas – um representante de cada departamento chave da cadeia de valor da empresa – totalizando seis pessoas (o modelo sugere até dez).
- ✓ Definição conjunta dos comportamentos fundamentais da equipe.

Figura 15.1. Os cinco comportamentos fundamentais da equipe executiva.
Fonte: adaptado de Lencioni (2012).

- ✓ Definição de prioridades coletivas e não com foco "departamental".

2. Criando a clareza organizacional

A equipe executiva definiu as respostas para as seis questões fundamentais:

- ✓ **Por que existimos?** Para habilitar oportunidades econômicas para o próximo bilhão de pessoas
- ✓ **Como nos comportamos?** Nós agimos como um time único. Nós superamos as expectativas
- ✓ **O que fazemos?** Nós construímos identidades financeiras usando as interações das pessoas com seus telefones celulares.
- ✓ **Como vamos obter sucesso?** Nós temos foco total nos nossos clientes. Nós temos um senso de urgência "esta semana".

Para as duas últimas questões,

- ✓ O que é mais importante neste momento?
- ✓ Quem deve fazer o quê?

Foi definido um objetivo temático para o trimestre, desdobrando-o em ações táticas principais (o ideal é um grupo de até cinco ações), e a cada ação atribuímos um líder.

3. Supercomunicando a clareza organizacional

Adotaram-se quatro encontros, com objetivos e durações específicos:

Encontro 1: administrativo – checagem diária (15 minutos)

É um encontro rápido para uma rodada de atualizações entre os membros da equipe de liderança, sem entrar em detalhes dos temas. Cada um menciona o que fez nas últimas 24 horas, o que planeja fazer no dia e se necessita de apoio de algum colega ou processo.

Ele é bastante efetivo, pois, como cada um sabe que irá se encontrar novamente em até 24 horas, reduz-se a quantidade de e-mails e mensagens entre as pessoas, aumentando a produtividade, reduzindo interrupções desnecessárias e melhorando o direcionamento de ações e decisões ao longo do dia.

Encontro 2: tático – reunião semanal/de equipe (45 – 90 minutos)

A equipe executiva se reúne uma vez por semana, no início da semana, para rever o objetivo temático e as ações em andamento para atingi-lo. Em cada reunião, as seis questões e respostas fundamentais são declaradas em voz alta no início da reunião. Na sequência, a reunião segue a pauta de revisão das ações em andamento e se escolhem os temas para discussão e tomada de decisão.

Encontro 3: estratégico – reunião *ad hoc* (2 – 4 horas)

O objetivo deste tipo de encontro é examinar questões críticas para o negócio da empresa, que podem gerar impactos no longo prazo e que normalmente exigem um tempo maior de discussão e análise para tomar decisões mais difíceis.

Como exemplo, a revisão de um modelo de negócio adotado para um cliente que não está se mostrando rentável, conforme seu *business case* original. Muito provavelmente esse tipo de revisão culminará em renegociações contratuais que não se resolvem do dia para a noite.

Encontro 4: desenvolvimento – revisão trimestral de negócios e resultados (1 – 2 dias)

Este encontro é comumente conhecido como *off-site* ou reunião externa da liderança. Neste encontro, não apenas reavaliam-se o objetivo temático do trimestre anterior e seus resultados, mas também revisitam-se as quatro disciplinas: equipe, clareza, comunicação e sistemas humanos.

No geral, essa disciplina de encontros trouxe benefícios nos primeiros seis meses de adoção, principalmente no tocante à disciplina e à fluidez da comunicação. Percebeu-se também maior entrosamento e cumplicidade entre as pessoas. O clima no geral ficou mais leve e abriu-se um maior espaço para discussões de pontos de vista distintos e construtivos.

16. Salário emocional

Eduardo Gomes

Como o salário emocional contribui para um ambiente organizacional com maior engajamento.

Não faz muito tempo, era bastante comum as empresas tradicionais lançarem suas linhas de produtos e as "empurrarem" para as pessoas, que precisavam adaptar-se a elas (o que quase nunca funcionava de forma efetiva).

Porém, com o empoderamento do consumidor ocorrido nos últimos anos, houve a necessidade de as empresas aumentarem a variedade de produtos e até permitirem a sua personalização, para manterem seu espaço no mercado.

O McDonald's, por exemplo, que vendia combinações fechadas de lanches, lançou em 2015 várias opções de customização dos sanduíches, após deparar com quedas expressivas em seus resultados, uma vez que os clientes, cada vez mais exigentes, preferiam escolher seus próprios ingredientes (MCDONALD'S, 2014).

Isso não é um caso isolado, como destacado a seguir:

> *Na nova era, é necessário o foco no cliente, cliente, cliente... A forma como os produtos são concebidos é altamente impactada pela tecnologia e permite que o processo aconteça em perfeita sintonia com o cliente. Essa customização responde a um anseio cada vez mais presente no mercado consumidor, com a produção de muitas inovações de acordo com os desejos dos indivíduos (MAGALDI; NETO, 2018).*

No anseio de atender a esses desejos, é comum no mundo corporativo encontrarmos líderes que estão atentos à experiência de seus clientes, mas que ignoram as necessidades de seus liderados. E não se pode esquecer que todo o colaborador é, em algum segmento, um consumidor que está mais exigente não apenas no consumo, mas também na carreira e na vida.

Os indivíduos querem ir cada vez mais além de cumprir tarefas e receber seus salários e benefícios. A dinâmica da vida urbana e o excesso de estímulos da tecnologia requerem descansos alternados.

O trabalho voltado para a criatividade requer ambientes mais sofisticados e maior conexão com a natureza. A saúde requer mais exercícios. A busca de um propósito tem se tornado cada vez mais constante, assim como a crescente necessidade de um sentimento de pertencimento.

Ou seja, são muitas as premências das pessoas na atualidade, e a liderança que não estiver atenta a isso poderá ter dificuldades em reter os seus talentos ou em alcançar o máximo da performance de seus liderados.

É verdade que podemos observar algumas respostas das empresas na tentativa de atender a esses anseios. Algumas concedem benefícios como descontos em academias, construções de salões de jogos, áreas de descanso elaboradas e saídas mais cedo às sextas-feiras. Mas será que é suficiente? O que mais pode ser feito? Qual é o papel do líder na melhoria da experiência do colaborador?

O que é o salário emocional?

Buscando compreender essa nova realidade, tem-se falado cada vez mais sobre quais os fatores que influenciam a felicidade dos profissionais e como estes podem fazer a diferença na performance das pessoas, impactando positivamente no bem-estar organizacional e na qualidade de vida.

Nesse contexto, entra em destaque o chamado salário emocional, que se entende como o valor não tangível que é percebido no campo das emoções e gera satisfação, senso de pertencimento e equilíbrio entre a carreira e a vida pessoal dos colaboradores. Segundo Simão (2017), o salário emocional é tudo aquilo que a organização oferece a seus colaboradores e que não vem registrado no contracheque.

Imagine uma equipe de pessoas espetaculares, bem montada, bem liderada e bem instruída. O que poderia impedi-la de executar um bom trabalho? Se você pensou na motivação, está correto.

Para que um time entregue o seu melhor resultado, é necessário que ele esteja motivado e bem-disposto, e as recompensas não financeiras do salário emocional podem contribuir muito nesse aspecto.

Porém, ao contrário das recompensas financeiras tradicionais, o salário emocional não é depositado na conta dos funcionários no fim do mês de acordo com o cargo ou função, mas incorporado nos valores das organizações.

É responsabilidade do líder mapear as prioridades de cada liderado e a sua percepção do ambiente através de reuniões individuais, observação contínua e conversas informais, de maneira a aplicar as recompensas corretas e promover assim o crescimento e o sucesso das pessoas motivadas.

Recompensas do salário emocional

Na Figura 16.1 são apresentados alguns tipos de recompensas não financeiras. Vamos falar um pouco mais sobre elas, que compõem o salário emocional.

Figura 16.1. Tipos de recompensas do salário emocional.
Fonte: os autores.

Desenvolvimento

Inicialmente procuradas por profissionais em início de carreira, vagas que transparecem trazer oportunidades de desenvolvimento têm se tornado cada vez mais desejadas. Em um mundo com mudanças cada vez mais rápidas e disruptivas, a necessidade de se sentir em movimento, aprendendo e compartilhando conhecimento, está inerente em profissionais de alta performance. Para promover o desenvolvimento, os líderes e as organizações precisam garantir:

1. **Ambiente seguro** – Ambiente propício para as pessoas buscarem as melhores soluções dos problemas sem medo de expor suas limitações, assumindo responsabilidade pelos erros.
2. **Aprendizado contínuo** – Promover investigações através de questionamentos, transparência e curiosidade.
3. **Participação** – Envolver os participantes de todos os níveis hierárquicos nas investigações e tomadas de decisões para solução de problemas, considerando suas sugestões com igualdade.
4. **Interação** – Interação contínua entre os colaboradores e entre os líderes e liderados.

Reconhecimento

"Uma pesquisa da Gallup constatou que colaboradores que sabem que irão ter reconhecimento pelo bom trabalho têm um maior incentivo a, de fato, realizar um bom trabalho" (VAZZOLER, s.d.). Para o psicólogo Marco Ornelas, a falta de autoestima afeta diretamente a rotina profissional (CAMPOS, 2021). Por isso é importante utilizarmos esse fator como um aspecto motivador.

Para isso, o líder precisa deixar claras as expectativas para as tarefas dos seus liderados e, a partir disso, dar reconhecimento público dos elogios às pessoas, tratando de forma privada os desvios e pontos de melhoria do profissional. Esse tipo de reconhecimento não precisa ser dado apenas pelo líder, uma vez que promover o reconhecimento entre os pares é algo salutar.

No exercício da liderança, é muito relevante estar atento ao que é sinal de estima para os membros do seu time, pois "a estima está nos olhos de quem vê" (GROVE, 2020) e é algo muito pessoal. Geralmente está relacionada às necessidades e ambições de cada um.

Segurança

De acordo com o trecho a seguir, veja a importância da segurança no ambiente de trabalho:

> *Será que o medo exerce alguma função nos modos de estima ou autorrealização? Sim, mas, nesses casos, trata-se do medo do fracasso. Esse medo, então, é uma fonte positiva ou negativa de motivação? Pode ser os dois. Diante de uma tarefa*

> *específica, o medo do fracasso pode motivar uma pessoa a progredir, mas, se esse medo se transformar em uma preocupação, a pessoa motivada pela necessidade de conquista evitará correr quaisquer riscos (GROVE, 2020).*

Para De Paulo (2015), os cinco passos seguintes podem auxiliar no aumento e estabelecimento do nível de confiança profissional:

1. **Saber o que será exigido no cargo:** saber disso antes de aceitar um novo trabalho ou concordar com um novo cargo é essencial para que a pessoa possa desenvolver bem o trabalho e ter a segurança necessária para concluí-lo.
2. **Aprender a delegar:** conhecer as pessoas certas para delegar as tarefas é essencial para o bom desempenho da equipe.
3. **Ter uma visão ampla:** reconhecer todos os aspectos de um projeto e saber quais são os talentos necessários para finalizá-lo contribuirá para um bom resultado.
4. **Estar alinhado com sua equipe:** comunicação próxima com os funcionários é fundamental para evitar ruídos e manter o trabalho ágil, pois quando toda a equipe está ciente da direção que está seguindo, e todos os membros estão a par do resultado a ser alcançado, torna-se mais simples uma alteração de percurso, quando necessário, para o atingimento do objetivo conhecido.
5. **Saber reconhecer quem faz um bom trabalho:** isso fará com que a equipe permaneça motivada e queira dar o melhor de si.

Qualidade de vida

Segundo De Masi (2012):

> *Na empresa pós-industrial, onde a maioria é composta de trabalhadores intelectuais, a ênfase se desloca do processo executivo ao ideativo, da substância à forma, do duradouro ao efêmero, da prática à estética. Ou seja, da precisão à aproximação, do pré-científico ao pós-científico... significa a necessária substituição de uma cultura (moderna) do sacrifício e da especialização, cuja finalidade era o consumismo, por uma outra (pós-moderna), do bem-estar e da interdisciplinaridade, cuja finalidade é o crescimento da subjetividade, da afetividade e da qualidade de trabalho e da vida.*

Para motivar a qualidade de vida no trabalho, os líderes precisam entender o contexto em que trabalham e vivem as pessoas dos times, e o que é necessário para que as suas tarefas sejam cumpridas de maneira efetiva, tornando-as bem-sucedidas. Mas sem prejudicar sua saúde, seja ela física ou psíquica.

Orgulho da empresa

Um outro aspecto importante é que "relações relevantes são inestimáveis para a construção e a manutenção de uma cultura de excelência. Elas criam a confiança e o apoio necessários para que as pessoas incentivem quem está ao seu redor a fazer grandes realizações" (DALIO, 2018). Ao contrário do que muitos pensam, gerar um sentimento de orgulho e pertencimento nas pessoas não é uma tarefa que se conquista apenas com *endomarketing*.

É necessário construir uma cultura de diálogo franco da alta gestão com os colaboradores e também entre os pares, além de garantir que o trabalho seja desafiador. Mas é relevante estabelecer uma rede de apoio e aprendizado mútuo, fortalecendo as suas relações e gerando sucesso no atingimento de objetivos cada vez mais complexos.

Promoção

Quando se fala de promoção no trabalho, esbarra-se em um assunto delicado, pois cada organização costuma desenhar seus planos de carreira de acordo com: seus próprios objetivos; cultura; aderência às exigências sindicais; estruturas organizacionais; e outras variáveis.

Visto isso, o ponto em comum que os líderes precisam desenvolver é o de promover os liderados como profissionais e como pessoas. Talvez não seja possível lhes dar uma nova posição formal na empresa, mas pode-se delegar uma nova tarefa importante para eles desenvolverem o seu aprendizado.

Em adição, é possível deixá-los participar de reuniões com superiores ou deixá-los ir àquela conferência com um cliente ou fornecedor importante, obviamente preparando-os previamente para isso.

É importantíssimo aos líderes estarem atentos para a direção que os liderados querem seguir em suas carreiras e garantirem que sejam um dos principais, senão os maiores apoiadores dessa empreitada. Isso promoverá a confiança mútua e uma gratificação emocional que gerará motivação e consequentemente melhores resultados.

Entretanto, é importante saber que:

> *Promoções também têm uma grande visibilidade para outros colaboradores e, portanto, transmitem um sistema de valores ao resto da empresa. As promoções devem ser baseadas no desempenho, porque essa é a única maneira de valorizar, manter e perpetuar o bom desempenho (GROVE, 2020).*

Autonomia

Ter liberdade para implementar as próprias ideias, escolher quando executar determinadas tarefas e definir o próprio horário de trabalho têm sido exigências cada vez mais comuns de profissionais de alta performance, principalmente nos ramos mais criativos como o do marketing, do desenvolvimento de software e de lideranças de equipes multidisciplinares.

Essa maneira de trabalhar não é nova, mas tem se tornado cada vez mais comum em um mundo hiperconectado e de alta complexidade. Centralizar decisões, nesse contexto, gera um grande funil, pois a grande quantidade de informação que chega continuamente para ser processada gera uma perda preciosa de tempo.

Isso tem feito com que as empresas adotassem a descentralização das decisões, de forma a ter uma resposta mais competitiva para os desafios cotidianos. Para as pessoas, ter autonomia no seu modo de trabalhar pode auxiliar em um melhor equilíbrio entre trabalho, saúde e relacionamentos, gerando felicidade e aumentando a performance.

Mas, infelizmente, nem tudo são rosas, e o desafio do líder é garantir que o colaborador receba autonomia e liberdade de acordo com a sua maturidade. Uma maneira eficiente de fazer isso é utilizando a técnica TRM (*Task Relevant Maturity*) ou, em tradução livre, maturidade aplicável à tarefa.

A ideia aqui é considerar que mesmo uma pessoa extremamente eficiente em uma determinada posição ou tarefa pode não ter inicialmente uma boa performance em uma outra. Visto isso, cabe ao líder acompanhar o liderado e dar-lhe autonomia à medida que sua maturidade aumenta. Grove (2020) propõe a aplicação desta técnica conforme segue:

Maturidade aplicável à tarefa	Característica do estilo de gestão eficaz
Baixa	Estruturado; orientado à tarefa; especificando "o quê", "quando" e "como"
Média	Orientada à pessoa; ênfase no diálogo, no apoio, em pensar juntos
Alta	Envolvimento mínimo do líder: estabelecimento de objetivos e monitoramento

Conclusão

Conclui-se que o salário emocional pode ser um grande aliado na geração de felicidade, motivação e performance das pessoas, proporcionando resultados excepcionais para as organizações que dele fazem bom uso.

O objetivo deste capítulo não foi esgotar o assunto, mas dar algum subsídio para que os líderes comprometidos em utilizar essa ferramenta superem os desafios de sua implementação de forma bem-sucedida, ajudando a organização a entregar resultados superiores.

17. Contrato psicológico

Sonia Lopes

Abordar a importância do contrato psicológico como pavimentador de um ambiente organizacional seguro.

Quando ouvimos falar de contrato pensamos em um pacto escrito feito pelas partes envolvidas em um negócio e que se aplica, também, a situações como a contratação de um funcionário por uma empresa.

Quando formal, o contrato possui características jurídicas que se adaptam ao código civil de cada país. Porém, este não é o único tipo de contrato nas relações dentro de uma organização, sendo encontrados na bibliografia de psicologia da gestão estudos sobre "contrato psicológico".

Segundo Cantisano e Descals (2005), "a relação de trabalho não termina nos termos especificados por um contrato de trabalho escrito, mas inclui uma variedade de percepções, expectativas e crenças que ambas as partes têm em relação às condições estabelecidas a respeito desse trabalho".

Assim, o contrato psicológico tem estreita relação com temas como subjetividade, compromisso e motivação. O líder contemporâneo não pode ignorar esses aspectos.

Subjetividade

A subjetividade é um tema considerado importante no estudo das relações de trabalho, pois os indivíduos internalizam diversos tipos de informações que os fazem interpretar a realidade ao seu redor de diferentes formas, incluindo a organização a que pertencem ou gostariam de pertencer.

Os motivos, objetivos, valores e, consequentemente, o processo de tomada de decisão estão sempre impregnados de subjetividade, assim como o nosso pensamento, o nosso discurso, os serviços que prestamos e os bens que produzimos. Evitar aspectos subjetivos é negar a própria condição humana (DAVEL; VERGARA, 2010).

A cultura organizacional é um fenômeno complexo. Seu estudo, como chave para o entendimento da organização, é recente (início dos anos 1980) e pode indicar o início da percepção da influência de aspectos subjetivos no resultado da organização.

Bernabeu, Sánchez e Almo (2005) apresentam a ideia de que a dicotomia "objetividade" *versus* "subjetividade" é a primeira das polêmicas entre os pesquisadores da cultura organizacional: ao mesmo tempo que a cultura é algo objetivo e observável, é fruto de construção social e, portanto, subjetiva.

Outros pesquisadores adotam o ponto de vista integrativo, ou seja, consideram a cultura como objetiva e subjetivamente determinada:

> *o que implica que as descrições culturais devem incluir manifestações físicas da cultura, práticas e estruturas formais observáveis; além disso, os significados subjetivos associados a essas manifestações observáveis devem ser coletados e interpretados (MARTIN, 2002, apud BERNABEU; SÁNCHEZ; ALMO, 2005).*

A inclusão da subjetividade nos estudos organizacionais é um grande passo para romper com o modelo clássico que considera a organização uma entidade meramente racional, sem deixar de lado os processos racionais, às vezes extremamente complexos.

Embora ainda existam gestores que não consideram as questões subjetivas, é cada vez maior a percepção da importância de considerar fatores relacionados às dimensões física, emocional e espiritual na administração de recursos humanos (DAVEL; VERGARA, 2010).

As práticas de gestão de recursos humanos mudaram muito ao longo dos anos, o que também pode ser visto na forma como as organizações veem a questão da motivação. A subjetividade está intimamente ligada, por exemplo, ao comprometimento dos funcionários com o trabalho.

Comprometimento (compromisso)

Alguns conceitos estão relacionados entre si, como o compromisso, que é um reflexo da subjetividade e depende do nível de confiança que se tem na organização e da percepção de justiça.

Segundo Cantisano e Descals (2005), algumas definições de confiança partem da indicação de que "é uma expectativa sobre eventos interpessoais", que se caracteriza por uma incerteza quanto ao futuro.

A aposta numa situação futura é a expectativa (ou percepção positiva) do futuro que se cria no trabalhador e na organização (na figura do seu superior hierárquico) e que gera o compromisso e, consequentemente, o contrato psicológico.

O efeito do comprometimento do funcionário com a organização é reconhecido como positivo. Esse efeito é percebido no comportamento, na motivação e, consequentemente, no resultado do trabalho. Os estudos sobre motivação buscam compreender as variáveis individuais e organizacionais que podem influenciar o comportamento final.

Dentre as variáveis individuais, destacam-se a idade do funcionário e o tempo de trabalho na empresa, pois uma maior antiguidade também corresponde a um maior comprometimento.

As variáveis organizacionais mais amplamente consideradas são aquelas relacionadas à cultura da organização (valores, normas e políticas internas), bem como às características do líder e ao estilo de liderança (TAMAYO, 2005).

O funcionário está mais comprometido com a organização quando os valores pessoais e os da organização estão em harmonia. Os valores orientam as pessoas e as organizações que os utilizam como alicerce de tudo o que se constrói (como decisões, comportamentos em geral), sustentam atitudes e os motivam para a obtenção de resultados (TAMAYO, 1999, *apud* TAMAYO, 2005).

Relações de trabalho, tipos de contrato e remuneração e a disposição da organização em negociar com o funcionário ou candidato a emprego também podem ser incluídos.

A organização é um dos ambientes onde o colaborador desenvolve a sua identidade e se realiza do ponto de vista pessoal, social e profissional. Segundo Tamayo (2005), "grande parte da felicidade de uma pessoa é construída no ambiente de trabalho" e acrescenta que "identidade, realização e felicidade não poderiam ser alcançadas se a pessoa não pudesse atingir os objetivos fundamentais na organização de sua existência".

O comprometimento do funcionário está diretamente ligado não só aos aspectos já descritos, mas também ao que o motiva.

O contrato psicológico

As relações humanas estão impregnadas de subjetividade e, portanto, sua existência precisa ser considerada pelos gestores de pessoas em suas ações e planejamentos. Para Rousseau (1995 *apud* ANBREU; SILVA, 2006), no processo de comunicação da empresa com os empregados, são emitidas mensagens que podem ser entendidas por eles como promessas, seja essa a intenção da empresa ou não.

A satisfação no trabalho ocorre quando o resultado (material ou psicológico) é superior às expectativas criadas *a priori* pelo indivíduo. O mesmo é verdade para a organização e sua satisfação com o funcionário.

O contrato psicológico é uma forma especial de contrato que se baseia nas percepções dos indivíduos (LEE, 2010). Para Rousseau (1989 *apud* CANTISANO, 2005), o contrato psicológico é um "conjunto de crenças individuais" em um acordo de troca recíproca entre duas partes.

A "crença individual se baseia na percepção de que uma promessa foi feita e algo foi oferecido em troca dela, o que une as duas partes em uma série de obrigações recíprocas" (ROUSSEAU; TIJORIWALA, 1998, *apud* CANTISANO, 2005, p. 102).

A partir de Cantisano (2005, p. 106), podemos resumir as etapas de formação do contrato psicológico, como:

1. **Ambiente:** o mercado, as normas sociais e as crenças profissionais criadas a partir das experiências anteriores formam o ambiente em que o processo, desde o recrutamento até o desligamento, acontece.
2. **Recrutamento:** troca de promessas entre empresa e candidato. É uma fase de esforço para o encantamento mútuo.
3. **Fase inicial de integração à equipe:** cada parte busca mais conhecimento do outro e acessa informações que não conhecia.

4. **No dia a dia há a redução da troca de promessas e a busca ativa de informações:** as partes reduzem os esforços mútuos de "encantamento".
5. **Reavaliação:** informações discrepantes ou incoerentes com a percepção inicial levam à reavaliação da relação contratual, podendo chegar ao sentimento de descrédito e traição.

A quebra do contrato psicológico ocorre quando existe a percepção de uma das partes de que a outra não cumpriu suas promessas e obrigações. O fenômeno é observado pela "vítima", que pode notar diferentes graus de descumprimento, seja como mal-entendido entre as partes, como impossibilidade de cumprimento do contrato por interferência externa ou como ruptura total quando percebido como deliberado do outro lado (ROBINSON, 1996; ROUSSEAU, 1995; ALCOVER, 2002, *apud* CANTISANO, 2005).

A percepção da quebra do contrato psicológico resulta na insatisfação no trabalho e na redução da motivação, do comprometimento com a organização, da confiança e da sensação de justiça nas interações com a organização.

A confiança é "uma expectativa sobre acontecimentos interpessoais, que implicam uma decisão em situações de certa incerteza sobre o futuro, em que os resultados dependem não só do meu comportamento, mas também do dos outros e que a situação acarreta certos riscos" (CANTISANO; DESCALS, 2005, p. 122).

Os acordos entre colaboradores e empresas têm uma vertente transacional e outra relacional, conforme se pode verificar na Tabela 17.1, onde é apresentada a comparação. O contrato relacional é o contrato psicológico e o contrato transacional pode ser considerado o contrato em geral.

Tabela 17.1. Comparação dos componentes do contrato relacional e do contrato transacional.
Fonte: a autora, com base em Cantisano (2005).

	Transacional (legal/jurídico)	**Relacional (psicológico)**
Qual é o foco?	Econômico	Socioemocional
Que aspectos inclui?	Específico para a empresa	A pessoa como um todo
Qual é a duração?	Prazo determinado	Prazo indeterminado
Como é formalizado?	Por escrito	Não é formalizado
Qual a relação entre trabalho e demais áreas da vida?	Impermeável	Permeável
Pode ser ambíguo?	Não há ambiguidade	Existem aspectos implícitos

Conclusão

Em tempos em que diversas organizações buscam implantar uma cultura ágil e sabendo que trabalho em equipe, confiança e apoio são princípios essenciais, não é possível, portanto, que a liderança ignore a existência de um contrato para além do que é assinado e está arquivado na área de recursos humanos.

As consequências do contrato psicológico dependem da percepção de justiça nas interações e podem ser altamente positivas, como satisfação laboral e motivação, ou negativas, em que ocorre a ruptura do contrato que parte de um sentimento de abandono e até mesmo de traição.

O não cumprimento pela organização do compromisso esperado pelo empregado o leva à intenção (consciente ou não) de negligenciar tarefas, o que é percebido negativamente pela organização. A partir daí, o mais comum é que se inicie um ciclo negativo de reações que culminará com o desligamento do funcionário pela empresa.

Hoje percebe-se que é cada vez mais comum, a partir da percepção de injustiça, o funcionário pedir o desligamento da organização, o que é visto como uma reação normal nos colaboradores mais jovens e que buscam o propósito pessoal, a qualidade de vida e a satisfação no trabalho.

Em qualquer relação entre indivíduos existe uma parte formal e outra subjetiva, com a qual é a mais difícil de lidar. Essa situação ocorre também nas relações profissionais, tanto entre líder e liderado como em relação de ambos com a empresa, vista, aqui, como uma entidade personificada.

Ainda estamos longe de ter certezas nesse campo, mas a observação e o estudo contínuo são as melhores ferramentas para entender um pouco melhor essa relação.

18. Experiência do colaborador

Fábio J. P. Santos
Clara Érica Takayama de Castro
Luiz Eduardo Labriola

Como a experiência do colaborador (*employee experience* – EX) pode ser determinante para elevar os níveis de motivação, engajamento, produtividade e resultado dos times. As organizações precisam acordar!!! A experiência do colaborador melhora a experiência dos clientes (*customer experience* – CX).

A escrita deste capítulo está sendo feita após o aniversário de 1 ano da pandemia do coronavírus no Brasil, onde o trabalho remoto é uma realidade na maioria das grandes organizações e a saúde mental dos colaboradores está cada vez mais sendo afetada pela falta de uma rotina "normal".

Por si só, a experiência do colaborador é importante para contribuir com o ambiente, com a felicidade das pessoas e, claro, com a experiência dos próprios clientes. A experiência do colaborador se torna cada vez mais fundamental, iniciando desde o momento da contratação, do *onboarding,* até avaliações periódicas e a saída da empresa.

O *fit* cultural é um fator de suma importância a ser considerado nas entrevistas de contratação de um novo colaborador. Há uma carência de processos estruturados para uma integração saudável, assim como a sua manutenção para os novos colaboradores.

O que é experiência do colaborador

Muitas organizações e seus respectivos líderes se perguntam nos dias de hoje: "o que devemos fazer para melhorar a experiência dos nossos clientes?". Essa pergunta parece até clichê, mas é a maior preocupação de muitos líderes, que acabam sendo pressionados por suas organizações.

Às vezes, as pessoas focam demais nos objetivos e esquecem de olhar para os caminhos que os levam até eles. Olhando para esse cenário, fica aqui uma pergunta: **"será que as pessoas que trabalham no seu time estão motivadas o suficiente para promover uma ótima experiência para seus clientes?"**.

Valorizar as pessoas deveria ser um dos princípios básicos dentro de uma organização. Mas, acredite, isso não é verdade! E é justamente nesse cenário que um tema vem se destacando muito nos últimos tempos.

A *employee experience* (experiência do colaborador), conceitualmente falando, é **"todo conjunto de interações do colaborador com a sua organização enquanto sua jornada durar"**. Resumindo, seria todo tratamento despendido com o profissional desde o seu processo de seleção, passando pela oficialização da sua entrada na organização até sua saída. Exemplos:

- ✓ Ações de engajamento.
- ✓ Plano de carreira e valorização.
- ✓ Liderança motivadora.
- ✓ Ambiente de trabalho agradável.
- ✓ Comunicação transparente.
- ✓ Benefícios e bonificações.

Além dos itens citados, existem diferentes elementos que são impactados positivamente e geram avanço na jornada do colaborador, como: baixo *turnover* e absenteísmo; engajamento; motivação; e satisfação com o trabalho.

Quando olhamos para esse conceito, temos uma visão clara de quanto o mercado de trabalho vem sendo impulsionado por mais profissionalismo, sincronizado com maior qualidade de vida. Muitos já estão chamando de "nova era funcionário cliente", que exige mais valorização do colaborador como um cliente interno da organização.

Imagine uma empresa de software onde o capital humano é crucial para o alto desempenho e pela busca do sucesso de seus produtos e serviços, sendo seu conhecimento a "matéria-prima" do desenvolvimento. Então, fica mais claro o quanto é importante e pesa a experiência do colaborador para a empresa.

Por que as organizações devem investir na experiência do colaborador? Ela deve estar inserida na estratégia das organizações como um dos principais pontos a serem considerados como alavanca da produtividade dos times.

Desafios impostos, valorização das entregas, perspectivas de crescimento, eventos/ ações que visam o bem-estar no ambiente de trabalho – tudo isso gera um resultado superpositivo capaz de transformar o ambiente e a relação entre o colaborador e a organização.

Algumas vantagens que as organizações têm quando investem na experiência do colaborador:

- ✓ Chama atenção dos melhores profissionais.
- ✓ Valoriza mais a marca da organização como empregadora.
- ✓ Aumenta a produtividade dos times.
- ✓ Excelente clima organizacional.
- ✓ Qualidade de vida.
- ✓ Retenção de talentos.

Seguem exemplos da jornada do colaborador de uma empresa de software.

Reunião de integração

A reunião de integração é fundamental para o entendimento do contexto organizacional, seu modelo de negócio, sua estrutura, conhecer as pessoas etc. A lista a seguir trata de assuntos que podem constar na reunião de integração, sendo que cada empresa terá uma jornada diferente em função do seu próprio contexto.

- ✓ Documentos obrigatórios de RH após o início da jornada (planos internos da empresa).
- ✓ Organograma da empresa.
- ✓ Visita a sites da empresa (se possível).
- ✓ Vídeos institucionais.
- ✓ Cursos/treinamentos obrigatórios para a função.
- ✓ Apresentação às partes interessadas da sua função.
- ✓ Visão geral dos sistemas da empresa.
- ✓ Avaliação de 45 e 90 dias.

Formação de equipes

> *'Multidisciplinaridade' é o exame, avaliação e definição de um único objeto sob diversos olhares de diferentes disciplinas. Cada especialista, neste caso, faz suas próprias observações considerando seus saberes, sem estabelecer contato com os saberes diferentes do seu." (BRUM, 2020).*

Sem dúvida, a multidisciplinaridade é uma característica importante na formação de equipe, principalmente quando queremos resolver problemas complexos, onde pessoas diferentes olham para a mesma questão e conseguem ter propostas de soluções diferentes, agregando conhecimento.

Mas essa formação de equipe não funciona sem um patrocínio de lideranças e um ambiente de "segurança". Para incentivar e manter o time engajado, necessitamos seguir alguns princípios de formação de equipes.

- ✓ Continuidade da organização a longo prazo.
- ✓ Papéis e responsabilidades.
- ✓ Valores/propósitos/diretrizes em comum acordo.
- ✓ Comunicação transparente e eficaz.
- ✓ Liderança compartilhada.
- ✓ Fortalecimento de áreas voltadas para clientes.

Avaliação 360 graus

Após o período de experiência, normalmente 90 dias, é fundamental que existam avaliações periódicas, entre seis meses e um ano (no máximo). Essa avaliação pode ser chamada de avaliação 360 graus, *feedback* 360 graus, *feedback* com múltiplas fontes, avaliação multivisão, entre outros nomes, sendo uma excelente oportunidade para desenvolvimento profissional.

Lembrando que a pessoa já passou pelo processo de introdução à cultura da organização e provavelmente possui alinhamento com os valores e princípios da empresa.

Com isso, estamos tendo uma compreensão mais aprofundada de pontos fortes (também chamados de fortalezas, *skills*, habilidades) que podem ser potencializados e pontos fracos (também chamados de fraquezas, itens a desenvolver, vales) que devem ser melhorados.

O momento de avaliação deve ser leve, mesmo quando falamos de fraquezas. A transparência e a abordagem do líder são de suma importância para que o processo seja efetivo no dia a dia, e não apenas uma avaliação para dizer se atendeu ou não à meta e ser protocolar com o processo de *compliance* da empresa.

Endomarketing

A experiência do colaborador vem potencializar a relevância do tema junto às organizações, e você, como líder, pode e deve ter esse olhar para dentro de seu time.

Isso pode ser aplicado com *endomarketing*, ou seja, utilizar-se do marketing com foco no público interno de suas organizações, o que pode trazer resultados benéficos para os pontos citados, como motivação e engajamento de seus colaboradores.

Normalmente, o *endomarketing* é encabeçado pelo RH, e os pontos estratégicos a serem abordados podem ser utilizados em sua equipe também, como:

- ✓ Foco em treinamento e desenvolvimento individual.
- ✓ Palestras e eventos de temas diversos (seja de uma pessoa referência em um tema, pessoas da organização ou qualquer colaborador).
- ✓ Conjunto de campanhas internas com incentivo à participação de todos.
- ✓ Fazer uso de muita comunicação, principalmente por meio digital, com *feedbacks* constantes e bate-papos casuais no café, almoço ou *happy hour* (presencial) e eventos virtuais para descontrair.
- ✓ Praticar a escuta ativa, para aprender muito apenas ouvindo as pessoas.
- ✓ Produtividade e entrega são importantes, por isso empreender tempo para entender seus colaboradores é um investimento.
- ✓ Plano de carreira também deve ser considerado para que o colaborador se sinta valorizado e tenha visão de crescimento na empresa.

Conclusão

Uma extensa pesquisa realizada pela Saïd Business School (BELLET; DE NEVE; WARD, 2019), da Universidade de Oxford, em conjunto com a empresa britânica de telecomunicações BT, descobriu que quando os trabalhadores estão felizes eles são 13% mais produtivos.

Toda glória alcançada por empresas bem-sucedidas tem forte relação com colaboradores felizes, criativos, engajados e motivados, e alcançar isso é uma arte.

Pessoas felizes trazem resultados incríveis e mantê-las na organização é outro desafio, pois o alto *turnover* (saída) dos colaboradores é, além de custoso, um sinal de que algo não está bem e necessita de atenção.

Os clientes estão cada vez mais exigentes. Eles não compram apenas o produto; eles pensam nos valores e na cultura de quem o construiu. Valendo-se desse novo cenário, tenha em mente que valorizar seu colaborador é tão importante quanto o seu cliente!

19. Diversidade, inclusão, integração e equidade

Bárbara Cabral da Conceição
Luciana T. C. Dias
Luiz Eduardo Labriola
Márcia Maximiano da Silva

Compreender o contexto exponencial das organizações e o impacto em todos que fazem parte dela, considerando questões relativas à diversidade, inclusão, integração e equidade.

Não é para poucos. Nem só para alguns. Não é para esse ou aquele. Nem para muitos. Não é para quase todos. É para todos (PARATODOS, s.d.).

Introdução

O mundo em que vivemos é permeado de incertezas. A inovação e a rapidez no atendimento das expectativas dos clientes são diferenciais. Se concordamos com tal afirmativa, convidamos os leitores a pensar sobre alguns questionamentos.

- ✓ "Será que as organizações, ao criarem produtos e serviços, estão de fato considerando a diversidade?"
- ✓ "Será que as organizações possuem e fomentam práticas de diversidade e inclusão e possuem políticas de equidade?"

Como entregar serviços/produtos para as pessoas com deficiência se elas não tiverem representatividade nas organizações? Segundo o Censo Demográfico Brasileiro, em 2010 (IBGE, 2010) a população de pessoas declaradas com deficiência era de 46 milhões de pessoas, representando 24% da população total brasileira.

As informações demográficas apresentadas nos levam a refletir sobre as práticas de **diversidade, inclusão, integração e equidade** nas empresas. A seguir vamos entender o significado e a importância desses termos.

O que é diversidade?

Em 2001, a Organização das Nações Unidas para a Educação, a Ciência e a Cultura (UNESCO) aprovou por 185 Estados-Membros a Declaração Universal sobre a Diversidade Cultural como instrumento de definição de padrão internacional destinado a preservar e promover a diversidade cultural e o diálogo intercultural.

Para a UNESCO (2002), diversidade diz respeito à variedade, pluralidade ou multiplicidade de visões, pessoas e culturas. Ela promove o diálogo entre pessoas que convivem e colaboram em diferentes contextos com o propósito de geração de confiança e entendimento mútuo para uma garantia de paz, cooperação e segurança entre países e povos.

Nas organizações, a diversidade é composta por pessoas com diferentes características e grupos culturais distintos. Os exemplos mais comuns se referem à:

- ✓ idade;
- ✓ gênero;
- ✓ orientação sexual;
- ✓ etnia;
- ✓ pessoas com deficiência;
- ✓ religião;
- ✓ estado civil;
- ✓ crenças variadas;
- ✓ classe social;
- ✓ orientação política;
- ✓ cultura;
- ✓ situação econômica/financeira;
- ✓ origem (cidade/campo).

Uma estrutura de equipe diversificada nas empresas contribui para aumentar o seu desempenho e os resultados positivos. Isso acontece porque o ambiente fica mais saudável, cooperativo, estimulante e acolhedor, proporcionando a todos os empregados e colaboradores mais engajamento, troca de experiências e motivação para realizar suas atividades.

A diversidade na empresa, para além de respeito e aceitação das diferenças, é uma atitude social que estimula a inovação.

O que é inclusão?

Segundo a UNESCO (2002), artigo 4, "ninguém pode invocar a diversidade cultural para violar os direitos humanos garantidos pelo direito internacional, nem para limitar seu alcance". Dentro desse viés, a empresa que tem um ambiente diverso e limita a atuação de profissionais, seja em qualquer âmbito, não está gerando em si uma cultura inclusiva.

Temos uma cultura inclusiva quando uma pessoa pode se expressar, criar e difundir suas ideias de forma que respeite sua identidade cultural.

Inclusão tem a ver com o sentimento de pertencimento ao local de trabalho e com a identificação de afinidades e características em comum, para que seja gerada empatia.

A inclusão no trabalho gera conexões saudáveis, diálogo e cooperação entre times, com a equipe gerando sinergia para atingir os objetivos estratégicos da empresa.

A inclusão não é o mesmo que diversidade. A inclusão existe quando olhamos os indivíduos, quando acolhemos e respeitamos as diferenças – afinal, todos nós somos únicos. Pode-se querer promover diversidade trazendo pessoas de diversas culturas, povos, etnias, religiões e opções sexuais, e, ao mesmo tempo, não se ter um ambiente inclusivo, que não as permitisse se sentir à vontade para expor suas ideias e opiniões.

Incluir é olhar a pessoa não por suas características físicas, gênero, etnia, deficiência etc. Para de fato incluir as pessoas precisamos mudar o nosso olhar e cuidar de nossos pensamentos e preconceitos. É jamais praticar o capacitismo.

O que é equidade/integração?

A Organização das Nações Unidas para a Educação, a Ciência e a Cultura (UNESCO, 2019) define equidade como a ação de garantir que existe uma preocupação com justiça/processos justos, de modo que a educação de todos os estudantes seja considerada de igual importância.

Trazendo agora os conceitos novamente, equidade é definida como reconhecer o direto de cada um de ser tratado da mesma forma, independentemente da sua condição, levando em conta o que cada um precisa.

Em outras palavras, a equidade garante que todas as pessoas tenham oportunidades e tratamentos justos. As empresas precisam ter suas políticas, práticas e normas claras para garantir a equidade.

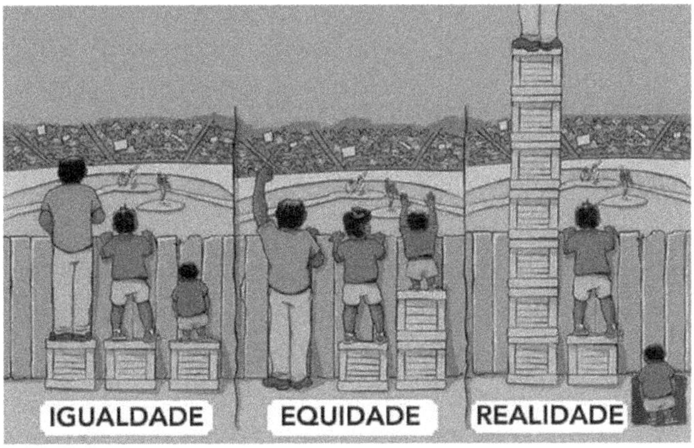

Figura 19.1. Igualdade x equidade x realidade.
Fonte: adaptado de Barriner II (2016).

Por que é importante promover diversidade e inclusão nas empresas

A diversidade se tornou um diferencial competitivo para muitas empresas, principalmente quando o assunto é inovação. Isso acontece porque cada pessoa traz para a organização uma bagagem de conhecimentos únicos, tornando-a mais competitiva no mercado.

Em um ambiente diverso, as pessoas são mais empáticas e tolerantes, o que favorece um ambiente organizacional mais criativo, motivador e estimulante, no qual prevalecem o respeito e a contribuição mútua. Para Sabino (2018), esse ambiente precisa ser valorizado por potencial e características individuais:

> *Durante muito tempo, as organizações buscavam ter profissionais 'robôs', que executavam as tarefas da mesma forma para ter um desempenho igual. Hoje é exatamente o contrário, pensar em gestão da diversidade é reconhecer que na diferença eu tenho potencial (SABINO, 2018).*

A diversidade é muitas vezes chamada de trabalho multidisciplinar de forma errônea. O trabalho multidisciplinar passa por várias disciplinas (contabilidade, engenharia, tecnologia, recursos humanos etc.).

Quando falamos em diversidade, falamos em promover uma cultura voltada para o respeito, que passa a fazer parte da cultura e dos valores da organização, gerando admiração pelos colaboradores e, quando bem trabalhada, criando um clima organizacional saudável e pacífico.

Como receber pessoas na organização?

É importante dizer que cada um de nós somos únicos, e todos nós somos diferentes.

Assim como a missão de realizar uma transformação e/ou reestruturação na empresa enfrenta obstáculos e resistências, iniciar a prática da diversidade, inclusão e equidade não é diferente. Ambos são processos transformacionais e contínuos.

A primeira etapa é reconhecer que nada sabemos, que é um processo contínuo de aprendizagem e não é responsabilidade de uma área ou departamento ou somente das lideranças – a inclusão é um trabalho de todos dentro da organização.

É necessário realizar um trabalho anterior junto às lideranças da empresa para promover um ambiente preparado, contar com ferramentas para inicialmente mapear os possíveis conflitos que possam surgir e lidar com eles assim que forem identificados.

Inclusão em ambientes exponenciais

Um ponto importante é que ações individuais ou pontuais de algumas pessoas não são suficientes para a inclusão em ambientes exponenciais. As ações de inclusão precisam ser oficializadas. É comum ver apenas uma parte dessas ações de inclusão acontecendo de forma pontual, e a organização se dizendo inclusiva.

Um fator crítico de sucesso para inclusão em ambientes exponenciais é nos pequenos passos, de forma gradual e contínua, sempre se apoiando, principalmente, em exemplos dos líderes no dia a dia. Seja em reuniões, em momentos informais, compartilhamento de visão da empresa, dos treinamentos, na realização das entregas etc.

Tem um ditado que diz: pense grande, mas comece pequeno. Um primeiro passo é estabelecer parcerias com pessoas que tenham os mesmos valores, criando um núcleo sólido, através da formação de um time com valores bem alinhados. É um trabalho diário com as pessoas, atuando em reuniões, em momentos informais, no compartilhamento de visão da empresa, nos treinamentos, na realização das entregas etc.

Inclusão em trabalho remoto

Com o advento da pandemia em 2020, muitas empresas precisaram mudar o seu dia a dia de trabalho presencial para *on-line*. Um estudo (HUNT, 2021) mostra que essa mudança torna mais fácil atrair e contratar talentos que fazem parte do grupo de diversidade, além de trazer um aumento surpreendente na produtividade.

Muitos profissionais que fazem parte desse contexto acreditam que o trabalho remoto é um trampolim para uma maior inclusão, pois ajuda a realizar suas atividades sem a necessidade de se expor ou enfrentar obstáculos desnecessários, tais como trânsito, distância, segurança, tempo, custo etc., seja no deslocamento para o trabalho ou na própria empresa.

Hunt (2021) relata que trabalhar remotamente não é bom apenas para os empregados. É um passo importante para a criação de organizações mais inclusivas. E ainda evidencia que três grupos são mais afetados quando o trabalho é presencial:

- ✓ Mulheres, pois enfrentam desafios diários para equilibrar horários de creche e trânsito. Muitas vezes recebem ligações urgentes para buscar a criança pois esta não está se sentindo bem e a distância é de muitos quilômetros.
- ✓ Pessoas com deficiência física ou mental. O deslocamento para eles representa uma barreira, dependendo da natureza de suas deficiências.
- ✓ Pessoas com limitações econômicas ou de habitação. Estas viajam por horas para chegar ao trabalho, gastando muito tempo e dinheiro para exercer suas atividades. Elas moram longe porque não têm dinheiro para uma moradia mais próxima da empresa em que trabalham.

Medindo a inclusão

É importante reforçar a necessidade de realizar uma pesquisa interna na organização a fim de identificar o grau de inclusão existente e a evolução do trabalho realizado pela gestão de pessoas, cujo resultado irá direcionar ações corretivas ou de melhoria no processo como um todo.

Compartilhamos alguns pontos relevantes que podem ser utilizados como temas e o processo de gestão de pessoas relacionado, dentro do contexto de uma pesquisa, com base em um *case* de sucesso de inclusão e diversidade em uma empresa (SILVA, 2020).

Tabela 19.1. Pontos relevantes para pesquisa de inclusão.
Fonte: adaptado de Silva (2020).

Temas	Processo de gestão de pessoas
Escolhendo a diversidade	Recrutamento e seleção
Questionários inclusivos	
Ferramentas e materiais para seleção inclusiva	
Recebendo a diversidade	*Onboarding*
Organização para todos	Acessibilidade organizacional
Em clima de inclusão	Gestão do bem-estar, orgulho e identidade diversa
Diversidade de identidades	
Orgulho em pertencer	
Líderes inclusivos	Treinamento de liderança
Empoderando pessoas	Desenvolvimento de pessoal
Conectando a diversidade	Sensibilização da organização
Cultura inclusiva	Valores organizacionais
	Vieses inconscientes
	Crenças e suposições básicas
	Metas organizacionais
	Políticas inclusivas
	Projetos inclusivos
	Institucionalização da cultura
Comunicando inclusão	Comunicação inclusiva
Equidade em mérito	Avaliação de performance
	Sucesso
Segurança de todos	CIPA e brigada de incêndios
Diversidade estratégica	Competitividade organizacional
	Turnover e absenteísmo
	Criatividade e inovação

20. Cultura organizacional

Aparecida Laino Entriel
Thiago Barcellos Diniz

Este capítulo apresenta os principais conceitos e modelos de cultura organizacional, o papel da liderança na formação e no desenvolvimento da cultura organizacional e a importância da liderança nos projetos de mudança cultural. O capítulo é finalizado discutindo os principais aspectos relacionados à liderança exponencial.

Introdução

Um ambiente exponencial influenciado por internet, *big data*, inteligência artificial, *machine learning* e tantas outras tecnologias nos obriga a ser cada vez mais humanos nas relações, criativos e colaborativos.

Nesse contexto, um dos papéis mais importantes da liderança é entender como adaptar a cultura a um ambiente abundante de dados, interações e diversidade, pois em geral as companhias se organizam em formatos descentralizados, lineares e hierarquizados, com o objetivo de facilitar o controle.

No entanto, o modelo exponencial é complexo, está organizado em rede distribuída e remete ao princípio da abundância.

Economicamente falando, abundância é ter o recurso disponível a qualquer tempo e em qualquer lugar – são muitos dados, muitos produtos, muitas interações, muitas culturas sociais, muita diversidade, e não sabemos ou podemos controlar tudo isso.

Nossa programação mental está treinada para trabalhar com escassez, onde um quer ter mais estoque que o outro, de forma puramente individual. Em um modelo exponencial, o grande desafio é desenvolver uma cultura que não gere competição destrutiva. É necessário gerar colaboração para dar conta de toda essa "exponencialidade".

A mentalidade exponencial irá construir ou mudar radicalmente a cultura de muitas empresas, e, nesse processo, o líder deve aprender, desaprender e reaprender de forma rápida e adaptativa.

Para Edgar Schein (1992), o líder do futuro será uma pessoa que pode conduzir e seguir, ser central e marginal, estar hierarquicamente acima e abaixo, ser individualista e membro da equipe e, acima de tudo, ser um eterno aprendiz.

Nas seções a seguir, apresentamos o conceito de cultura organizacional, para então abordarmos diferentes modelos que nos permitem compreender as várias dimensões da cultura. Discutiremos os papéis da liderança na formação e na mudança da cultura organizacional e finalizaremos com o desenvolvimento da cultura exponencial como um *mindset* capaz de lidar com as incertezas e mudanças do mundo contemporâneo.

O que é cultura organizacional?

Para José Gonçalves das Neves (1997), a cultura organizacional é um sistema de padrões cognitivos aprendidos que auxiliam as pessoas nos processos de perceber, sentir e atuar, representando assim um sistema de símbolos presentes nos pensamentos partilhados pelas pessoas de uma organização.

A cultura organizacional é desenvolvida ou modificada quando os membros de um time aprendem a lidar com problemas de adaptação externa e integração interna e desenvolvem pressupostos básicos que são considerados suficientemente válidos para serem ensinados a novos membros como a forma de perceber, pensar e sentir em relação aos problemas enfrentados no cotidiano das organizações (SCHEIN, 1992).

Ao analisar os conceitos apresentados, pode-se afirmar que a cultura organizacional é um fator que influencia o desempenho da empresa, pois reflete as ideologias e certezas que as pessoas carregam consigo mesmas, formando um senso de identidade que desenvolve nos empregados linhas de comportamento e formas de lidar com situações, tendo, portanto, o poder de aumentar a estabilidade ou até mesmo gerar a entropia e a morte do sistema social onde estão inseridos (CAMERON; QUINN, 1999; LAINO; RODRIGUEZ Y RODRIGUEZ, 2004).

Como a cultura organizacional pode ser analisada

Muitos autores consideram que a cultura pode ser analisada através da sua divisão em níveis e camadas, que seriam como degraus através dos quais os fenômenos culturais são visíveis.

Enquanto Edgar Schein (1992) e Fons Trompenaars (1994) relatam que a cultura é formada por níveis, que são os artefatos, valores e pressupostos básicos, como indica a Figura 20.1, Geert Hofstede (1991) afirma que a cultura é formada por camadas, semelhantes às cascas de uma cebola, cuja visualização parte das camadas externas para as camadas internas, que são os símbolos, heróis, rituais e valores, mais difíceis de se perceber.

Esses autores advogam que, para se interpretar a cultura, é preciso conhecer suas dimensões, ou seja, relacionar seus componentes a fatores como: natureza da verdade; tempo; espaço; natureza humana; natureza da atividade humana; natureza dos relacionamentos (SCHEIN, 1992); conhecer características de individualismo ou coletivismo; masculinidade ou feminilidade; distância de poder ou aversão à incerteza (HOFSTEDE, 1991); ou, ainda, verificar as características que a empresa possui quanto ao seu emocional; como se relaciona com a natureza; se é difusa ou específica; e como se comporta em relação ao tempo (TROMPENAARS, 1994; LAINO; RODRIGUEZ Y RODRIGUEZ, 2004).

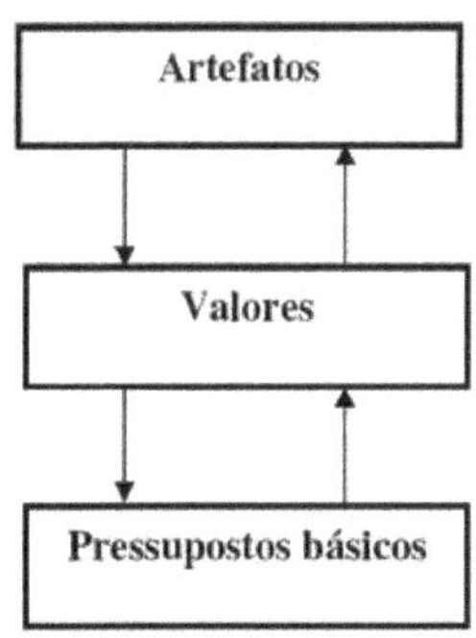

Figura 20.1. Camadas da cultura organizacional.
Fonte: adaptado de Schein (1992).

O modelo proposto por Cameron e Quinn (1999) e representado pela Figura 20.2 é chamado de *competing values framework*, ou modelo de valores competitivos ou concorrentes. Esse modelo foi criado com base em critérios que determinam a eficácia de uma organização e como as pessoas julgam essa eficácia.

O modelo propõe 39 indicadores, que estão divididos em quatro agrupamentos principais que caracterizam os padrões culturais: clã, adhocracia, hierarquia e mercado. As principais características das quatro tipologias relatadas são:

- ✓ **Hierarquia:** fornece um ambiente muito formal e estruturado para o trabalho. Os procedimentos governam o que pessoas fazem e os líderes se orgulham de ser eficientes coordenadores. A manutenção da capacidade operacional é o valor mais importante. As regras formais e políticas mantêm a organização unida.
- ✓ **Clã:** contribui para a manutenção de ambientes agradáveis, onde as pessoas compartilham muito de si mesmas, como extensão da família. Os líderes são considerados mentores e, em muitas empresas, chegam a exercer a figura de pai. O comprometimento dos colaboradores é grande e a empresa valoriza o desenvolvimento das pessoas, com foco no longo prazo. Os valores que mantêm a organização unida são fidelidade e tradição. Possui como valores centrais coesão, moral e consenso.
- ✓ **Adhocracia:** caracteriza a empresa como sendo um lugar dinâmico, empreendedor e criativo. Os líderes são considerados inovadores e se expõem a riscos. Os valores que mantêm a organização unida são o comprometimento com a inovação e a experimentação.
- ✓ **Mercado:** representa uma organização orientada para resultados, na qual a maior preocupação é ter o trabalho executado e entregue. As pessoas são orientadas para objetivos. Os líderes são condutores, produtores, competidores, duros e exigentes. Os valores que tornam a organização unida são a ênfase no ganho, a busca pela construção de reputação e o sucesso financeiro.

De acordo com o modelo apresentado, algumas dimensões da cultura possuem valores antagônicos e concorrentes. Enquanto a cultura de apoio é caracterizada por flexibilidade e orientação interna, a cultura de objetivos ressalta o controle e a orientação externa. O oposto da cultura de inovação é a cultura de regras, que valoriza o controle interno.

A figura a seguir representa as quatro dimensões do modelo e as suas principais características.

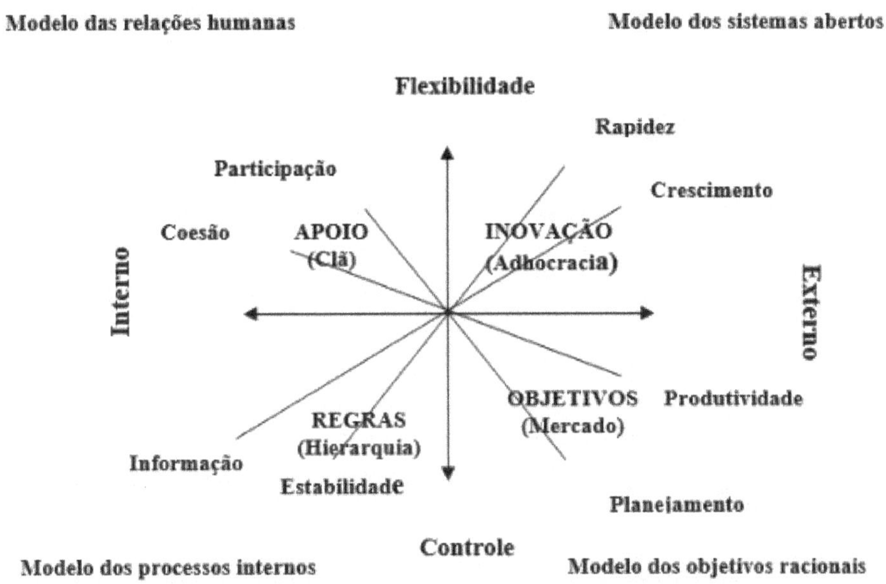

Figura 20.2. Modelo dos valores competitivos ou concorrentes.
Fonte: adaptado de Cameron e Quinn (1999).

Os diferentes modelos apresentados evidenciam quais são as dimensões que devem ser consideradas ao implementar planos para a gestão de mudanças da cultura organizacional. Cada organização deve fazer um diagnóstico dos seus principais traços culturais e avaliar a compatibilidade desses elementos com o seu segmento de negócio, suas estratégias e sua visão de futuro.

Os processos e modelos de gestão devem reforçar os traços culturais desejados e ao mesmo tempo impulsionar as mudanças necessárias, para que a organização se adapte aos desafios impostos pelo ambiente.

O papel da liderança na formação e na mudança da cultura organizacional

A cultura é formada e fortalecida no ambiente empresarial a partir de três forças: as crenças, os valores e os pressupostos dos fundadores; o aprendizado do grupo; e crenças, valores e pressupostos trazidos por novos colaboradores e líderes. Cada um desses mecanismos possui características próprias, que sofrem influências e impactos.

Os fundadores escolhem a missão, bem como o ambiente em que a empresa e o grupo irão operar. Todas as crenças e significados dos fundadores são utilizados no sentido de adaptar a empresa ao ambiente e ajudar o grupo a definir e resolver os problemas de adaptação externa e integração interna (SCHEIN, 1992; LAINO; RODRIGUEZ Y RODRIGUEZ, 2004).

Um dos mais misteriosos aspectos da cultura organizacional é a forma como ela nasce, se desenvolve e é modificada, pois existem muitas empresas que fazem parte de um mesmo segmento, possuem fundadores com a mesma formação profissional, mas possuem diferentes valores e operam de forma completamente distinta.

Quando a cultura se torna madura, vários elementos culturais resistem ao tempo, apesar de inúmeros esforços concentrados com o objetivo de implementar mudanças (SCHEIN, 1992).

Segundo Edgar Schein (1992), as certezas e os valores compartilhados pelos fundadores formam a cultura organizacional e mantêm a empresa unida, como um meio de constituir uma identidade própria e definir o sentido de sua existência.

Tais certezas e valores são fortalecidos à medida que são colocados em prática e o grupo obtém êxito. Por outro lado, se as práticas dos fundadores não funcionam, são substituídas por novas soluções que possam resolver problemas, reduzir ansiedades e instabilidades internas e externas.

Quando a empresa é nova ou está em fase de crescimento, as pessoas aderem à sua cultura devido à presença do seu criador, para serem aceitas nos grupos e como uma forma de defesa para minimizar as ansiedades.

A cultura evolui quando a organização continua a ter sucesso e a família fundadora permanece por muito tempo, internalizando as práticas que funcionam melhor e garantem o crescimento e a aceitação no mercado.

A evolução da cultura pode ser caracterizada por processos de diversificação, descentralização, hierarquização e adaptação ao mercado. Durante essa evolução podem ocorrer mudanças de apenas algumas partes da organização que gerarão subculturas, impactando diretamente a cultura central.

Devido a essa evolução, pode-se perceber que dentro de uma mesma empresa pode haver diferença em relação à forma de operar as diferentes áreas. À medida que as subculturas se desenvolvem, surgem oportunidades para uma mudança cultural mais profunda (SCHEIN, 1992; LAINO; RODRIGUEZ Y RODRIGUEZ, 2004).

Muitas organizações buscam líderes externos para implementar processos de mudanças, mas, em vez de implementar novos valores e pressupostos culturais, é comum que esses líderes acabem sendo absorvidos pela cultura organizacional e, consequentemente, não consigam alcançar os objetivos de conduzir os processos de mudança.

Tais problemas ocorrem porque, quando adquire maturidade, a cultura se torna forte e enraizada, dificultando mudanças.

Em algumas empresas os líderes contratam consultorias para realização de mudanças, buscam implementar processos de gestão alinhados às mudanças pretendidas, implementam processos de comunicação, símbolos e rituais que buscam influenciar comportamentos na direção desejada.

Entretanto, elas encontram dificuldades para alinhar o discurso de mudança à prática e continuam realizando atividades contraditórias ao desejo declarado de mudança, o que é percebido pelos colaboradores, causando desconfiança e falta de credibilidade. Dessa forma, a liderança pode impulsionar mudanças, mas também pode representar uma barreira para que a empresa evolua.

A comunicação, as políticas e os processos de gestão de pessoas (recrutamento, seleção, treinamento, critérios de evolução na carreira, gestão de desempenho, remuneração e incentivo, práticas de promoção e desligamento) são poderosos meios para realizar um diagnóstico da cultura organizacional e, a partir dos resultados encontrados, promover a gestão de mudanças.

A implementação de projetos de mudança requer a análise dos processos e das estruturas organizacionais, para a promoção do reforço do *mindset* cultural que a organização deseja para competir no mercado.

Ao mesmo tempo, é importante assegurar que as lideranças tenham as competências necessárias para implementar as políticas e práticas de gestão de pessoas, de forma que estas reforcem os valores desejados e influenciem a adoção de comportamentos que conduzam as organizações na direção almejada.

O desenvolvimento de uma cultura exponencial

Os desafios e as incertezas da atualidade exigem que os líderes sejam mais hábeis, globalizados, informatizados e conectados com o mundo exterior, para enfrentar desafios como: comunicar as novas estratégias aos colaboradores; promover a excelência dos processos; fomentar a capacitação e retenção de talentos; promover a integração em busca do consenso; e consolidar compromisso com clientes internos e externos, acionistas, fornecedores e comunidades.

Através do aperfeiçoamento dos processos de comunicação e gestão de pessoas, os líderes devem mudar, aprender e agir mais rápido do que a concorrência, revisando processos, práticas e estruturas para a adoção de valores alinhados à flexibilidade, rapidez e capacidade de resposta às demandas trazidas pelo meio ambiente.

Com isso, fomentam comportamentos que favorecem a aprendizagem contínua, a inovação, o compromisso com a conformidade, o controle e o planejamento, requeridos para obter produtividade e reconhecimento dos *stakeholders*.

No entanto, a mudança cultural com valores exponenciais também requer a viabilização de uma ampla participação dos colaboradores para a geração de ideias, experimentação e desenvolvimento de novos produtos, além de oferecer um conjunto de regras que permitam a estabilidade dos processos organizacionais.

Ou seja, uma cultura organizacional com valores exponenciais deve conter características acentuadas de inovação e adaptação constante ao ambiente, mas também não deve perder os traços que garantem a estabilidade de processos, a participação, a coesão e o engajamento dos colaboradores.

Uma cultura exponencial somente será desenvolvida se a liderança conseguir expressar, por meio de palavras, símbolos, comportamentos e ações, os valores que são desejados. Ao comunicar e praticar esses valores, as lideranças abrem caminhos para que eles sejam internalizados e as mudanças aconteçam.

Conclusões

Para que uma cultura organizacional esteja alinhada aos objetivos de negócio e seja capaz de gerar comportamentos e ações para aumento da capacidade de resposta às mudanças impostas pelo ambiente, são necessárias lideranças capazes de traduzir na prática a missão da empresa, sua visão e seu propósito, de forma a engajar os times em prol de objetivos comuns.

O desenvolvimento de uma cultura com valores exponenciais (compatíveis com inovação e adaptabilidade) envolve a adequação de estruturas e estratégias e o aumento da capacidade de resposta, para a otimização de recursos financeiros e alcance de metas de produtividade, além do desenvolvimento de uma mentalidade comum de cooperação, experimentação e aprendizagem contínua.

Os valores exponenciais serão desenvolvidos a partir de comportamentos e ações das lideranças colocados em prática, percebidos pelos colaboradores e adotados como exemplo. Ou seja, uma cultura exponencial é formada a partir da capacidade das lideranças de colocar em prática o seu próprio discurso de inovação.

Assim, podemos dizer que o primeiro passo para o desenvolvimento de uma cultura exponencial é ter lideranças capazes de praticar aquilo que elas mesmas pregam.

21. Estratégia mutante em organizações adaptáveis

Bárbara Geovanini
Patrícia dos Santos Mendes
Júnior Rodrigues

O plano estratégico será submetido a mudanças cada vez mais constantes provocadas por variáveis contextuais. A empresa deve estar preparada para promover colaboração, adaptabilidade, diversidade e inovação. Entretanto, deve-se atentar à natureza de negócio e à cultura organizacional presente para definir o melhor modelo para essa simbiose acontecer.

O mundo se move em um ritmo sem precedentes, mas, eventualmente, podemos olhar para o passado em busca de inspiração.

Consideremos líderes no início do século XX. Em um curto espaço de tempo tiveram que se adaptar às consequências de duas grandes guerras mundiais, a guerra fria e demais conflitos do século que impulsionaram novas tecnologias.

Em meio às mudanças, alguns negócios não apenas sobreviveram, mas prosperaram, adaptando-se ao novo cenário e levando ao surgimento de novas indústrias.

Avançar na era digital envolve mudar completamente a mentalidade, a cultura e a filosofia operacional. Os atuais sistemas de gestão já não refletem o novo cenário, e o tamanho e a estabilidade deixaram de ser uma vantagem competitiva. No entanto, muitas empresas globais estão cada vez mais frágeis e podem facilmente desmoronar sob o enorme peso da ruptura tecnológica e da rápida mudança das expectativas do consumidor.

Em meio às mudanças, uma nova geração de organizações está emergindo sob um modelo de gestão que busca engajar pessoas na missão de surpreender e encantar clientes através da conexão com um significado e propósito, permitindo o aumento do nível de confiança e autonomia e consequente redução do comando e controle, resultando na eliminação de obstáculos pelo excesso de burocracia e, principalmente, na agilidade para se adaptar às constantes mudanças.

Para agravar o desafio, estruturas e estratégias de talentos tendem a estar desatualizadas, projetadas para uma era em que tamanho e estabilidade duradoura definiam vantagem competitiva. Segundo o relatório "The Adaptable Organization – Harnessing a networked enterprise of human resilience" (DELOITTE, 2018), apenas 14% dos CxOs relatam extrema confiança em sua capacidade de fazer as mudanças que a revolução digital exige. Além dos *C-levels*, a confiança nos funcionários, nos negócios e no governo está nos níveis mais baixos em décadas.

Estratégia mutante

O planejamento estratégico é necessário para que haja clareza de onde a empresa está e aonde quer chegar, porém, em momentos de incertezas e mudanças constantes, planejamentos de longo prazo não são capazes de responder adequadamente a cada nova necessidade do mercado.

Considerar experiências do passado e somá-las ao cenário atual e sua dinâmica, com questionamentos frequentes sobre visão e propósito, faz parte da definição da **estratégia mutante**, que reflete um plano estratégico elaborado para dar a direção, cujo foco seja frequentemente revisitado a fim de validar se o plano permanece relevante e, caso contrário, estar pronto para sofrer as mudanças necessárias e se beneficiar das adaptações.

As empresas devem estar preparadas para replanejamentos constantes e consistentes, sustentados em pilares como adaptabilidade, diversidade, colaboração, segurança e transparência.

O contexto deve ser observado, atentando-se para a natureza do negócio e a cultura organizacional presente, garantindo que o modelo aplicado seja verossímil e eficaz. As que se beneficiam da **estratégia mutante** são as chamadas organizações adaptáveis.

O que é uma organização adaptável?

São organizações que prosperam em um mundo complexo de incertezas e investem em rupturas ousadas e inovação contínua em resposta às novas necessidades dos clientes, do mercado e do ambiente.

As **organizações adaptáveis** removem a crença na escassez, na estrutura e no controle e a substituem por um ecossistema que aprende com o passado e se adapta para ajudar a garantir a sobrevivência do sistema como um todo.

Nesse sentido, são empresas vivas, organizadas em torno de redes baseadas em como as pessoas trabalham e se comportam, distribuindo e maximizando o potencial humano.

Têm como fator-chave o desenho organizacional para impulsionar suas mudanças. Kelly (2019), ao falar sobre as estruturas organizacionais, compartilhou uma frase de Steve Jobs: "organizações precisam ser dirigidas por ideias e não por hierarquia".

Assim, faz-se necessário migrar do sistema de egos com estruturas que promovem poder, controle e posse de interesse próprio para ecossistemas que promovem colaboração, parceria e apoio, representados especialmente por modelos de estruturas descentralizadas, mais planas, com menos gerências intermediárias, mais simplificadas, abertas, autogerenciáveis e com maior potencial de colaboração e tomada de decisão compartilhada. São as atuações em redes.

Organizações adaptáveis investem, portanto, na construção de um ambiente que permita a alta adaptabilidade, redesenhando o seu design organizacional e trabalhando na mudança cultural e de comportamentos.

Características dos times

Pautadas na crença de que indivíduos de alto desempenho proporcionam dinamismo organizacional e entendendo que a realização do time é o somatório de suas interações, organizações adaptáveis colocam maior ênfase no time e não nos indivíduos, buscando novas formas de trabalho que ajudem a desbloquear a evolução individual através da composição e interação da equipe.

Organizações adaptáveis colocam maior ênfase na equipe e ajudam a desbloquear o desempenho individual por meio da composição da equipe e de novas formas de trabalho.

A transparência constrói um clima seguro que celebra a diversidade de pensamento e ancora os membros da equipe no propósito social da organização.

O time é um elemento central das organizações adaptáveis e, para ter sucesso, a liderança precisa estar preparada para novas mentalidades e maneiras de trabalhar.

A liderança

Na **organização adaptável**, os líderes existem em todos os níveis e são orquestradores inclusivos que promovem um ambiente para equipes de alto desempenho.

Tradicionalmente, lideranças hierárquicas são atribuídas aos considerados mais experientes ou especializados. Para ser capaz de fazer a transição com sucesso, os líderes devem impulsionar a mudança.

Trazer a hierarquia para um modelo distribuído e baseado em equipe exige liderança em cada nível e permite que os dirigentes surjam nas "redes ocultas", onde indivíduos lideram independentemente da função ou hierarquia. Direção, visão e inclusão definem a influência em vez de apenas conhecimento técnico.

> *Líderes se preocupam com o futuro. Líderes adaptativos se preocupam em responder com rapidez suficiente para prosperar em um futuro incerto. (Jim Highsmith)*

Para o professor da Harvard University Ronald Heifetz, estudioso da teoria da evolução, liderar de forma adaptativa requer, essencialmente, pensar de maneira experimental em vez de dizer "eu tenho as respostas".

"O líder adaptativo não hesita em desviar-se do planejado quando percebe que a realidade não é como ele antecipou", enfatiza o autor (HEIFETZ; GRASHOW; LINSKY, 2009). O líder adaptativo acredita em ambientes mutantes que nos obrigam a ter uma abordagem maleável no modo de operar.

No que diz respeito à atuação em redes, Kelly (2019) destaca a importância de conectar pessoas que abrangem áreas disciplinares e culturas diferentes como insumo para o surgimento de novas colaborações que estimulem os processos de inovação e criação de conteúdos relevantes.

Cynefin como ferramenta de apoio

Conforme apresentado, as organizações adaptáveis têm ênfase na construção de times, e, nesse ponto, um desafio comum é entender como construir cada estrutura conforme o cenário a que a organização está exposta.

O *framework Cynefin*, criado em 1999 por Dave Snowden para apoiar tomadas de decisões e ajudar a companhia a gerenciar seu capital intelectual, pode ser extremamente útil na definição do cenário da organização. Para o criador, o contexto define a liderança de uma equipe, ou seja, dependendo do contexto em que a organização está, ela precisará se reconfigurar.

Utilizando os domínios presentes no *framework Cynefin* (a saber: Claro, Complicado, Complexo e Caótico), é possível identificar qual a melhor orientação a ser empregada em determinado contexto.

- ✓ **Claro:** cenário em que as regras são claras, protocolares, rígidas e melhores práticas são estabelecidas. Nesse cenário, as pessoas devem seguir as regras, sendo então indicada uma liderança formal, ou seja, uma gestão centralizada, hierarquizada.
- ✓ **Complicado:** cenário em que diversos especialistas estabelecem restrições de governança. Há restrições, mas não há um único caminho. A liderança nesse cenário precisa ser integradora. Há um controle central, mas o relacionamento com base na governança é importante. Um sistema de redes é indicado nesse cenário.
- ✓ **Complexo:** cenário em que respostas emergem de experimentações. A liderança é informal e o alinhamento é fractal, com uma forte presença de rede e uma hierarquia muito fraca.
- ✓ **Caótico:** cenário crítico e temporário. Nesse cenário temos total autonomia, fraca presença de rede e de hierarquia. É mais individualizado.

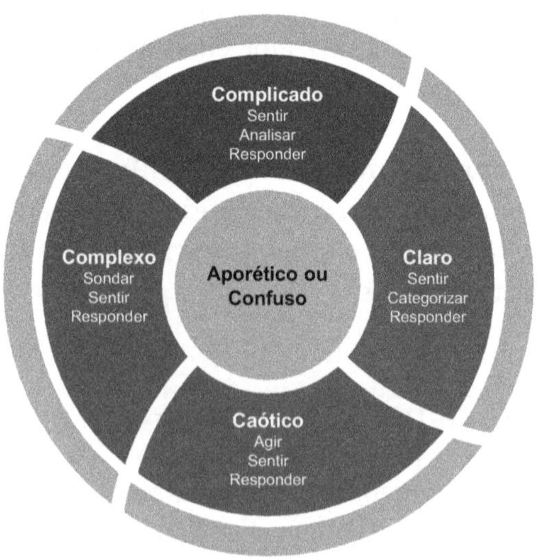

Figura 21.1. Representação do *framework Cynefin*.
Fonte: adaptado de Jarche (2012).

Considerações finais

Experimentamos transformações profundas e constantes, saindo de um pensamento mecanicista para um pensamento mais criativo. Nesse novo cenário, modelos de liderança tradicionais e hierarquizados não estão encontrando efetividade. O novo cenário exige um modelo organizacional flexível, capaz de se adaptar rapidamente, reduzindo, para tal, os níveis hierárquicos e valorizando as interações em um ambiente descentralizado, em rede.

Em contrapartida, as necessidades e dinâmicas não são as mesmas em todos os contextos. Portanto, observar o cenário, identificá-lo e conhecê-lo permite que se aplique o modelo de liderança correto para o contexto ou situação, podendo ser mais centralizado ou descentralizado à medida que as restrições do ambiente forem mais rígidas ou flexíveis.

Uma **estratégia mutante**, que questiona os modelos atuais e promove maiores ganhos baseados no contexto, é o caminho para que modelos de lideranças sejam repensados e modificados.

O papel da liderança é essencial nesse processo transformador. Cabe ao líder estimular um ambiente de fácil adaptabilidade, valorizando e explorando a diversidade e estimulando a colaboração, a segurança e a transparência.

22. Gestão de mudanças para a liderança exponencial ou orientada a pessoas

Erica Motta
Veronica Manoela Oliveira

A gestão de mudanças é um requisito essencial para a liderança, especialmente no que se refere à gestão de pessoas como orientadora no processo de transformação pessoal e cultural.

A mudança não assegura necessariamente o progresso, mas o progresso implacavelmente requer mudança. (Henry S. Commager)

Uma das poucas certezas do mundo é que mudanças ocorrem o tempo todo. Seja na vida profissional ou pessoal, todos estamos em constantes transformações.

Como profissionais, enfrentamos mudanças internas e externas que impactam diretamente nosso plano de desenvolvimento, e em muitos casos esse caminho é percorrido de forma solitária, sem apoio de uma liderança forte e consistente.

Em uma gestão baseada em mudanças, o líder deve atuar como precursor da transformação, identificando necessidades de mudanças e conduzindo e apoiando seu time através delas.

Por natureza, o ser humano é reativo à transformação, uma vez que isso significa sair da zona de conforto, enfrentar o desconhecido, mudar a forma de agir e, muitas vezes, a forma de pensar. Isso nos leva à insegurança sobre tudo que vivenciamos ao longo de nossa existência. Nosso conhecimento e nossa experiência são colocados à prova.

A transformação gera medo, que muitas vezes paralisa e impede a caminhada. Com medo, as pessoas não crescem, não enfrentam riscos, não aceitam desafios e se algemam às rotinas, perdendo grandes oportunidades.

Em contraponto, precisamos lembrar que só evoluímos através de mudanças e, portanto, o caminho do desenvolvimento deve considerar não apenas as dificuldades de adaptação, como também seu sucesso.

A boa notícia é que esse percurso não precisa ser obrigatoriamente doloroso e solitário; ele pode ser convertido em uma estrada com montanhas e paisagens bonitas, se for conduzido por um líder com foco em gestão de mudanças.

Fazendo uma comparação com um processo de colheita, podemos considerar o líder um semeador, que rega e nutre seu time, acompanha seu desenvolvimento e os ajuda a colher os bons frutos.

Para que o líder atue como precursor nessa jornada de crescimento e aprendizado contínuos, ele deve apresentar características e habilidades específicas para condução do time de forma segura.

Como características principais de uma liderança baseada na gestão de mudanças, podemos listar:

- ✓ **Comunicação:** alinhar os objetivos exige uma comunicação mais efetiva por parte da liderança, cujos desafios são maiores ao se comunicar com equipes remotas. A liderança, como protagonista na gestão de mudança, deve ser importante comunicador. Ser um bom ouvinte e dar espaço para as pessoas evoluírem na comunicação traz clareza sobre suas expectativas e o alinhamento de propósitos.
- ✓ **Inclusão:** sentir-se pertencente e engajado contribui para que os liderados encarem melhor os desafios da mudança e estejam comprometidos e envolvidos com o objetivo. Nesse sentido, a liderança precisa estar atenta para que todos se sintam incluídos e sigam o mesmo caminho para alcance dos melhores resultados.
- ✓ **Conciliação:** é comum as pessoas divergirem e terem opiniões distintas, haja vista que existem modos distintos de pensar e de acreditar no que faz sentido. A liderança intermediará os conflitos para ajudar as pessoas a superá-los e conviver de forma amistosa quando não for possível solucioná-los, buscando convergir ideias e incentivar discussões que são importantes para o desenvolvimento das pessoas, fortalecendo laços.
- ✓ **Criatividade:** as crianças são estimuladas desde cedo ao desenvolvimento criativo de seus desenhos, de brincadeiras e da forma de interagir com o mundo. Quando se tornam adultos, o trabalho criativo, na maioria das vezes, limita-se

a seguir padrões já estabelecidos. Em razão disso, uma liderança de gestão de mudanças deve dar o exemplo, estimular o trabalho criativo das pessoas e a capacidade de visualizar os novos desafios como oportunidade de crescimento profissional e pessoal.

- ✓ **Autonomia:** uma boa liderança da gestão de mudanças possui como característica, também, estimular a autonomia das pessoas para realizar o trabalho na forma que escolherem encarar os desafios.
- ✓ **Facilitação:** a facilitação ajuda a liderança na transição das mudanças, pois permite trabalhar melhor com as pessoas de forma colaborativa e criar experiências boas que gerem resultados. Estabeleça espaços de conversas para tomada de decisões e envolva pessoas dentro do processo de gestão de mudanças, divergindo e convergindo ideias, sustentando espaço seguro para o diálogo dos conflitos, dando voz para as pessoas, engajando-as e criando sinergia.

O líder deve ser capaz de guiar pessoas. Além das características citadas, entenda quais papéis a liderança precisa exercer na gestão de mudanças na cultura da empresa.

Papéis de um líder na gestão de mudanças

O líder como representante da cultura da empresa possui atuação fundamental na jornada de transformação de sua equipe. A Figura 22.1 apresenta os principais papéis exercidos pelo líder durante o processo de gestão de mudanças:

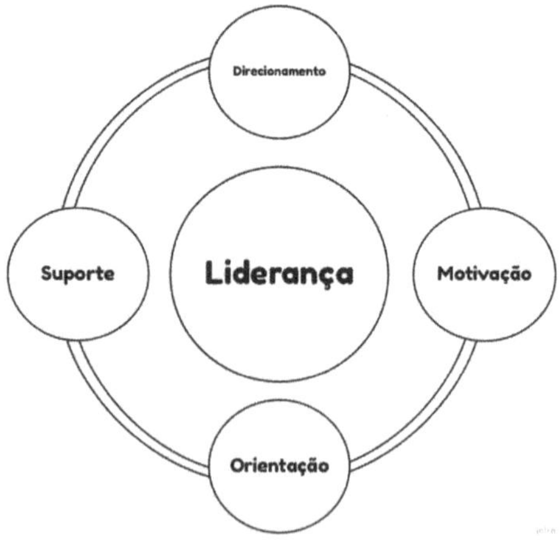

Figura 22.1. Papéis de um líder na gestão de mudanças.
Fonte: as autoras.

Direcionamento

Segundo Henry Ford, "obstáculos são aquilo que vemos quando afastamos nossos olhos do objetivo" (FORD *apud* MAXWELL, 2015). O líder deve atuar como direcionador, indicando objetivos, motivação e trajetória das mudanças.

É papel do líder tornar o processo de transformação mais leve e menos angustiante. Para tanto, há de se vincular o processo a um propósito maior, relacionando ações a objetivos específicos, comunicando desejos e anseios.

Lembre-se sempre de que uma mudança deve estar associada a uma oportunidade de crescimento e desenvolvimento, nunca a críticas, defeitos ou deficiências. O líder deve inspirar sua equipe e direcioná-la de forma clara.

Erros comuns:

- ✓ Falta de clareza nas motivações (propósito).
- ✓ Falta de consistência e objetividade.
- ✓ Confiança não estabelecida.
- ✓ Direcionamento baseado em críticas.

Motivação

Charles Schwab disse uma vez: "ainda estou para encontrar o homem, não importa quão elevada seja sua posição, que não trabalhasse e se esforçasse mais sob um espírito de aprovação do que sob um espírito de crítica" (SCHWAB *apud* MAXWELL, 2015).

O líder deve minimizar as dores e dificuldades de um processo de transformação e, como uma de suas prioridades, deve criar e estabelecer o engajamento.

Ele deve manter a equipe motivada, elogiando e reconhecendo cada pequeno passo da trajetória. Há de se comemorar não apenas entregas, como também atitudes e comportamentos como disponibilidade, coragem, apoio e dedicação.

Muitos líderes pecam por reconhecer somente resultados, ignorando a escada repleta de degraus honrados do processo. Comemore cada degrau! Reconheça cada atitude!

Lembre-se de que todos possuem pontos fortes e fracos, portanto atue no desenvolvimento dos pontos fracos, enquanto ressalta os pontos fortes.

Erros comuns:

- ✓ Não observar sentimentos.
- ✓ Não ter empatia.
- ✓ Esperar que todos tenham as mesmas reações e atitudes.
- ✓ Falta de encorajamento.

Orientação

Todo processo de mudança exige a construção de um plano sólido com objetivos alcançáveis e bem determinados.

O líder deve construir esse plano em conjunto com seus liderados, estabelecendo metas e sugerindo ações para seu cumprimento. Tal plano deve considerar individualidades, capacidades técnicas e emocionais, além do cenário em questão.

Como parte importante da orientação, o líder deve fazer uso de *feedbacks* constantes, responsáveis por manter transparência e alinhamento entre expectativa e realidade. O *feedback* permite alinhamentos e ajustes para uma nova direção, com renovação do espírito e engajamento das pessoas nos objetivos da organização. Lembre-se de que o processo de mudança é contínuo e deve ser acompanhado e alinhado a todo momento.

Erros comuns:

- ✓ Criação de plano sem respeitar características individuais do profissional.
- ✓ Não alinhamento de expectativas.
- ✓ Falsa disponibilidade.
- ✓ Divergência entre discurso e prática.

Suporte

Existe uma grande diferença entre mostrar e conduzir o caminho. Enquanto o primeiro apenas aponta uma direção, o segundo cria uma parceria e caminha lado a lado, apoiando nas dificuldades e suportando dúvidas e inseguranças geradas pelo processo.

O processo de mudança contará com níveis diferentes de aceitação e resistência. Respeite o tempo e as emoções de cada pessoa na construção de sua jornada. O líder deverá atuar na orientação de todas as trilhas individuais, garantindo a convergência ao propósito maior da organização.

O verdadeiro líder desenvolve pessoas e participa da construção do caminho rumo ao sucesso. Esse suporte envolve apoio tanto para desenvolvimento de capacidades quanto para suporte emocional.

Essa trajetória será feita em conjunto e o líder estará ao lado de seus liderados até que estes se sintam seguros e confiantes para continuar o percurso sozinhos.

Lembre-se de que suporte adequado gera autoconfiança e autorresponsabilidade, requisitos indispensáveis ao desenvolvimento.

Erros comuns:

- ✓ Falta de capacitação.
- ✓ Falta de apoio emocional.
- ✓ Falta de empatia.
- ✓ Ausência de exemplo.

Os quatro papéis suportam o líder para enfrentar desafios diretamente relacionados ao medo e à resistência. Esses sentimentos são frequentemente associados à transição entre contextos nos quais possuímos total controle para cenários dos quais temos pouco ou nenhum conhecimento. Alguns indivíduos se adaptam de forma mais natural, enquanto outros demandam mais suporte e precisam de mais tempo para aceitar novas direções.

O modelo de gestão de mudanças de Jason Little (2014), denominado *Lean Change Management* (LCM), é enxuto e baseado em pessoas, experimentos e *feedbacks*, formado por uma coleção de ideias, práticas e ferramentas cujo objetivo principal é apoiar e esclarecer dúvidas comuns aos processos de mudanças.

O LCM altera a dinâmica das mudanças através da priorização de conceitos e ferramentas relacionados à colaboração, ao desenvolvimento contínuo, à transparência e à adaptabilidade.

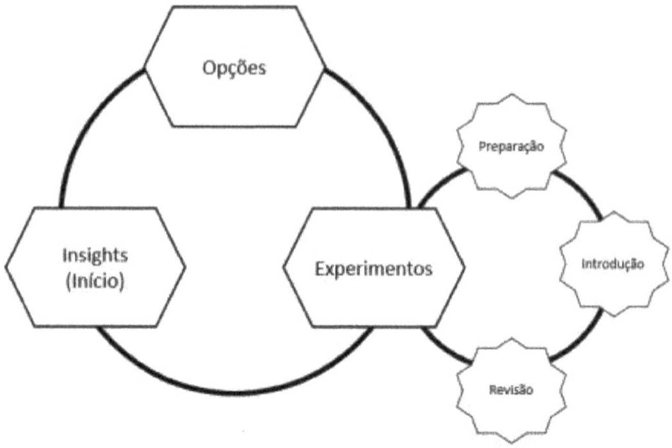

Figura 22.2. Ciclo *Lean Change*.
Fonte: adaptado de Little (2014).

O LCM, quando comparado a processos tradicionais de mudança, apresenta quatro diferenças principais, que o tornam mais eficaz:

- ✓ **Pessoas x processos**: enquanto os métodos tradicionais focam no processo, o LCM foca nas pessoas. O objetivo principal é cocriar a mudança com os profissionais afetados por ela, estabelecendo a sequência de ações de acordo com o contexto, sem uma sequência predefinida (não linear). Este princípio incorpora mudanças na cultura e no comportamento dos envolvidos, estabelecendo prioridades relacionadas aos objetivos a serem atingidos.
- ✓ **Cocriação x comunicação/consulta:** em métodos tradicionais, uma equipe de mudanças é responsável por coletar informações através de entrevistas ou formulários, analisar os dados coletados, definir os processos, estruturar um plano/estratégia de trabalho e comunicar aos envolvidos. No LCM, todo esse processo é feito em conjunto, de forma participativa e colaborativa, onde todos são responsáveis pela criação da estratégia para as próximas etapas do trabalho.
- ✓ **Experimentos x planos:** enquanto os métodos tradicionais seguem um plano, sem considerar validações parciais e ajustes ao longo do caminho, o LCM realiza inúmeros experimentos com o objetivo de validar hipóteses e definir próximos passos. Todos os resultados (positivos ou negativos) são considerados parte da aprendizagem e podem gerar novos alinhamentos de curso. Entende-se que as mudanças são bem-vindas e podem ser realizadas a qualquer momento.
- ✓ ***Feedbacks* x comitê:** o LCM é orientado por *feedbacks*, responsáveis por dar voz a todos os afetados pela mudança. Este princípio demanda criação de ambiente seguro, onde toda opinião importa, independentemente da origem de seu nível hierárquico. Os *feedbacks* tornam o ciclo de trabalho mais responsivo,

permitindo mudanças de direção em qualquer momento. Diferentemente dos modelos tradicionais que centralizam as decisões em um comitê geralmente formado por profissionais de níveis mais altos da estrutura organizacional.

Em resumo, o LCM é focado em colaboração, desenvolvimento contínuo, transparência e adaptabilidade.

O líder deverá conduzir e apoiar a mudança cultural/social, além de ser responsável por aproximar membros do time, desenvolver um ambiente seguro e harmonioso, estimular o uso de *feedbacks*, propagar o aprendizado com base em experimentos e cultivar a direção de todos aos objetivos comuns.

Nesse contexto, o líder possui um papel crucial na identificação e na quebra de resistências; no envolvimento e no engajamento de pessoas; na identificação e no alinhamento do propósito; na condução e no detalhamento do caminho; no reconhecimento e na adaptação de desvios; e no estabelecimento de metas e objetivos. Mas, principalmente, o líder deve ser o exemplo e a referência do seu time.

Conclusão

Nenhuma transformação será positiva se o líder não estiver totalmente integrado ao propósito.

Como agente de mudanças, o líder deve sempre considerar sentimentos e tempo de mudança de perspectiva de cada pessoa, trabalhando capacitação técnica e inteligência emocional de forma equilibrada, saudável e respeitosa.

A liderança deve estimular a sinergia entre as pessoas, estabelecer o caminho, provocar a experimentação e considerar que errar faz parte da melhoria contínua. O erro precisa ser considerado uma oportunidade de aprendizagem, viabilizando um caminho de descobertas e adequação do percurso.

Embora os desafios sejam muitos, a relação entre líder e liderados no processo de transição deve ser construída com base nos princípios da ética, do respeito, da consistência, da comunicação e da transparência. Somente com uma base sólida o líder conseguirá manter a equipe unida pelo mesmo propósito. Seja exemplo de liderança que inspira.

No capítulo seguinte, conheça como a liderança pode construir a pluralidade de ideias através de uma mentalidade de aprendizagem a partir da neurodiversidade.

23. Neurodiversidade

Maria Augusta Bastos Torres
Milena Cristina Freitas

Este capítulo mostra conceitos de neurodiversidade e como o conhecimento de neurodivergências colabora na gestão produtiva do grupo, buscando construir uma pluralidade de ideias e multidisciplinaridade.

> *Neurodiversidade descreve o quão diversos somos como seres humanos, numa perspectiva neurológica. Sugere que as muitas variações do cérebro humano deveriam ser aceitas como partes naturais e valiosas do legado da genética humana. (Elisabeth Wiklander) (TEDX TALKS, 2017)*

Neurodiversidade é uma palavra relativamente recente. A primeira vez que apareceu em um registro oficial foi há pouco mais de duas décadas, em 1998, em um capítulo escrito pela socióloga australiana Judy Singer para um livro publicado pela UK Open University Press. O trabalho se baseou em sua tese pioneira apresentada pouco antes na University of Technology Sydney.

Neurodiversidade se refere a inúmeras composições neurológicas, abrangendo todos os seres humanos. A palavra se refere a diferentes formas de existir a partir da formação cerebral e neurológica. **"Nós somos todos habitantes neurodiversos do planeta, porque não há duas mentes neste mundo que possam ser exatamente iguais"** (SINGER, s.d.).

Por se tratar de um conceito recente, existem ainda várias discordâncias e falhas de interpretação sobre seu significado e abrangência. Buscamos aqui clarificar as formas e abordagens em discussão. Existe a neurodiversidade como conceito, a neurodiversidade como movimento e a neurodiversidade como modelo:

- ✓ **Conceito de neurodiversidade** – Criado por Judy Singer. Ela definiu neurodiversidade como a pluralidade neurocognitiva de toda a sociedade. Segundo ela, todo mundo tem uma configuração cerebral, um jeito de ser. Neurodiversidade diz respeito a todo mundo.

- ✓ **Movimento pela neurodiversidade** – Um movimento social de direitos civis que visa o reconhecimento de minorias neurológicas. É um movimento que nasce dentro do autismo, do movimento de direitos do autismo, mas sempre pensou em abarcar outras condições, como TDAH, dislexia, TOC etc. E por isso é muito importante dizer aqui que o movimento da neurodiversidade não é sinônimo de movimento autista. O movimento autista está dentro do movimento da neurodiversidade, mas o movimento da neurodiversidade em tese é algo muito maior. Mas é importante reforçar aqui novamente que o movimento da neurodiversidade nasce do ativismo de autistas.
- ✓ **Modelo da neurodiversidade** – É uma concepção filosófica que sustenta o movimento da neurodiversidade. Consiste em questionar a existência de uma configuração cerebral padrão, "desejável" pela sociedade. O modelo da neurodiversidade é uma espécie de radicalização da ideia de neurodiversidade de Judy Singer.

> *Neurodiversidade literalmente é sinônimo da infinita diversidade de todos os humanos. Não é sinônimo de um rótulo de neurodeficiência nem da soma total de todos os rótulos de incapacidade. Eu pretendia que fosse uma bandeira cativante para um movimento político para os direitos civis para neurominorias, que apelaria para um respeito por toda a diversidade humana. (Judy Singer)*

Percebem-se, em várias conversas atuais com a própria autora, questionamentos quanto ao conceito, uma vez que muitos interpretaram erroneamente neurodiversidade como sendo neurodivergência. Ou chamam um autista ou um disléxico de "neurodiverso", adoção indevida da terminologia.

Os termos **neurodivergente** e **neurodivergência** foram cunhados no ano 2000 por Kassiane Asasumasu, uma ativista da neurodiversidade multiplamente neurodivergente, como ativista da justiça social ou como parte do movimento da neurodiversidade.

O fato é que são muitas as dúvidas no entendimento de neurodiversidade e neurodivergência. A diferença conceitual básica está na forma como as informações são recebidas e processadas. O funcionamento cerebral neurotípico é a maneira como a maioria das pessoas recebe e processa as informações.

No funcionamento neurodivergente, as informações são recebidas e processadas de forma diferente. Para listar algumas neurodivergências: transtorno do espectro autista (TEA); transtorno de déficit de atenção com hiperatividade (TDAH); dislexia; síndrome de Tourette; discalculia; entre outras.

Algumas formas de neurodivergência inata ou amplamente inata, como o autismo, são fatores intrínsecos e penetrantes na psique, na personalidade e na forma fundamental de relacionamento de um indivíduo com o mundo.

A neurodiversidade rejeita a "patologização" de tais formas de neurodivergência, e o movimento da neurodiversidade se opõe às tentativas de se livrar delas.

Em uma ótica positiva, o movimento da neurodiversidade explora características cognitivas cerebrais dos profissionais neurodiversos em nichos específicos, associando, por exemplo, os aspectos de hiperfoco e atenção com atividades especializadas de *testers* para a área de tecnologia.

As principais características que vêm sendo exploradas (isentando-se aqui os autores quanto à concordância com estas) são:

- ✓ Criatividade.
- ✓ Hiperfoco.
- ✓ Atenção a detalhes.
- ✓ Honestidade.

Algumas áreas que necessitam de atenção diferenciada, uma vez que podem (ou não) representar dificuldades e necessidades de apoio ou adaptação:

- ✓ Dificuldades de interação social.
- ✓ Dificuldades de comunicação.
- ✓ Diferentes comportamentos sensoriais.
- ✓ Hiperatividade.
- ✓ Diferentes velocidades de aprendizagem.
- ✓ Diferentes velocidades na execução de tarefas.

Estudos em andamento, como o neurodiversidade 2.0 (SINGER, s.d.), contribuirão para identificar de forma mais objetiva como as organizações poderão contribuir com o movimento neurodiverso, passando a ser mais 'intencionais' em ações inclusivas e obtendo maiores resultados com seus colaboradores.

Começam também a surgir e a crescer algumas organizações administradas principalmente por pessoas neurodivergentes para pessoas neurodivergentes. E estas farão toda a diferença nessa nova jornada, focando na integração de práticas inclusivas na força de trabalho em geral, considerando amplamente a população neurodivergente, e não apenas pessoas autistas.

Não são poucas as mudanças em curso no universo corporativo, muitas delas motivadas pelas demandas das novas gerações, que acabaram estimulando a adoção de novas práticas pelas empresas. Esse é um tempo de mudança de ações, em favor da igualdade, diversidade e inclusão, e não apenas com doação de dinheiro ou recursos. É hora de realmente fazer algo mais pelas pessoas.

Trazer para uma empresa a neurodiversidade e uma cultura focada em pessoas requer novos modelos de recrutamento, seleção, contratação e integração nas áreas de recursos humanos. Essas iniciativas estão ganhando corpo e mudando a face da força de trabalho. É uma forma de fomentar a ascensão dos *game changers* do amanhã.

Ao contratar e apoiar pessoas que literalmente pensam diferente, as companhias conseguem chegar a soluções para problemas de maneira não tradicional e não óbvia. Ou seja, conseguem a tão desejada complementaridade produtiva em sua força de trabalho, com benefícios evidentes em termos de criatividade, capacidade de inovação e talentos específicos.

Para isso, é necessário repensar e projetar o ambiente de trabalho pensando, claro, nos momentos em que as pessoas estariam nos escritórios (considerando a tendência atual de trabalho híbrido).

Uma possibilidade é desenhar o ambiente envolvendo estímulos sensoriais, cogitando criar salas de 'descompressão' e descanso, de silêncio, áreas livres. Algumas pessoas, por exemplo, após trabalhar por uma hora seguida, necessitam de intervalos de 10 minutos para recalibrar sua concentração. Essas pausas as tornam incrivelmente mais produtivas em suas tarefas.

De todo modo, mesmo para empresas menores, pequenas mudanças que assimilam a neurodiversidade obtêm ganhos excepcionais em termos de resultado, engajamento, integração e espírito coletivo.

Empresas que adotam a neurodiversidade conseguem gerar um impacto social tremendamente positivo e retornos positivos para sua marca, reputação e relacionamento com a comunidade.

Empresas como IBM, Google, SAP, Ford, Amazon e JP Morgan já implementaram ou estão desenvolvendo iniciativas de neurodiversidade no ambiente de trabalho, focadas principalmente em equipes de alta performance e inovação.

Propomos então ressignificar, além de melhor compreender o potencial dos colaboradores, e identificar todo potencial em neurodiversos. Estes possuem habilidades essenciais na era digital. Vamos fazer uma breve análise considerando algumas comorbidades, apenas como referência e exemplo, porque de fato a amplitude e o potencial são infinitos.

- ✓ **Transtorno do déficit de atenção com hiperatividade (TDAH)** – Em geral, pontuam mais alto em testes de criatividade do que pessoas sem o transtorno e podem se hiperconcentrar. Embora apresentem déficit de atenção para algumas atividades, tais indivíduos conseguem compensar esse aspecto com uma capacidade focal superior aos demais em sua área de interesse.
- ✓ **Disléxicos** – Capacidade acima da média de pensar fora da caixa de forma inovadora, compreender padrões e raciocinar de maneira lógica. Cérebros neurodiversos em geral mantêm o foco em uma tarefa, podendo ser um importante diferencial competitivo.
- ✓ **Transtorno do espectro autista (TEA)** – Muitas são consideradas altamente criativas, dotadas de excepcional capacidade de concentração, raciocínio lógico e imaginação. Podem também ser sistemáticas, meticulosas e extremamente detalhistas, capazes de fornecer percepções e perspectivas únicas para a solução de problemas.

A verdade é que ainda há muito para entender sobre a neurodiversidade e incorporar seus conceitos no ambiente de trabalho. Aquelas empresas que conseguirem gradualmente inserir programas do tipo certamente conseguirão aproveitar um *pool* de talentos que há bastante tempo era subaproveitado.

Para desmistificar conceitos imprecisos e retirar o viés negativo que associa neurodiversidade somente a dificuldades e falta de competência, observe essa lista de neurodivergentes 'famosos':

- ✓ Thomas A. Edison
- ✓ Leonardo Da Vinci
- ✓ Albert Einstein
- ✓ Bill Gates
- ✓ John Lennon

- ✓ Luis Rojas Marcos
- ✓ Walt Disney
- ✓ Michael Jordan
- ✓ Michael Phelps
- ✓ Lewis Hamilton

Agora faça uma reflexão. Será que não existe bem próximo a você um talento que não souberam enxergar? Ressignifique!

Estabeleça um plano específico e estruturado para reconhecer e desenvolver os neurodivergentes adultos em seu ambiente corporativo, bem como ações específicas de gestão desses talentos. Somente assim poderá se apropriar de alguns potenciais antes inexplorados: foco; atenção; criatividade etc.

Steve Silberman, autor do livro "NeuroTribes – The Legacy of Autism and the Future of Neurodiversity" (2015), condensa de forma brilhante tudo o que dissemos até aqui: "great minds don't always think alike" ou "grandes mentes nem sempre pensam do mesmo jeito". Vale a reflexão!

24. Novas estratégias para o trabalho remoto

Priscila Paulo
Queli Silva
Aline de Queiroz Assunção

Humanização, promoção de bem-estar, cuidado com o contexto.

O ano de 2020 desafiou empresas e profissionais a repensar suas relações, tornando urgente não apenas a adaptação ao novo cenário, mas principalmente o desenvolvimento da confiança mútua.

Em poucos dias, o trabalho remoto foi instituído como uma realidade de longo prazo e suscitou em todos nós a mesma dúvida: como diminuir a distância física e estabelecer ou reforçar vínculos com colaboradores, clientes e parceiros?

Antes da pandemia, a interação remota acontecia em situações pontuais, quando as barreiras físicas impediam a participação em reuniões ou atividades conjuntas. Nem todos tinham equipamentos estruturados com ferramentas para videochamadas, e aqueles que possuíam os softwares básicos necessários, como ramal VoIP e o Polycom para reuniões, não eram instruídos sobre como utilizá-los adequadamente. O mundo era presencial.

Humanização

O contato remoto, seja por computador ou celular, não precisa necessariamente ser "frio" ou "seco". Há de se lembrar que, por trás da tela, existe uma pessoa com sentimentos, desejos e medos. A interface pode ser diferente, mas o contato pode e deve ser semelhante ao presencial.

No Capítulo 6, "Liderança humanizada e afetiva", abordamos soluções simples para estabelecer vínculos e relações de confiança com seus liderados. No trabalho remoto existem algumas peculiaridades, mas nada como um pouco de criatividade para superar os impedimentos. Listamos a seguir algumas ideias para ajudar a humanizar o contato remoto:

- ✓ Experimente começar uma ligação ou videochamada com uma sonora saudação e um largo sorriso. A entonação da voz pode ser utilizada como uma excelente ferramenta de empatia e a energia transmitida pode "quebrar o gelo" até mesmo com as pessoas mais reservadas.
- ✓ Promova um café da manhã virtual, *happy hour* ou similar com a equipe. Reserve um tempo para que todos tenham um momento de interação e descontração, permitindo-lhes conhecer melhor uns aos outros e conversar sobre amenidades. Os vínculos são criados nas conversas informais.
- ✓ Se a conexão de banda larga dos colegas permitir, selecione um dia para assistir um vídeo curto motivacional com o seu time. É possível encontrar várias *playlists* gratuitas em serviços de *streaming* sobre o tema. Faça o compartilhamento da tela, dê *play* no vídeo e assistam juntos.
- ✓ Existem muitas opções de ferramentas para videochamadas, com recursos interessantes que visam promover a interação além da câmera ligada. Que tal usar um fundo de tela festivo no dia do aniversário de um integrante do time? Ou combinar um tema para uma reunião de status descontraída, como "fundo do mar", fazendo analogia aos tempos em que usávamos o mesmo tom de camisa nos escritórios? Lembre-se: o objetivo é o mesmo; a forma é que muda.

Promoção de bem-estar

Investir em um ambiente acolhedor e confortável é essencial para estimular a criatividade, o engajamento e a inspiração quando se trabalha em casa.

"O trabalho remoto oferece mais flexibilidade durante a jornada de trabalho, mas pode nos tornar propensos ao esgotamento emocional, se não dermos tempo ao cérebro para descansar à medida que a tarde se estende à noite. Pode ser tentador trabalhar mais em casa para progredir no trabalho, no entanto, também pode ser prejudicial à sua saúde e bem-estar...", conforme matéria publicada pelo site IT Forum (REDAÇÃO, 2020).

Pensando na saúde física e mental de seus funcionários, muitos líderes têm recorrido aos times de Recursos Humanos (RH) e Segurança, Meio Ambiente e Saúde (SMS) para buscar a promoção de ações coletivas que visem ao bem-estar de seus times.

Como resultado dessa preocupação, uma empresa do ramo de tecnologia estendeu para o *on-line* as sessões de ginástica laboral que aconteciam na empresa duas vezes por semana. Essa mesma empresa criou a "Sala de Descompressão", onde acontecem desde palestras sobre temas ligados à saúde mental e física até momentos de total descontração, como se fosse um *happy hour.*

Outras práticas difundidas no meio corporativo e que têm sido divulgadas em larga escala pela efetividade comprovada:

- ✓ Parceria com empresas que fornecem canais de suporte para a saúde mental, com atendimento de psicólogos e terapeutas, estendido aos familiares dos colaboradores.
- ✓ Assinatura de aplicativos que auxiliam a prática de meditação.
- ✓ Disponibilização de mobiliário e equipamentos de ergonomia.
- ✓ Verba adicional para custeio de contas como energia e internet.
- ✓ Adoção de ferramenta de *analytics* para auxiliar na visão de utilização do tempo.
- ✓ Voucher para *delivery.*
- ✓ *Workshops* para incentivar algum *hobby* – por exemplo, aula de culinária *on-line* para aprender uma receita e a empresa manda entregar um *kit* com os ingredientes e um vinho, incentivando, dessa forma, um momento em família.
- ✓ Contratação de médicos do trabalho para acompanhamento dos colaboradores e esclarecimento de dúvidas sobre a pandemia.

Empatia é um clichê essencial

Seja empático, mesmo distante!

Nesse período de incertezas, a falta de visibilidade sobre o andamento do negócio e a ausência do "olho no olho" podem gerar ansiedade e receios desnecessários nos times. Por isso, experimente aumentar a frequência de compartilhamento de informações e o espaço para perguntas e respostas.

Uma forma de experimentar é adotar uma reunião com toda a organização, quinzenal ou mensal, para inspirar confiança e alinhamento. As dúvidas e o direcionamento da empresa podem mudar rapidamente, e ter esse espaço aberto para a comunicação transparente pode ser fundamental para evitar desligamentos ou o aumento da incidência de doenças como ansiedade e depressão.

Além disso, pequenos gestos que demonstram presença e acolhimento aos acontecimentos pessoais da vida de cada um são diferenciais que mostram não apenas empatia, mas atenção ao indivíduo além do colaborador.

Por exemplo, que tal celebrar a chegada de um novo membro à família organizando um chá de fraldas virtual ou uma "vaquinha" para envio de uma cesta maternidade? Ou, ainda, conceder uma licença estendida para aquele que sofreu a perda de um ente querido? Imagine o impacto positivo dessa simples ação se for enviada uma carta do presidente da empresa fornecendo apoio em um momento tão significativo.

Recepção de novos e antigos colaboradores

Focamos nossa análise estratégica, em grande parte do tempo, no alinhamento, no engajamento e no cuidado com os colaboradores que passaram do modelo presencial para o remoto repentinamente e que não tiveram interrupção em suas atividades.

Entretanto, mais difícil que promover essa adaptação é fazer a recepção de novos colaboradores ou reintegrar os que ficaram ausentes de suas atividades por longos períodos, como licença-maternidade. Integrá-los e ajudá-los a construir ou retomar o sentimento de pertencimento em uma cultura vivenciada de forma isolada dos demais é um grande desafio para toda a liderança.

Uma forma eficaz de integrar novos colaboradores é realizar o processo de *onboarding on-line*, ou reunião de integração, conforme apresentado no Capítulo 18, "Experiência do colaborador". Sem dúvidas, apresentar as atividades que serão desenvolvidas é importante, assim como apresentá-lo(a) a seus pares ou liderados.

Sabemos que a dinâmica do dia a dia pode dificultar a disponibilidade integral para acompanhar o(a) profissional recém-chegado(a). Uma ideia interessante e efetiva para esse momento é criar um quadro *on-line* com *to do*, *doing* e *done* e um conjunto de tarefas a serem concluídas pelo(a) novo(a) colaborador(a). Exemplos:

- ✓ Abrir chamado para a instalação dos softwares (listar quais).
- ✓ Bater um papo com o responsável pela área X.
- ✓ Entregar os documentos (listar quais) para o responsável pela área X.
- ✓ Ler todos os padrões e processos disponíveis na intranet (inserir o *link*).
- ✓ Entender como funcionam as ferramentas X, Y, Z.

No caso de reintegração de um colaborador que ficou ausente por um longo período, o ideal é ter uma conversa no momento do retorno, principalmente se, durante sua ausência, houver ocorrido alguma mudança na área ou estrutura organizacional. A volta de uma licença-maternidade, por exemplo, pode ser de muita angústia e receio para as mulheres. Uma conversa em que sejam alinhadas expectativas frente à nova realidade pode garantir o ambiente seguro para um retorno tranquilo.

E se nada der certo?

Apresentamos algumas ideias e sugestões de como tornar o contato com seus times mais próximo, mesmo no formato remoto. Entretanto, sabemos que nem todos se adaptaram plenamente a essa nova realidade.

A conciliação do trabalho com a vida pessoal, as interrupções constantes de ligações ou pessoas da casa, o aumento excessivo da carga de trabalho e muitos outros fatores podem tornar essa aproximação complicada.

Por isso, sempre vale refletir sobre novas formas de abordagem e usar da transparência e do respeito com aqueles com os quais estamos lidando. Procure se colocar no lugar do outro e entender sua perspectiva. E lembre-se: estamos todos passando pelo mesmo desafio.

25. Conectando a organização ao ESG

Tatiana Maia Lins
Eduardo Guerra Murad

Como posicionar e medir o índice de sustentabilidade e impacto social nas organizações.

ESG, a "sigla da moda". O termo até pode ser entendido como uma novidade, mas seus princípios não são. Na verdade, é uma demanda global, um ato de sobrevivência. A sigla, em inglês, é *Environmental, Social and Governance*. Alguns diriam que é uma evolução da sustentabilidade, mas podemos dizer que é a sustentabilidade em si, em sua essência, propósito e funções.

Explicando o conceito de ESG

O ESG, além de ser um conjunto de princípios de sustentabilidade, é utilizado pelo mercado financeiro como um conjunto de índices que avalia as operações das principais empresas conforme os seus impactos em três eixos da sustentabilidade – o meio ambiente, o social e a governança.

Ao olhar para dentro das organizações, devemos entender como valores definidores das estratégias e da operação da organização, tendo em vista os impactos, positivos e negativos, em todos os seus *stakeholders*, mantendo a organização lucrativa e inovadora. O índice é fundado nos dez princípios do pacto global para o desenvolvimento sustentável integral e se desdobra nos 17 ODS (Objetivos de Desenvolvimento Sustentável).

O termo ESG foi apresentado pela primeira vez em 2004, em uma publicação do Pacto Global em parceria com o Banco Mundial. Atuar tendo ESG como paradigma estratégico aporta solidez, custos reduzidos, boa reputação e maior habilidade para navegar pelo mar de incertezas e vulnerabilidades que se apresenta.

As variações em torno do tema: ESG, ASG, EESG ou E2SG?

Os termos são sinônimos, variam pelo idioma e pela ênfase dada aos elementos constitutivos. Contudo, são parte do mesmo espectro de pensamento.

- ✓ **ESG**: sigla em inglês para *Environmental, Social and Governance*.
- ✓ **ASG**: sigla em português para Ambiental, Social e Governança.
- ✓ **EESG/E2SG**: *Environmental, Economic, Social and Governance*. Acrescenta a perspectiva econômica. Aproxima-se do *Tripple Bottom Line* proposto por John Elkington em 1994, que sugeria as três dimensões da sustentabilidade como sendo *People, Profit and Planet*, ou seja, social, econômico e ambiental.

Cabe lembrar que a dimensão cultural, como usada na Economia 4D, é transversal a todas as outras. É parte inerente, tanto em seu escopo organizacional quanto social.

Impacto econômico do ESG

Relatório da PwC (2020) aponta que, na Europa, 57% dos fundos mútuos terão ativos que atendam aos critérios da ESG. O Brasil não fica de fora dessa lógica. Fundos ESG captaram cerca de R$ 2,5 bilhões só em 2020 (CAPITALISMO CONSCIENTE, s.d.). É um movimento que vimos há alguns anos.

Os ativos ISE (Índice de Sustentabilidade Empresarial da B3), na bolsa de valores brasileira, já apontavam para a ESG com excelentes retornos financeiros. Estamos vendo um desdobramento disso.

Portanto, a ESG ou E2SG busca equilibrar as dimensões da sustentabilidade com a governança corporativa, a tomada de decisões, a gestão de riscos e os processos operacionais cotidianos em negócios de diferentes naturezas, sem perder de vista os resultados econômico-financeiros.

A Agenda 2030 da ONU e a geração de valor compartilhado

A Agenda 2030 foi definida no 70º aniversário da Organização das Nações Unidas (ONU), durante a Assembleia Geral ocorrida em Nova York, Estados Unidos, entre 25 e 27 de setembro de 2015, como desdobramento dos Objetivos do Milênio. Ela consiste em um plano de ação para as pessoas, o planeta e a prosperidade, que busca fortalecer a paz universal sem deixar ninguém para trás. A ideia é:

> *até 2030, acabar com a pobreza e a fome em todos os lugares; combater as desigualdades dentro e entre os países; construir sociedades pacíficas, justas e inclusivas; proteger os direitos humanos e promover a igualdade de gênero e o empoderamento de mulheres e meninas; e assegurar a proteção duradoura do planeta e de seus recursos naturais. (...) Criar condições para um crescimento sustentável, inclusivo e economicamente sustentado, prosperidade compartilhada e trabalho decente para todos, tendo em conta os diferentes níveis de desenvolvimento e capacidades nacionais (ONU, 2015).*

Cento e noventa e três estados-membros da ONU, incluindo o Brasil, são signatários desta Agenda, que reúne 17 Objetivos de Desenvolvimento Sustentável (ODS) integrados e indivisíveis e 169 metas e submetas "globais por natureza e universalmente aplicáveis", que levam em conta as diferentes realidades.

Os 17 Objetivos de Desenvolvimento Sustentável transitam por questões sociais (como diminuição das desigualdades), econômicas (como geração de trabalho decente e crescimento econômico) e ambientais (como proteção dos mares e das florestas).

As metas e submetas apontam linhas de ações concretas, como, por exemplo, dobrar a produtividade agrícola e a renda dos pequenos produtores de alimentos até 2030. E, nesse sentido, a atuação conjunta de governos, sociedade civil e setor produtivo é de suma importância para o sucesso dessa iniciativa ousada e ambiciosa.

Desde 2015, atrelar iniciativas de impacto social corporativo aos Objetivos de Desenvolvimento Sustentável (ODS) tem se mostrado a maneira mais eficaz de as organizações contribuírem com os pilares ambiental e social de suas agendas ESG, visto que o alinhamento aos ODS dá legitimidade para as narrativas de geração de valor compartilhado com a sociedade.

Estão todos juntos trabalhando por um objetivo comum globalmente reconhecido e desejado. Veja a seguir o descritivo dos 17 Objetivos de Desenvolvimento Sustentável que compõem a Agenda 2030.

- ✓ **Objetivo 1.** Acabar com a pobreza em todas as suas formas, em todos os lugares.
- ✓ **Objetivo 2.** Acabar com a fome, alcançar a segurança alimentar e melhoria da nutrição e promover a agricultura sustentável.

- ✓ **Objetivo 3.** Assegurar uma vida saudável e promover o bem-estar para todos, em todas as idades.
- ✓ **Objetivo 4.** Assegurar a educação inclusiva e equitativa de qualidade e promover oportunidades de aprendizagem ao longo da vida para todos.
- ✓ **Objetivo 5.** Alcançar a igualdade de gênero e empoderar todas as mulheres e meninas.
- ✓ **Objetivo 6.** Assegurar a disponibilidade e gestão sustentável da água e saneamento para todos.
- ✓ **Objetivo 7.** Assegurar o acesso confiável, sustentável, moderno e a preço acessível à energia para todos.
- ✓ **Objetivo 8.** Promover o crescimento econômico sustentado, inclusivo e sustentável, emprego pleno e produtivo e trabalho decente para todos.
- ✓ **Objetivo 9.** Construir infraestruturas robustas, promover a industrialização inclusiva e sustentável e fomentar a inovação.
- ✓ **Objetivo 10.** Reduzir a desigualdade dentro dos países e entre eles.
- ✓ **Objetivo 11.** Tornar as cidades e os assentamentos humanos inclusivos, seguros, resistentes e sustentáveis.
- ✓ **Objetivo 12.** Assegurar padrões de produção e de consumo sustentáveis.
- ✓ **Objetivo 13.** Tomar medidas urgentes para combater a mudança do clima e seus impactos.
- ✓ **Objetivo 14.** Conservar e usar sustentavelmente os oceanos, mares e recursos marinhos para o desenvolvimento sustentável.
- ✓ **Objetivo 15.** Proteger, recuperar e promover o uso sustentável dos ecossistemas terrestres, gerir de forma sustentável as florestas, combater a desertificação, deter e reverter a degradação da terra e deter a perda de biodiversidade.
- ✓ **Objetivo 16.** Promover sociedades pacíficas e inclusivas para o desenvolvimento sustentável, proporcionar o acesso à justiça para todos e construir instituições eficazes, responsáveis e inclusivas em todos os níveis.
- ✓ **Objetivo 17.** Fortalecer os meios de implementação e revitalizar a parceria global para o desenvolvimento sustentável.

Quem deve se preocupar com a agenda ESG?

A preocupação com a agenda ESG não deve ser exclusividade das empresas de grande porte ou das organizações sem fins lucrativos. O ODS 17 convoca todos para a ação ao demandar parcerias para fortalecer os meios de implementação para o desenvolvimento sustentável.

Nesse sentido, todos – em menor ou maior escala – podem atuar em suas realidades para a promoção e o alcance da Agenda 2030 e, por consequência, para uma atuação com foco em ESG.

Do mesmo modo que grandes empregadores serão cada vez mais cobrados pela contratação de quadros diversos para os seus postos de trabalho, instituições de pequeno porte podem desenvolver políticas de contratação que visem a inclusão de grupos historicamente sem acesso a cargos de liderança.

Da mesma forma que grandes compradores serão cada vez mais cobrados pela pulverização de suas compras de fornecedores locais, instituições de pequeno porte podem valorizar a compra de insumos de pequenos produtores etc.

Uma atuação com foco em ESG, independentemente do tamanho da instituição, demonstra a maturidade da sua gestão e a conscientização de sua corresponsabilização pelo alcance da Agenda 2030. São instituições que podem ser consideradas socialmente responsáveis e que tendem a receber mais apoio e reconhecimento da sociedade civil.

As estratégias de tais organizações, que tenham a ESG como valor e prática, só serão efetivas e vivenciadas pela organização a partir de seus processos, táticas e pessoas. A liderança é um vetor fundamental.

ESG e o posicionamento por valor compartilhado

No artigo "Reputação, Coronavírus e pós-crise: o que mudou e vai mudar", publicado pela Revista da Reputação em 23 de abril de 2020, Tatiana Maia Lins defende que a pandemia do coronavírus alterou as expectativas das pessoas em relação às instituições, exigindo delas uma atuação que reconheça a interdependência dos atores sociais:

> *Se antes (da pandemia) reputação tinha como alicerce a percepção dos stakeholders sobre um conjunto de fatores que incluía a qualidade de produtos e serviços, o ambiente de trabalho, a governança, inovação, cidadania e a capacidade de estabelecer relacionamentos com os públicos de interesse e interessados para a construção de confiança, o que mais parece pesar agora é a capacidade de adaptação e de resposta das instituições aos cenários de incerteza. (...) Se antes a capacidade de inovar era avaliada pela quantidade de novos produtos e serviços revolucionários lançados a cada ano, agora a percepção de inovação vem da*

capacidade das instituições adaptarem as suas linhas de produção e suas ofertas de produtos e serviços para algo que resolva problemas que a sociedade está enfrentando. A Ambev está surpreendendo as pessoas com o álcool gel (produzido pela empresa para doação aos hospitais a partir do aproveitamento do álcool retirado da cerveja Brahma 0,0%), não com o álcool de suas cervejas.

Essa mudança de expectativas dos *stakeholders* abre espaço para que instituições se posicionem no mercado a partir da geração de valor compartilhado e pela ótica do "Capitalismo de *Stakeholders*", defendido pelo Movimento Capitalismo Consciente e pelo Fórum Econômico Mundial.

Esses movimentos defendem os negócios com propósito, com lucro ético e não focado apenas na visão de retorno financeiro de curto prazo. Defendem o fortalecimento da cultura corporativa com base em valores humanitários e na proteção ambiental.

Em um mundo onde produtos e serviços alcançaram altos padrões de qualidade, a diferenciação das instituições se dá por sua atuação ampla, para além de seus muros. Uma atuação que preze pelo uso do poder de escala da instituição para fomentar o bem, o belo na vida e o desenvolvimento sustentável é o caminho que as instituições devem adotar para o fortalecimento de suas reputações nesse momento de crise e sempre.

ESG e pensamento ágil, correlações e aplicabilidades

A ESG deixa ainda mais clara a demanda por um olhar sistêmico, integrado e colaborativo entre as áreas da empresa. Tem em vista uma perspectiva que encontramos amplamente na filosofia e no pensamento ágil. E, assim como ele, se não for incorporada à cultura e desdobrado nas estratégias e na operação da organização, será pouco efetiva.

A ESG exige trazer para dentro dos processos organizacionais o olhar dos *stakeholders*, construindo de forma colaborativa os processos e resultados. Valida cada etapa a partir do que trará mais valor compartilhado. Cobra entregáveis e cerimônias de acompanhamento, diálogo e transparência, assim como os métodos ágeis. Precisa estar nas matrizes de decisão dos projetos e processos.

Casos – Posicionamento por valor compartilhado na pandemia de COVID-19

Ambev

Entre as empresas de grande porte, a Ambev se destacou por sua atuação social desde o início da pandemia. Segundo o site da companhia (AMBEV, s.d.), em junho de 2021, a empresa já tinha empenhado R$ 150 milhões de contribuição ao combate da COVID-19, com impacto social imensurável. Entre as ações desenvolvidas pela empresa, destacamos:

- ✓ Usou o etanol de suas cervejarias para produzir 1,2 milhão de unidades de álcool gel em embalagens de 237ml.
- ✓ Em parceria com a Prefeitura de São Paulo, a Gerdau e o Hospital Albert Einstein, a Ambev ampliou em 100 leitos o Hospital do M'boi Mirim, em São Paulo.
- ✓ Fabricou três milhões de máscaras do tipo *face shield*, que cobrem o rosto todo, doadas para profissionais de saúde do país. Essa quantidade seria suficiente para atender a cada profissional de saúde do Brasil, considerando que existem quase três milhões cadastrados oficialmente no Datasus. A produção foi feita a partir do PET, mesmo material utilizado nas embalagens do guaraná Antarctica.
- ✓ Em parceria com o Sírio-Libanês, desenvolveu um equipamento médico chamado videolaringoscópio, que ajuda profissionais de saúde a entubar pacientes com problemas respiratórios.

Todas essas ações foram realizadas pela Ambev com apoio de uma cultura corporativa ágil e focada na geração de valor compartilhado.

Circo Crescer e Viver

O Circo Crescer e Viver foi criado em 2001 no Rio de Janeiro como um projeto de circo social. No início da pandemia, ciente de que a comunidade em que estava inserido era uma das com menor IDH da capital carioca, as lideranças do Circo Crescer e Viver mobilizaram a rede de patrocinadores da instituição para levar alívio à pobreza e à fome de seus vizinhos que haviam sido acentuadas pelo isolamento social e pela impossibilidade de trabalho.

Como fruto da mobilização, no início de abril de 2020, o Circo Crescer e Viver levou cartão alimentação de R$ 120 a 1,6 mil famílias da Cidade Nova e do Estácio – região onde a sua lona está instalada – antes mesmo de o governo federal liberar o auxílio emergencial para a população brasileira.

O Circo Crescer e Viver seguiu mobilizando a sua rede de parceiros – pessoas físicas e jurídicas – e em relatório de ações divulgado em seu site "Relatório e prestação de contas – abril 2020" (CIRCO CRESCER & VIVER, 2020) afirma ter beneficiado 2.269 famílias, totalizando 6.743 pessoas com ações de segurança alimentar.

Como aplicar esse conceito à sua realidade e medir?

Para aplicar o conceito de posicionamento por valor compartilhado à sua realidade, é preciso identificar quais causas entre as defendidas pelos Objetivos de Desenvolvimento Sustentável mais estão alinhadas ao seu negócio e às necessidades dos públicos com os quais o seu negócio interage.

Feita essa análise de alinhamento estratégico, cada instituição deve ponderar quais são os meios de que dispõe para solução do problema: seja pelo investimento direto de doações financeiras; seja pela mobilização de *stakeholders*; ou pela realização de atividades que tragam resultados diretos para a solução da questão ou amenização de seus pontos críticos.

A ESG é um elemento complexo, multidimensional e ainda em desenvolvimento. A mensuração de seus resultados empresariais, sociais, humanos, ambientais ou éticos não é um processo simples.

Contudo, existem caminhos. Os relatórios de sustentabilidade, como o GRI, os indicadores das bolsas de valores, como o ISE (da bolsa de valores brasileira), ou ainda a proposta de agentes financeiros, como o Banco Mundial, trazem outras vertentes de análise. Ainda é necessário termos indicadores quantitativos e qualitativos mais precisos e universais.

A documentação apresentada por uma organização para demonstrar os resultados de suas estratégias ESG, em todos os casos, precisa trazer evidências concretas para embasar o seu discurso.

O posicionamento por valor compartilhado deve levar em consideração o bem comum da sociedade e ser executado de modo ético e solidário. Empatia é a palavra-chave.

26. Engajamento e felicidade no trabalho

Adriano Levy
Thiago Barcellos Diniz

Criação de redes de parceria e alianças para obter maior comprometimento, engajamento e motivação.

Não gaste o resto de tua vida com ideias que dizem respeito aos outros a não ser que tenham relação com o interesse comum. (Marco Aurélio)

Introdução

Durante séculos nossas mentes foram programadas para a máxima de que é necessário ter sucesso para ser feliz. Em nossa casa, na escola e no trabalho, temos que dar o máximo para alcançar as metas e desfrutar dessa felicidade. Para Shawn Achor (2012), essa equação está incorreta. Ele afirma, com base na ciência de vanguarda e na psicologia positiva, que a felicidade vem antes do sucesso.

Na grande maioria das organizações descentralizadas, hierárquicas e lineares, há uma grande competição entre as pessoas para ocupar o topo da pirâmide, posições de liderança, trabalhar arduamente para alcançar os resultados e atingir as metas. Até aí, muitos dirão que não há nada demais nisso.

Porém, não necessariamente atingir esses objetivos trará a felicidade, muito pelo contrário: a busca pelo sucesso sem propósito, sem empatia e sem coragem está levando as pessoas ao esgotamento mental, à falta de engajamento e reduzindo os resultados das organizações que valorizam esse modelo.

Uma pesquisa da empresa Gallup feita entre 2014 e 2016 em 155 países detectou que 15% dos empregados no mundo estão engajados no seu trabalho. As pessoas classificadas pela pesquisa como engajadas são os funcionários altamente envolvidos e entusiasmados com seu trabalho, possuem sentimento de "dono", impulsionam o desempenho e a inovação e movem a organização para a frente (GALLUP, 2017).

O papel da **liderança exponencial** será ajudar as pessoas na busca do engajamento e da felicidade no trabalho, criando um ambiente seguro emocionalmente, empático, onde as pessoas são gratas por fazer parte da organização e colaboram mutuamente. Assim, o resultado certamente será o sucesso!

Estou preparado?

Antes de construir qualquer vínculo com pessoas, pergunte-se a si mesmo:

1. Estou preparado para enxergar o potencial das pessoas mesmo quando elas mesmas não enxergam em si?
2. Estou preparado para me conectar de forma genuína sem julgar ou pressupor?
3. Estou preparado para me manter disponível e presente para os outros?
4. Estou preparado para compartilhar experiências e conhecimentos com os outros?

Mobilizar as pessoas a realizar muito além das suas capacidades e desenvolver um potencial criativo com sentido e propósito promove, além de felicidade e motivação no ambiente de trabalho, também a sensação de bem-estar e ganho mútuo nas relações.

Por esse motivo é essencial criar redes de relacionamentos e alianças que possam promover e alavancar o sucesso através da responsabilidade compartilhada.

Onde buscar o apoio necessário?

Para construir redes de relacionamentos que possam promover e patrocinar o desenvolvimento, o conhecimento e as mudanças necessárias, é preciso pensar especificamente nos grupos de pessoas que poderão proporcionar, através do seu poder de decisão e da sua influência, três aspectos distintos: influência, conhecimento necessário, apoio.

Liste a seguir grupos e pessoas que poderão não somente promover os resultados como também propiciar um ambiente de confiança, respeito e empatia. Não se esqueça daquelas que podem também sabotar e limitar os resultados e objetivos.

Tabela 26.1. Construindo redes de relacionamento.
Fonte: os autores

Quem?	Influencia as pessoas	Possui o conhecimento	Pode dar apoio
Grupos			
Pessoas			

Como engajar essas pessoas e grupos a aderir ao propósito é questão essencial para construir um laço emocional forte, capaz de superar todos os obstáculos e desafios a serem enfrentados. Por isso se pergunte:

1. Quais são as pessoas e processos opositores?
2. Quais são as pessoas e processos incentivadores?
3. O que elas necessitam e sentem com relação a si mesmos e a organização?
4. Como elas se comportam e que hábitos devem ser observados?
5. De que forma elas podem colaborar?

Tudo é possível quando você está comprometido (ELROD, 2016).

Como alinhar intenções e expectativas?

Para promover um ambiente de felicidade e engajamento que motive as pessoas é necessário ter muito bem definido o nível de comprometimento e compromisso consigo mesmo e com todos à sua volta.

E isso significa não somente manter sua autenticidade e coerência, mas alinhar essas promessas com a visão e o propósito, tanto da organização como dos indivíduos.

Na Tabela 26.2, o objetivo é ampliar sua consciência e clareza com relação ao quanto suas promessas estão realmente alinhadas com a promoção de um ambiente motivador e de felicidade, bem como nas oportunidades de melhoria em persuadir, influenciar e inspirar as pessoas a realizar coisas extraordinárias.

Tabela 26.2. Medindo o nível de comprometimento.
Fonte: os autores

Minhas promessas	Confiança 1 a 10	Credibilidade 1 a 10	Compromisso 1 a 10	Oportunidades de melhoria
	O quanto você mesmo acredita nisso?	O quanto as pessoas acreditam em você?	Qual é o nível de compromisso seu e das outras pessoas?	Em você e nas outras pessoas?
Estão alinhadas com minha visão, valores, crenças, regras e propósito?				
Estão alinhadas com todas as partes com as quais a responsabilidade é compartilhada e os resultados são interdependentes?				
Estão alinhadas com a visão, a missão e o propósito da organização?				
Estão claras e transparentes quanto à intenção e à expectativa?				

Não existe resposta certa ou nível correto de pontuação. O objetivo é fazer uma reflexão a respeito de como aumentar essa avaliação inicial através das oportunidades de melhoria e desenvolvimento dos pontos fortes, não somente seus, mas das pessoas na realização de metas, objetivos e propósitos, sejam estes pessoais ou profissionais.

> *Habitua-te a pensar somente naquilo que, se alguém te perguntar de repente o que estás pensando, possas responder com total franqueza e de imediato. (Marco Aurélio)*

Como gerar ressonância e confiança?

Outro ponto essencial na construção de ambientes emocionalmente e fisicamente saudáveis, na busca pela felicidade autêntica e pelo engajamento coletivo na visão de propósito compartilhado e interdependente, é a mudança de *mindset* (modelo mental).

É a construção de visão que vai além do imaginário e do pressuposto, e, por fim, a busca incessante pela verdade. Para isso, é preciso buscar, incentivar e promover a curiosidade, a criatividade, o aprendizado e o desenvolvimento de pessoas.

Dessa forma, é preciso ser capaz de refletir a respeito de sete itens essenciais utilizados na tabela "BRAVING" do Livro "Coragem para Liderar", de Brené Brown (2019):

1. **Limites:** respeito os meus limites e o dos outros e sei quando buscar clareza e transparência assim como assumir que não estou preparado e saber dizer não sei ou não posso?
2. **Confiança:** sou visto como uma pessoa confiável e sou recíproco nessa confiança?
3. **Responsabilização:** entendo a minha parcela de responsabilidade e faço com que os outros assumam as suas responsabilidades corrigindo seus erros e buscando mais clareza a respeito do que está sob meu controle?
4. **Sigilo:** mantenho sigilo e confidencialidade sobre assuntos que não tenho permissão ou direito de divulgar?
5. **Integridade:** sou íntegro na prática dos meus valores e virtudes, nas minhas ações e atitudes? Reconheço isso nas outras pessoas de forma verdadeira e honesta?
6. **Não julgamento:** escuto e me conecto com as pessoas sem julgar ou criar suposições, aceitando perspectivas e pontos de vistas diferentes dos meus?
7. **Generosidade:** sou generoso comigo mesmo e com os outros mesmo nos erros, acertos e fracassos, assim como no sucesso e nas vitórias?

O objetivo é difundir isso por todos os níveis hierárquicos da organização, pelas redes de alianças e de conexões, criando ambientes de troca seguros, onde imperfeições e diferenças sejam vistas como oportunidades de desenvolvimento e melhoria. E também onde a diversidade de raças, culturas e gêneros seja vista como complementar, eliminando de vez os sentimentos que geram vergonha, culpa, medo, humilhação e constrangimento, que minam o engajamento e a motivação de times, gerando emoções de angústia, frustração e tristeza.

Para que esse processo de mudança perdure, é necessário, antes de qualquer coisa, estar aberto a novas experiências. Criar grupos, equipes, reuniões de compartilhamentos de experiências e conhecimentos, pessoais e profissionais gera maior cumplicidade e empatia, o que promove a autenticidade.

Nesse contexto, é possível acreditar que a individualidade e a diversidade de estilos e pensamentos são complementares e construtivos na realização de objetivos em comum e na promoção da qualidade de vida, do bem-estar e da felicidade autêntica.

> *Não há desculpas legítimas para você não superar quaisquer limitações que o impediram de conquistar tudo que deseja para si (ELROD, 2016).*

Como manter a sustentabilidade do processo de felicidade e engajamento?

Devemos verificar quatro premissas da chamada tabela RARA (interpretação e entendimento da tabela TASC de Brené Brown (2019)):

- ✓ **Responsabilidade:** quem executa a tarefa possui competência para tal? Se não possui, como desenvolvê-la? Quem já possui essa habilidade pode apoiar e colaborar?
- ✓ **Autonomia:** quem executa a tarefa possui a autonomia necessária para tomar decisões, mudar o escopo e fazer escolhas? Como posso apoiar essas decisões e escolhas?
- ✓ **Recursos:** quem executa a tarefa possui todos os recursos necessários? Como posso apoiar e colaborar na obtenção deles? Quais são os recursos necessários para uma máxima eficiência e produtividade?
- ✓ **Apoio:** como posso acompanhar e me colocar à disposição para eventuais correções e ajustes? Quais pontos críticos e etapas essenciais devem ser vistos e revisados?

Conclusão

Manter as pessoas felizes e engajadas não é uma tarefa fácil, porém depende 100% do seu comprometimento constante de se colocar à disposição tanto para dar o apoio necessário como para desafiar o crescimento individual e coletivo.

A percepção da felicidade vai muito além de simplesmente sentir-se bem; vem da construção de pilares fortes de responsabilidade compartilhada, da consciência sobre a interdependência dos resultados e principalmente dos resultados direcionados ao bem comum e ao ganho mútuo.

> *Transforme a ideia de vencer juntos uma prática de felicidade e sucesso e na construção de um ambiente onde as pessoas se sintam apoiadas, valorizadas e motivadas. (Adriano Levy)*

27. Como criar um ambiente de segurança psicológica e qual sua importância?

Andresa Fogel

O capítulo fala sobre o conceito de segurança psicológica e o projeto Aristóteles do Google.

Fazer parte de times memoráveis, de alta performance, capazes de produzir resultados incríveis pela sua dinâmica de funcionamento, interação e colaboração, é o sonho de muitos, mas ainda não é a realidade da maioria das organizações. Algumas empresas, entretanto, parecem trazer essas experiências extraordinárias no seu DNA e se destacam, tornando-se inspiração no mercado.

Quais os aspectos que estão na base dos modos de funcionamento dessas empresas? Serão os talentos individuais o fator decisivo? A descontração que caracteriza alguns locais de trabalho? Métodos e processos inovadores? Ou existe algo a mais, como um *plus* num nível não visível e intangível, que torna o alto desempenho e os resultados estupendos uma realidade? O que é preponderante para que um time se torne admiravelmente fora do comum?

Foi se perguntando sobre questões como essas que a Google – uma daquelas empresas com resultados extraordinários – pesquisou, dentro do seu próprio ambiente, quais fatores seriam fundamentais para a eficácia dos times. Foram 180 times pesquisados, e uma equipe interdisciplinar composta pelos melhores profissionais para analisar e interpretar dez anos de dados.

Ao contrário das expectativas, os resultados revelaram que o diferencial dos times com alta eficácia não era a combinação dos melhores talentos. Ao final, cinco fatores se destacaram: confiabilidade; estrutura e clareza; propósito; impacto; e segurança psicológica. De todos esses, o fator segurança psicológica, aspecto que faz parte da ordem da subjetividade, foi considerado o mais primordial (SCHNEIDER, 2019).

O conceito de segurança psicológica foi concebido por William A. Kahn (1990) para se referir a um ambiente no qual as pessoas sentem-se seguras para expressar o seu eu, sem medo de impactos negativos. Kahn partiu da ideia de que, no ambiente laborativo, as pessoas contribuem com níveis diferentes do seu próprio eu.

Esse fato subjetivo teria interferência tanto na atividade laboral quanto na experiência que as pessoas têm a respeito do trabalho e de pertencimento ao grupo. A segurança psicológica seria um fator de grande influência para essa capacidade das pessoas de se dedicar ao trabalho e, na sua ausência, existiria uma postura de defesa e retraimento.

A segurança psicológica nos faz adentrar um estado de coisas fundamentais que não conseguimos visualizar diretamente, tão somente os seus efeitos nas pessoas e no trabalho, pois se localiza na área da subjetividade.

Desdobra-se no clima organizacional dos times de trabalho (EDMONDSON, 2020), favorecendo a livre expressão e colaboração ou um processo adaptativo e defensivo do *self* na tentativa de ajuste e pertencimento – um falso *self*, de acordo com a psicanálise winnicottiana (WINNICOTT, 1960).

Para D. W. Winnicott (1960), o falso *self* é orientado para o exterior, sendo organizado como uma defesa ao verdadeiro *self* em relação ao ambiente percebido como hostil. O resultado é um sentimento de futilidade e perda da espontaneidade e da criatividade em favor das relações de aparência.

O teórico aponta para os riscos desse tipo de funcionamento psicológico nos ambientes de trabalho – quando predominante –, onde a participação enquanto pessoa integral é fundamental.

Ao nos voltarmos para os aspectos que favorecem ou dificultam o desenvolvimento da segurança psicológica, não estamos tratando das coisas geralmente reconhecidas. Antes, daquelas mais difíceis de serem apreendidas e aceitas por nós, por causa das nossas próprias defesas psicológicas, e por isso deixadas de lado, na tentativa de seguirmos como se não existissem.

Entretanto, os fatores psíquicos, tanto conscientes quanto inconscientes, constituem importantes engrenagens da criação e sustentação do ambiente organizacional, atuando como poderosos componentes da segurança ou insegurança psicológica (MORGAN, 2002).

A criação de um ambiente psicologicamente seguro não é garantida por uma orientação institucional, metodologia ou abordagem – embora estas possam contribuir –, pois ultrapassa os discursos previamente organizados, os métodos e as técnicas, sendo parte inerente ao espaço inter-humano.

Acontece nas relações, principalmente naquilo que não é dito, mas experimentado e sentido em um processo dinâmico que inclui, ao mesmo tempo, o que está aparente e submerso em seres humanos, times e organizações.

Esses aspectos relacionais, conscientes e inconscientes, modelam grande parte do comportamento humano dentro dos grupos (MORGAN, 2002), influenciando as pessoas na colaboração que são capazes de dar ou sua omissão.

É muito mais comum do que podemos imaginar as pessoas sentirem medo de falar e se expressar no ambiente de trabalho, preferindo o silêncio. Esse tipo de receio tem como pano de fundo um certo clima de tensão (próprio da insegurança psicológica).

O ambiente em que estou é seguro para eu me expressar e colaborar a partir do que efetivamente penso, ou não, é inseguro, sendo melhor vivenciá-lo a partir do silêncio? Este é o tipo de pergunta que, segundo Edmondson (2020), as pessoas fazem a si constantemente.

As respostas são obtidas a partir da forma como elas se sentem e experimentam o ambiente – isso já é mais do que suficiente para modelar comportamentos. Trata-se de uma avaliação de riscos interpessoais que vai incidir na forma como as pessoas serão capazes de contribuir no ambiente de trabalho.

Por se sentirem inseguras de ser quem são e a fim de manter o comportamento que é esperado no ambiente de trabalho, as pessoas não apenas deixam de expressar as suas opiniões como também buscam omitir as emoções.

De acordo com Susan David (2018), esse processo de omissão do ser exige um nível enorme de energia pessoal, que poderia ser empregada no trabalho, mas que é desviada em favor da manutenção das aparências.

A segurança psicológica, quando presente, permite que as pessoas perguntem, emitam opiniões, informem erros, divirjam de forma produtiva, se envolvam em conversas difíceis e francas, com respeito mútuo e sem receios com julgamentos – o oposto é verdadeiro em ambientes nos quais prevalece a sensação de insegurança. As pessoas se preocupam com a sua autoimagem, com os julgamentos que fazem delas, e temem ridicularizações (EDMONDSON, 2020).

Percebe-se que, quando a insegurança prevalece no nível psicológico do ambiente, as pessoas se omitem, preferem se calar e não se expressar, tendem a esconder as suas falhas e a não compartilhar informações.

Esse contexto é extremamente desfavorável aos ambientes organizacionais porque favorece a ocorrência e continuidade de erros que podem resultar em consequências graves, interfere na satisfação dos colaboradores com o trabalho e prejudica a criatividade, a inovação e a capacidade de a organização aprender (EDMONDSON, 2020).

Dizendo de outra forma, ambientes nos quais as pessoas não se sentem seguras para correr riscos pessoais – tanto errar quanto acertar – incentivam e fortalecem o que Dweck (2017) denominou de *mindset* fixo.

Essa mentalidade é sustentada pela descrença no potencial das pessoas se desenvolverem a partir das suas experiências e aprendizados, por isso, falhas não são toleradas (de qualquer ordem, sejam oriundas do falar ou do fazer).

Há o predomínio da concorrência sobre atitudes colaborativas, o medo de revelar falhas e a necessidade de escondê-las, bem como elevado nível de insegurança psicológica, que tanto nasce nesse contexto quanto o fortalece.

Por outro lado, nas empresas que priorizam uma mentalidade de crescimento (DWECK, 2017), as pessoas se sentem psicologicamente seguras para atitudes espontâneas e para contribuir genuinamente com o trabalho – pessoas e organizações colaboram, aprendem e se desenvolvem nesse contexto.

Dentro de uma mesma organização, é possível encontrar times que trabalham com diferentes níveis de segurança psicológica, como se em um único organismo tivéssemos zonas psicologicamente seguras e outras propícias à geração de inseguranças.

Ao contrário do que alguns pensam, segurança psicológica não é de ordem individual; ela pertence ao registro dos grupos. Não se trata de confiar em uma determinada pessoa, mas no grupo. Nesse sentido, não há dependência de atributos individuais de personalidade para que a segurança psicológica se desenvolva.

O fundamental reside no jeito como as pessoas que formam determinados grupos conseguem funcionar conjuntamente em relação à livre expressão, a opiniões divergentes, relatos de falhas, resolução de conflitos internos e na capacidade de colaborar (EDMONDSON, 2020).

As lideranças possuem um papel fundamental para facilitar e favorecer a emergência de uma sintonia grupal na qual as pessoas são valorizadas pelo que são, por suas opiniões e contribuições. Líderes são chamados a criar um ambiente no qual o medo não ofusque o melhor das pessoas – elas mesmas.

Sim, as lideranças são fundamentais na compreensão e conjugação dos desafios atuais do mercado e das necessidades do ambiente relacional e psicológico dentro dos times.

Conclusão

O mundo organizacional vem passando por uma intensa jornada de transformação, inovação e adaptação, interna e externa, que acompanha tanto os avanços tecnológicos quanto as mudanças nos modos de vida da sociedade.

Os negócios precisam se tornar e/ou se manter competitivos, criando e inovando, gerando cada vez mais valor. Isso exige uma capacidade crescente das organizações de aprender e se desenvolver, o que se dá por meio da participação dos times de trabalho.

Nenhum negócio consegue prosperar sem a contribuição ativa das pessoas e a disponibilidade que apresentam para colaborar e dar o melhor de si – o que depende, fundamentalmente, de um ambiente de segurança psicológica.

A forma como as pessoas experimentam subjetivamente o ambiente de trabalho se revela preponderante na segurança ou insegurança que sentem em relação ao ambiente do qual participam.

Trata-se da importância das relações nos times e dos impactos que causam na capacidade das pessoas se expressarem, contribuírem e revelarem a sua individualidade sem medo das consequências.

As pessoas precisam se sentir seguras para contribuir com o melhor de si, sem desperdiçar energia e esforços com adaptações infrutíferas ao trabalho sobre o que realmente pensam e têm a falar.

A criação de um ambiente de segurança psicológica acontece nas esferas subjetivas e relacionais ou inter-humanas. Líderes, por causa da influência que exercem dentro dos times, devem facilitar a participação genuína de todos, em um contexto de respeito e incentivo às singularidades.

É importante que prevaleça uma atmosfera de valorização das pessoas, não estigmatizante, onde cada um compreenda o seu papel, os seus limites e a sua importância. Quando as pessoas se sentem psicologicamente seguras nas relações, coisas extraordinárias podem acontecer!

PARTE VII.
NA CONTRAMÃO DA LIDERANÇA

28. Microgestão, comando e controle

Cíntia Bortotto
Isaac Mizrahi

Como identificar o modelo de microgestão e comando e controle na sua empresa.

Para entendermos de onde vêm os conceitos de microgestão, comando e controle, precisamos voltar na história da administração.

Os trabalhos de Taylor (1911) buscaram aplicar conceitos científicos à administração, uma vez que, de maneira objetiva, procuravam constantemente a redução dos custos através da eliminação do desperdício.

Do ponto de vista processual, buscava a melhor maneira de executar o processo; do ponto de vista humano, buscava diminuir a ociosidade. Pregava então que o trabalhador produzisse mais em menos tempo. Estudou o tempo que os trabalhadores precisavam para executar suas atividades e padronizou o método de trabalho e as ferramentas utilizadas no processo.

Com isso, reduziu desperdício na produção, além de perceber que o processo seletivo e de integração ao trabalho, quando bem feito, melhorou a eficiência dos trabalhadores nas atividades para as quais eram contratados.

Taylor (1911) estruturou princípios que até hoje são utilizados:

1. **Planejamento** – Através da racionalização das atividades sugeriu não usar improviso, criatividade ou decisões individuais. Os trabalhadores deveriam seguir o que foi padronizado em métodos de trabalho.
2. **Preparar e treinar** – Desde a seleção, devem-se buscar trabalhadores com aptidões e conhecimentos para a execução da atividade. Se com treinamento

fosse possível fazer com que produzissem de maneira mais eficiente, então deveriam ser treinados.

3. **Controle** – Deve-se controlar a execução do trabalho para ter certeza de que este está sendo realizado seguindo o que foi estabelecido pelo método.
4. **Disciplina na execução** – As atribuições e as responsabilidades devem ser distribuídas para que sejam feitas de maneira ordenada e disciplinada.

Sendo assim, para ser considerado um bom líder (mais conhecido como chefe), bastava que a pessoa ocupasse uma posição na qual era necessário focar exclusivamente no planejamento das atividades, criando métodos eficientes de trabalho em que os colaboradores (capacitados nesse processo) deveriam seguir à risca o que foi planejado e padronizado.

Visando maior eficiência, produtividade e garantia das entregas, os colaboradores eram acompanhados de perto através de mecanismos de controle rígidos que visavam garantir a execução dentro do que foi planejado, tudo isso buscando a constante redução dos custos por meio da eliminação do desperdício.

As consequências da abordagem científica

Surge, então, uma forma de gestão onde há alguém (o chefe) que dá as ordens para que os trabalhadores cumpram à risca. Estes são tratados como meros executores desprovidos de ideias e sentimentos. Há uma tendência crescente para a microgestão (acompanhar o trabalho nos mínimos detalhes), a fim de garantir que tudo saia como planejado.

Não era um dever, tampouco uma preocupação, do líder ou da empresa zelar pelo bem-estar e pela satisfação profissional dos colaboradores, pois, segundo Taylor (1911), se entendia que o único motivador de qualquer profissional era o salário.

O modelo de gestão comando e controle se originou, como visto, da abordagem de Taylor, entre outros, e se consolidou no mercado de trabalho, criando raízes profundas que se perpetuam até os dias atuais. Tal modelo trouxe resultado no passado, porém não se enquadra mais na nova realidade. Com o decorrer das evoluções culturais e tecnológicas, conforme já comentado nos capítulos anteriores, esse tipo de gestão deixou de ser funcional, passando a ser questionada.

Desafios e necessidade de uma nova liderança

O papel da liderança se torna cada vez mais importante para o sucesso da organização e deve se adaptar constantemente, conforme comentado no Capítulo 1.

Caso isso não ocorra, os modelos tradicionais e arraigados de liderança e gestão são capazes de criar rupturas profundas na organização, causando o seu enfraquecimento e colocando em risco a sua continuidade.

O grande desafio está, portanto, em identificar o modelo de gestão comando e controle, que pode se disfarçar facilmente nas organizações devido a uma linha muito tênue que separa a autoridade do papel do líder.

A fim de trazer um pouco mais de clareza, podemos identificar a gestão comando e controle nas seguintes situações envolvendo líderes:

- ✓ Em situações conflituosas ou diante de um grande problema, focam em buscar culpados em vez de tentar encontrar a solução.
- ✓ Não geram oportunidade e ambiente propício para criação de discussões colaborativas e sadias, seja para a busca da solução dos problemas ou de quem decide e manda no espaço, gerando uma grande desmotivação do time, que logo entende a regra do jogo.
- ✓ Evitam a contratação ou a formação de times de alta performance ou com pessoas que tenham mais conhecimento que eles, como instinto de autopreservação.
- ✓ Trazem na sua fala o "eu" em vez do "nós", enfatizando as suas visões pessoais sobre problemas e ideias.
- ✓ Trazem o plano estratégico e as ações *top down*, sem abertura para questionamentos ou sugestões dos seus liderados.
- ✓ Por fim, dificilmente recebem uma crítica de forma construtiva e aberta, o que limita a proposta de evoluções do ambiente de trabalho e da sua gestão.

Casos como os citados muitas vezes passam despercebidos nas organizações, gerando ambientes tóxicos, ofuscando os talentos e desmotivando a equipe, bem como gerando uma série de eventos colaterais como: saída dos bons profissionais; desconfiança da liderança e da organização; falta de comprometimento com a empresa; falta de propósito e senso de equipe (time); geração de disputas internas; entre outros. Isso prejudica a organização como um todo.

Conclusão

Conforme Hunter (2004) no livro "O monge e o executivo", a liderança representa a capacidade de influenciar pessoas a agir. Diante disso, pode-se afirmar que as empresas precisam de líderes que tragam consigo, além dos direcionadores estratégicos e táticos da empresa, um conjunto de ações, comportamentos e métodos que fortaleçam a cultura do time e, consequentemente, da empresa.

Assim, cria-se um ambiente coeso, de confiança e forte o suficiente para enfrentar as adversidades e os desafios do novo mundo normal, permitindo que todos os liderados participem ativamente com o seu líder, que tenham a devida autonomia para ajudar no crescimento da empresa e sejam reconhecidos por isso.

Empresas que favorecem a liderança comando e controle tendem a sofrer com a falta de bons profissionais e, consequentemente, com a falta de entrega de resultados, arriscando, então, a deixarem de ser competitivas e atraentes para o mercado de trabalho.

29. Liderança destrutiva

Juliana Guedes Almeida
Erica Motta
Priscila Paulo

A liderança é estudada há mais de um século e muito se fala sobre seu exercício positivo e ético. Entretanto, a liderança destrutiva, nos seus vários tipos, representa uma realidade recorrente nas organizações que aumenta resultados indesejados e diminui os desejados.

As pessoas deixam os chefes e não as empresas.

Entre os grandes desafios da gestão organizacional atual estão a atração, a seleção e a retenção de talentos. Essas atividades de gestão de pessoas são tão custosas quanto estratégicas para o desempenho ótimo de empresas.

Muitas empresas acabam ao mesmo tempo atraindo e expulsando pessoas de seus quadros, trazendo à tona a realidade de que o recrutamento mais caro é o que poderia ter sido evitado.

Entre as maiores causas de talentos deixarem as organizações estão líderes que deveriam otimizar seu potencial para alcance dos melhores resultados.

Parte do interesse nesse fenômeno tem sido pontuado por frequentes debates que ocorrem sobre chefia x liderança. Líderes e chefes podem ser entendidos como componentes de um mesmo todo, considerando que gestores administram processos, recursos e pessoas (BASS; BASS, 2009).

Liderar pessoas estaria associado a comportamentos adicionais à gestão, tais como influenciar e motivar a equipe, e seria, assim, uma das atribuições do gestor. A liderança é parte de um conceito maior denominado gestão. Em um entendimento complementar, Rost (1991) afirma que liderança é a gestão bem-sucedida.

Por definição, líderes influenciam pessoas para alcançar resultados (BASS; BASS, 2009). E essa influência pode se dar de maneira construtiva, impactando positivamente resultados de pessoas e de negócios (ALMEIDA; PORTO, 2019), e/ou, também, de maneira negativa (TEPPER; SIMON; PARK, 2017).

Tais líderes não fazem um uso socialmente responsável do poder que possuem (DEN HARTOG, 2015). Os custos de absenteísmo, de saúde e perda de produtividade associados a esses líderes é de cerca de US$ 23,8 bilhões anualmente nos Estados Unidos (TEPPER *et al.*, 2006).

Por mais que majoritariamente os livros e as pesquisas científicas sobre o tema apresentem uma versão positiva e romantizada da liderança, fato é que a liderança destrutiva é frequente no contexto corporativo e muitos de nós já experimentaram no ambiente organizacional os seus impactos negativos.

Existem evidências consistentes de que as consequências da liderança destrutiva impactam negativamente os resultados esperados e aumentam os resultados indesejados (SCHYNS; SCHILLING, 2013). Assim, a crença de que uma "liderança linha dura traz mais resultados" não encontra suporte nas evidências.

Dessa forma, pesquisadores e profissionais do mercado passam a se interessar consistentemente em entender esse tipo de liderança para criar mecanismos de combatê-la. Por mais que algumas iniciativas de entender os efeitos da liderança destrutiva tenham ocorrido por volta dos anos 90, os estudos que sistematicamente investigam a liderança destrutiva são relativamente recentes (TEPPER *et al.*, 2017), datando dos anos 2000.

Nessas últimas duas décadas, o conhecimento produzido teve majoritariamente como foco entender por que chefes gritam, xingam e humilham suas equipes e quais os efeitos que esses comportamentos têm nas pessoas (bem-estar, *burnout*, criatividade, desempenho) e nos negócios (lucro, absenteísmo, custos associados a contratação e treinamento, performance, satisfação do cliente), segundo Tepper *et al.* (2017).

Por mais que os comportamentos abusivos públicos de líderes ocupem a imensa maioria dos esforços de estudo, eles são o tipo menos recorrente de líder destrutivo. No contexto organizacional, existem outros tipos mais comuns e tão ou mais deletérios, que também precisam de atenção.

As diferentes formas de liderança destrutiva podem ser agrupadas em dois eixos, de acordo com o grau de impacto maléfico causado aos envolvidos:

1. Um que varia de baixa a alta intensidade de comportamentos destrutivos:
   - ✓ Baixa intensidade: mais velados, sem presença de um público, além do líder e sua equipe.
   - ✓ Alta intensidade: mais públicos, sem distinção ou mudança de comportamento em função do ambiente ou público.
2. Um segundo eixo que varia entre comportamentos do líder dedicado às pessoas e comportamentos do líder dedicado a resultados/tarefas.
   - ✓ Pessoas: desenvolver a equipe, mentorar, instruir, *feedback*.
   - ✓ Resultados: metas, coordenação de atividades, foco em resultados.

Da combinação dos eixos, resulta a tipologia ilustrada na Figura 29.1:

Figura 29.1. Tipos de liderança destrutiva distribuídos nos eixos de características. Fonte: Almeida (2018).

Conforme apresentado na figura anterior, além da liderança abusiva tradicional, aqui denominada de **intimidação**, os tipos de liderança destrutiva serão apresentados a seguir:

1. Liderança com foco exclusivo em resultados

Ainda relacionada com comportamentos destrutivos de alta intensidade, mas com um foco voltado para tarefas e resultados e não para relações interpessoais, a pressão excessiva por resultados é muito mais recorrente no contexto organizacional do que a liderança abusiva (intimidação).

Com a grande demanda, líderes podem acabar priorizando o atingimento de resultados em detrimento dos interesses da equipe. Esse comportamento do líder foca o desempenho e negligencia demandas pessoais ou profissionais dos empregados.

Apesar de ter um grande custo humano e potencializar consequências como *burnout*, depressão e ansiedade nas equipes, é amplamente aceita no contexto organizacional atual (GREENBAUM; MAWRITZ; EISSA, 2012).

Com demandas de consumidores e sociais cada vez mais exigentes, a competitividade acirrada entre e intra organização leva líderes a focar nas entregas a qualquer custo. E essa prática acaba sendo amplamente aceita e apoiada por diferentes segmentos (MA; KARRI; CHITTIPEDDI, 2004).

2. Liderança autocentrada

Além da variação dos comportamentos no eixo pessoas – tarefas, comportamentos destrutivos de líderes também podem variar de intensidade. Tanto comportamentos abusivos quanto o foco exclusivo em resultados possuem uma expressão mais intensa e são percebidos com mais facilidade.

Entretanto, quando o líder opera com comportamentos mais focados no interesse pessoal (SCHMID; VERDORFE; PEUS, 2017), seus comportamentos destrutivos podem ser menos visíveis, podendo ser percebidos apenas no âmbito da própria equipe.

Esses líderes apresentam comportamentos como roubar o crédito por trabalho feito pela equipe ou possuir uma agenda pessoal e usar as pessoas como instrumentos para alcançá-la. Assim, eles influenciam pessoas para o atingimento dos próprios objetivos.

Por serem menos visíveis, comportamentos de baixa intensidade levam mais tempo para serem percebidos. Os membros das equipes desses líderes passam por muitos questionamentos acerca do quanto sua percepção corresponde à realidade e se de fato são objeto de comportamentos destrutivos.

Esses processos mais silenciosos podem ter um grande impacto na saúde mental e na percepção de autovalor desses empregados. Além disso, comportamentos destrutivos de baixa intensidade permitem que líderes escondam suas reais intenções por mais tempo. Quando descobertos, eles podem alegar que foi um equívoco e que a equipe não entendeu bem, agravando os efeitos no bem-estar de seus membros (NEUMAN; BARON, 1998).

3. Liderança que falta com cuidado à equipe

O último tipo que pode ser apontado é a falta de cuidado dos líderes com a sua equipe, voltado também ao relacionamento interpessoal, mas de baixa intensidade.

Esses líderes não se preocupam com o bem-estar dos membros de sua equipe nem se interessam por suas demandas.

Essa negligência vem com um alto custo emocional e para a produtividade, uma vez que tais equipes se sentem desamparadas e percebem mais incertezas em sua atuação, às custas de sua saúde e bem-estar (SKOGSTAD *et al.*, 2007).

Líderes destrutivos apresentam sistematicamente comportamentos dessa natureza e trazem impactos negativos para pessoas e organizações. Tais líderes podem lançar mão de diferentes tipos de comportamentos, de maneira combinada, por mais que em geral predominem em um dos tipos.

A liderança é uma das variáveis organizacionais que mais impactam a nossa atuação profissional e o nosso bem-estar.

Além dos impactos negativos já mencionados, podem ser apontados: aumento do *turnover*, de comportamentos de retaliação organizacional e contraproducentes, de agressões no trabalho e diminuição de comprometimento, de engajamento, de satisfação no trabalho, de confiança no líder e na organização, de esforço no trabalho e de comportamentos de cidadania organizacional.

Para além da visão do mercado, ainda incipiente sobre essas lideranças e suas consequências, e da ciência, cabe ressaltar como as pessoas que vivenciam esses comportamentos destrutivos a definem. Entre uma das falas, temos: "a liderança destrutiva é um mal necessário".

Algumas organizações acreditam que assim conseguem resultados e apostam nessa estratégia. Mas está errado. Cabe a organizações e líderes decidirem o tipo de legado que querem deixar na vida das pessoas, tanto em termos de resultados sustentáveis de excelência quanto em termos de ética e sustentabilidade social.

Todos os milhares de estudos dedicados a entender os efeitos da liderança destrutiva apontam para uma conclusão que conhecemos na prática: ela aumenta consequências indesejadas (*burnout*, *turnover*, comportamento contraproducente e sabotagem organizacional) e diminui consequências desejadas (satisfação, engajamento, lucro, clima organizacional).

Por meio de lideranças destrutivas, perdemos no nível individual, no nível da equipe, no nível organizacional e no nível social.

30. Negligenciando o exercício da liderança

Yussif Barcelos Dutra
Juliana Guedes Almeida

Não fazer uma escolha é fazer uma escolha. Os efeitos da liderança negligenciada, *laissez-faire* e demais estilos de lideranças passivas como uma forma destrutiva de liderança.

O crescente aumento do uso de redes sociais com foco profissional vem trazendo à tona discussões e mais conteúdos acessíveis sobre liderança, fatores de permanência das pessoas nas empresas e impactos na saúde mental e física dos profissionais.

Um comparativo muito recorrente é entre "ser líder e ser chefe", como o exemplificado na Tabela 30.1, em muitas situações evidenciando o líder como uma figura mais próxima e sintonizada com a equipe e o chefe como uma figura mais autoritária e menos presente no dia a dia.

Por mais que essa ideia seja amplamente divulgada, ela é errônea, pois líderes precisam incentivar e ter uma visão ao mesmo tempo em que gerenciam pessoas e processos. A discussão como está colocada hoje oculta pontos importantes como a liderança destrutiva e ainda mais a negligência de líderes e o impacto negativo que isso tem em suas equipes.

Tabela 30.1. Exemplos de comparações comuns entre chefe e líder. Fonte: os autores.

Diferenças entre	
Chefe	**Líder**
Manda	Orienta
Diz "eu"	Diz "nós"
Diz "vá"	Diz "vamos"
Aponta culpado	Acompanha
Fiscaliza e controla	Confia e delega
Desmoraliza	Assume responsabilidade
Inspira medo	Ganha respeito
Foca nos processos	Foca nas pessoas

O aumento do acesso à informação e da utilização de aplicativos de comunicação por troca de mensagens vem desempenhando um papel importante para que as pessoas possam identificar mais facilmente situações negativas e destrutivas no trabalho.

Esses canais digitais de comunicação trazem à tona mais casos de empresas e profissionais em cargos de liderança que promovem ou fazem vista grossa a situações de: assédio moral, assédio sexual, preconceitos, abuso de poder, *bullying*, pressão por resultados inatingíveis e outros comportamentos e ações.

Os conteúdos e pesquisas sobre liderança tradicionalmente focam nas atitudes e nos comportamentos mais visíveis dos líderes e dos membros da equipe em seus papéis individuais e coletivos como liderados ou superiores.

Dentre os temas abordados, são recorrentes os textos sobre comportamentos abusivos e tóxicos, ocorrências e identificação de assédios morais e sexuais, níveis de satisfação e felicidade no trabalho, efeitos em produtividade e desempenho.

Encontram-se também alguns textos explorando efeitos sobre a saúde física e mental, influências e consequências positivas e negativas do ambiente de trabalho e dos profissionais em cargos superiores na empresa e na vida profissional e pessoal de seus pares, subordinados e superiores.

Jiang e Probst (2016, p. 27) explicam que "muitas pesquisas se concentram nos efeitos positivos da liderança transformacional como segurança, influência idealizada, motivação de inspiração, consideração individualizada e estimulação intelectual".

O artigo critica que é compreensível focar em formas positivas de liderança, mas nem todos os líderes são transformacionais. A maioria dos subordinados está suscetível a uma experiência passiva de liderança durante sua vida profissional, em vez de uma liderança transformacional.

Com tanto material a respeito do efeito do que líderes assim fazem, é comum associar líderes destrutivos àqueles com ações e comportamentos destrutivos realizados de forma ativa e manifestada conscientemente.

Entretanto, são menos percebidos os comportamentos passivos e indiretos que também trazem consequências negativas para os liderados, a organização e demais pessoas envolvidas (SKOGSTAD *et al.*, 2007).

Jiang e Probst (2016) complementam que também há situações em que o líder adota tipos de liderança diferentes de forma individual para seus liderados, alternando entre transformacional e passivo ou mesmo ambos os tipos.

Os comportamentos ativos destrutivos são caracterizados por Skogstad *et al.* (2007) e citados por Assad (2017) como atitudes agressivas, abusivas e diretas (gritos, insultos, ridicularização, humilhação, menosprezo, assédio, xingamentos, *bullying*, ameaças, agressões físicas, comentário depreciativo ou constrangimento).

Os autores também citam outras atitudes que são menos evidentes, porém comumente justificadas sob o argumento de desempenho ou resultados do trabalho: desencorajar iniciativas, aplicar punições não contingenciadas (cortes de pagamentos ou de trabalho, remoção de ferramentas de trabalho), fornecer condições inadequadas de trabalho como meio de desmerecer o trabalhador diante dos demais, fazer monitoramento massivo do trabalho e dos horários de lanche e idas ao banheiro, exigir trabalhos urgentes sem necessidade e transferir o trabalhador de setor para isolá-lo.

> *Situações relacionadas com a 'dor social' experimentada pelo cérebro diante da sensação de exclusão acabam afetando a capacidade cognitiva e quando alguém adota uma postura diferente uma pequena parte do cérebro associada ao medo da rejeição é ativada. Então inicia-se uma reação emocional que reduz os recursos disponíveis para o 'cérebro pensante', no córtex pré-frontal, o que, por sua vez, diminui o desempenho e a capacidade de criar e de tomar decisões. A rejeição social é tão difícil de suportar quanto a dor física, já que os caminhos do cérebro de ativação das dores física e social são similares (ASSAD, 2017, p. 39).*

Alguns termos podem ser associados a esse tipo de liderança negligenciada, como liderança passiva, liderança pobre, má liderança ou liderança ausente. Outro termo utilizado é "liderança *laissez-faire*" (expressão em francês que em tradução livre significaria "deixe fazer", cuja conotação implica uma liberdade para funcionar sem interferências).

Um estilo de liderança que também se enquadra como passiva é a gestão por exceção, na qual o líder intervém apenas quando os problemas são trazidos diretamente para sua atenção ou quando se tornam impossíveis de ignorar (JIANG; PROBST, 2016).

> *O estilo de liderança laissez-faire não é apenas uma falta de presença e nem um tipo de zero liderança, mas implica em não atingir as expectativas legítimas dos subordinados e/ou superiores preocupados e ser uma forma de "abdicação das*

> *responsabilidades e deveres atribuídos ao líder" que "pode ter como resultado altos níveis de conflitos entre colegas de trabalho e outros funcionários" e até mesmo "terminar com alguém do departamento sendo intimidado", podendo juntamente com um local de trabalho estressante "ser preditores diretos e independentes da experiência dos subordinados com bullying no trabalho, ou este estilo de liderança pode ser mediado por fatores de estresse no local de trabalho (SKOGSTAD et al., 2007, p. 81-82).*

Equipes que trabalham sob pressão direta e indireta vivem sob tensão, aumentando o nível de estresse de todos os indivíduos que participam da execução dos trabalhos – o que aumenta a produção do cortisol, conhecido como hormônio do estresse (ASSAD, 2017).

Segundo Skogstad *et al.* (2007), a ausência de iniciativa e ação por superiores ou líderes também pode resultar em efeitos negativos sobre os subordinados, trazendo impacto em sua eficiência e satisfação no trabalho, estresse, frustração e conflitos interpessoais.

Os autores citam como exemplos de negligência: não dar apoio ao liderado em situações de ataques verbais por clientes ou fornecedores, não prover um ambiente física e mentalmente saudável, não estar presente em reuniões críticas com seus liderados, reter informações que são importantes e impactam a equipe, ausência de *feedback* e de atenção às necessidades e motivações dos subordinados, não observar mudanças de comportamentos individuais e coletivos da equipe que acontecem gradativa ou repentinamente.

A ausência de informações e de comunicação do superior para os membros da equipe, juntamente com as indefinições dos responsáveis pelas tarefas, pode resultar em conflitos de expectativas e de cargos.

Ainda é recorrente ocasionar ambiguidade sobre metas, responsabilidades, resultados e atividades, além de propiciar um clima caracterizado por altos níveis de conflitos (SKOGSTAD *et al.*, 2007).

Em alguns casos, o estímulo à autogestão e à proatividade para os membros da equipe pode estar mascarando um cenário de negligência e ausência de liderança, propositalmente ou não, transferindo assim a responsabilidade que seria atribuída ao gestor para a equipe.

As lideranças e ambientes destrutivos, sejam ativos ou negligenciados (*laissez-faire*), conforme esclarece Skogstad *et al.* (2007), trazem consequências não apenas pontuais e passageiras, mas também de longo prazo, como problemas de saúde física, mental e emocional que podem se tornar crônicos.

Os autores citam como exemplos: diminuição do bem-estar psicológico, dependência alcóolica, ansiedade, depressão, dificuldade de concentração, redução da autoestima, síndrome do impostor, exaustão emocional, *burnout*, transtorno de estresse pós-traumático, isolamento e exclusão no trabalho, altos índices de *turnover* (rotatividade) na organização, acidentes de trabalho ou mesmo suicídio em casos extremos.

Os líderes devem entender a importância de promover ambientes saudáveis de aceitação, autonomia, empatia e comunicação para oferecer segurança e proximidade para sua equipe, reduzindo os comportamentos negligenciados e seus efeitos, preferencialmente sendo proativos na identificação e resolução dos conflitos.

Para complementar a gestão de conflitos, algumas iniciativas podem ser interessantes, como promover *feedbacks* individuais e em grupos, atividades para estimular o autoconhecimento e a compreensão de emoções e sentimentos, reuniões para diálogos sinceros individuais ou em grupo livres de julgamentos e retaliações e apoio de um profissional de saúde mental quando necessário.

Os resultados do estudo de Skogstad *et al.* (2007) indicam que a forma de liderança *laissez-faire* pode ser mais prejudicial e improdutiva que zero liderança (ausência total de liderança), influenciando nas experiências de papéis dos liderados e trazendo altos níveis de estresse, tensão e conflitos interpessoais.

Os autores reiteram que é necessário que as empresas e organizações não foquem apenas na prevenção de formas de liderança abusivas e agressivas, mas também em ações para evitar o estilo de liderança negligenciada e amenizar os seus efeitos quando esta ocorrer.

Dessa forma, é importante para os líderes atentarem para esses aspectos e a organização como um todo estabelecer mecanismos que impeçam ou detectem casos similares, criando um ambiente livre de distorções em suas lideranças.

31. Positividade tóxica

Júnior Rodrigues
Marcelle Cury
Aline de Queiroz Assunção

Ser positivo é algo bom? Mas e se for ao extremo, a ponto de o líder agir fora da realidade? Neste capítulo, falamos sobre os riscos que uma positividade excessiva pode trazer para o time.

"Vamos tentar ver o lado bom?"
"Pelo menos temos isso e aquilo de bom..."
"Tente ver o copo meio cheio, e não meio vazio..."
"Sempre pode piorar, vamos ser gratos..."
"Seja mais positivo!"

Entre equipes é comum e desejável tentar sempre construir um ambiente de positividade, e os líderes, muitas vezes, sentem-se ainda mais responsáveis pela visão otimista dos colaboradores.

Há uma compreensão de que a capacidade de inovar e de encontrar soluções e oportunidades está ligada a uma visão esperançosa, auspiciosa e fundamentalmente boa das circunstâncias à nossa volta.

Quem nunca escutou umas das frases anteriores em uma reunião, ou ao contar para amigos uma situação vivida?

São gatilhos assim que causam a sensação de que não se deve sentir tanto! Ou que basta seguir o conselho de Paulo Vanzolini na canção ("levanta, sacode a poeira e dá a volta por cima") que tudo se supera, se transforma e podemos seguir adiante. Ser otimista é isso? Abandonar ou atropelar os sentimentos que atravessam o nosso caminho?

Precisamos, portanto, entender até onde vai a psicologia positiva e onde começa a positividade tóxica!

Martin Seligman popularizou a psicologia positiva ao defender que a psicologia precisava estudar o que torna alguém feliz e desenvolver análises cientificamente parametrizadas a partir de pesquisas e experimentos críveis.

Ele acreditava que nós aprendemos a ser pessimistas a partir das vivências que temos; sendo assim, também podemos aprender a ser otimistas, e nossos pensamentos podem ter qualidades positivas e negativas (SELIGMAN *et al.*, 2007).

A positividade tóxica nasce da crença de que o sucesso ou o fracasso advém das escolhas de cada um. Tal compreensão é falha porque há vários fatores determinantes – até mesmo o entendimento do que é sucesso ou fracasso difere entre pessoas e culturas.

Correlacionar sucesso e felicidade é matéria-prima de muitos livros, filmes e músicas e alimenta o subconsciente coletivo há muito tempo. Não se trata de uma novidade. Entretanto, com a popularização das redes sociais, ficou mais evidente.

O ato de negar sentimentos verdadeiros ou ignorar e assumir uma postura de otimismo acima de tudo provoca exaustão. Para evitar ou sufocar o negativismo gera-se mais sofrimento, por causa da sobrecarga emocional e intelectual de manter uma máscara social, além de comprometer a capacidade de resiliência, uma vez que, ao não enfrentar e refletir sobre nossos sentimentos, não nos preparamos para situações adversas, tampouco somos capazes de nos adaptar e aprender (FELLIPELLI, 2021).

Por que não devemos ignorar nossos sentimentos?

Sejam quais forem, os sentimentos são um sinal importante a ser avaliado. É necessário dedicar um pouco de tempo para entender e saber como agir diante deles. Para Sally Baker, "o problema com a positividade tóxica é que ela é uma negação de todos os aspectos emocionais que sentimos diante de qualquer situação que nos represente um desafio" (BLASCO, 2020).

Vasconcellos (2021) explica que as redes sociais popularizaram a ideia de que é possível ter uma vida livre de sofrimentos e falhas, e erros tornaram-se deslizes a serem escondidos para não causar constrangimento. Cria-se a ilusão de que todos lidam melhor com dificuldades do que nós mesmos. Ser apenas bom em algo é insuficiente.

Manter o foco em aspectos e atitudes positivas pode ser terapêutico e construtivo, entretanto, esse comportamento levado ao extremo pode gerar baixa capacidade de confrontar situações negativas (BLASCO, 2020).

Chegou a hora de abraçar os erros e premiar falhas que nos levam cada vez mais para perto do ideal que desejamos. Entender nossos sentimentos, nossa trajetória individual, sem comparações com os outros, e buscar harmonia com nossas características, é o que nos faz diferentes uns dos outros de forma agregadora e positiva.

O ser humano experimenta diariamente sensações transitórias ligadas a situações, ambientes, pessoas e tudo que envolve a vida, sendo assim, sentir-se inadequado ou triste, ter raiva, sentir inveja e tantos outros sentimentos que por convenção cultural são tidos como feios e negativos é algo que não se admite facilmente. É difícil sentir e conversar sobre isso.

O primeiro impulso é perceber-se inferior aos outros, sentir-se fraco. Falar sobre isso traria ainda mais desconforto emocional, então a tendência é negar, reprimir, ignorar e ver se desaparece sozinho.

O que não acontece! O sentimento não desaparece, então precisamos dar tempo para a reflexão e para descobrir como encará-lo. Aceite com sinceridade: está tudo bem sentir seja o que for. Esse já é um bom começo. Em seguida, busque formas de lidar com cada tipo de sensação que advém do que se sente. Nesse ponto, cada pessoa precisa descobrir seus próprios mecanismos, é um caminho muito pessoal.

Para alguns é a meditação, para outros, a terapia. Há os que vão praticar esportes para pensar melhor e há os que experimentam outras práticas, então abra-se para experimentar e descobrir o seu jeito de lidar com você mesmo de forma leve e amorosa.

Por que não devemos ser só positivos?

O excesso de positividade é uma forma míope de ver o mundo. Decidir ser positivo e buscar sempre somente o lado favorável dos acontecimentos, a longo prazo, vai trazer prejuízos cognitivos e uma visão pouco realista sobre os fatos, a partir da sobrevalorização do que é bom e do menosprezo dos riscos e custos envolvidos em cada ação (VASCONCELLOS, 2021).

Viver a positividade saudável é reconhecer as emoções e características complexas de pessoas e situações, porque nada e ninguém é só bom ou só ruim. Há vários ângulos a serem observados e que podem ser igualmente importantes para gerar soluções para si mesmo ou seu negócio.

Sentimentos confusos e ambíguos podem surgir e ressignificar experiências negativas de forma a gerar aprendizado e resiliência, uma habilidade imprescindível atualmente. Melhorar a partir dos desafios, e não piorar com eles, é mandatório para o sucesso – o tipo de sucesso que traz consigo a felicidade da evolução, de se sentir muito mais capaz hoje do que era ontem.

Como ser um líder positivo na medida certa

Ser líder tem a ver com a compreensão das emoções das pessoas e saber lidar com altos e baixos emocionais (CHOLEWA, 2020). Entretanto, é essencial obedecer àquele bom e velho conselho dos comissários de bordo: em caso de despressurização, coloque a máscara em você primeiro.

O líder deve estar bem para ouvir sua equipe e ajudar dentro do que for possível! Na maior parte das vezes, basta a escuta ativa. Podemos dizer que a escuta ativa acontece quando uma pessoa fala e a outra ouve, interpretando e compreendendo o que está sendo dito (ROGERS; FARSON, 1979, p. 168-180).

É importante reforçar que a comunicação efetiva não se dá somente em uma via, a da fala, mas principalmente pela capacidade de ouvir o outro. Um líder que ouve seus colaboradores conhece melhor as suas necessidades e é capaz de tratar cada um de acordo.

Ao ouvir e compreender as pessoas, o líder será mais eficaz em identificar a dose correta de positividade, sabendo transmitir claramente isso para os indivíduos ao seu redor, ou quando será melhor dar um apoio necessário para encarar o cenário realista ou até pessimista.

Entretanto, vale a pena lembrar de que acolher as emoções das outras pessoas é essencial, mesmo que não pareça fazer sentido. Todos somos diferentes e quando não validamos os sentimentos dos outros acabamos por incentivar relações vazias, superficialidades e mentiras.

Seja real e sincero com sua equipe. Mostre-se humano, falível e lidere com gentileza, com atitudes firmes e coerentes.

32. Consequências da liderança por semelhança

Eduardo Endo

Na dúvida, sempre escolha o diferente...

Convidamos você para iniciar essa jornada com uma breve reflexão...

Enfim chega aquele momento da vida onde vamos realizar o famoso sonho da casa própria. Após uma vasta pesquisa – que inclui preço, localização e lista de desejos – você finalmente encontra o apartamento ideal.

No dia da visita, ao chegar no prédio junto com o corretor, ele entra no elevador e aperta o botão "13". Se alguma sensação tomou seu coração, você deve ter crescido no Brasil! Afinal, aqui existe a crença de que 13 é um número que traz má sorte.

Se você estivesse no Japão, talvez o andar no qual você se recusasse a morar fosse o quarto, já que na cultura japonesa o número 4 está ligado à morte, e normalmente tudo que está ligado a esse número é tratado com certo desconforto.

Mas aonde queremos chegar com tudo isso? Simplesmente afirmar que somos elementos construídos a partir de tudo que vivemos. O ambiente nos molda ao longo de toda a nossa vida, seja por nossas crenças, experiências, cultura, família e finalmente nossa personalidade.

Esse caldeirão complexo é a mágica que torna bela a individualidade do ser humano. Por outro lado, essa mecânica nos engana a todo momento, em nossa vida pessoal ou profissional.

Aqui vale uma reflexão: será que estamos liderando como no exemplo? Apenas deixando de comprar um excelente apartamento porque ele fica no décimo terceiro andar?

Como provocamos anteriormente, somos seres moldados constantemente pelo ambiente externo ao longo de toda a nossa vida, mas infelizmente o desafio não fica só nisso. Para tentar explicar um pouco mais sobre o assunto, gostaríamos de propor um exercício: pegue uma caneta e um papel, ou mesmo mentalmente, e muito rapidamente, sem pensar, desenhe um ícone de um telefone. O que você desenhou?

Gostamos muito de fazer esse experimento e podemos dizer que normalmente 90% das pessoas fazem um desenho de um telefone de gancho. Porém, quanto tempo faz que você não toca em um telefone de gancho?

Hoje você fica o tempo todo com o telefone celular na mão, que tem um formato totalmente diferente de um telefone de gancho. Mas por que, ao ser pressionado, você desenha um telefone de gancho, algo que nem mais faz parte da nossa realidade?

Pode parecer bobo, mas vamos nos aprofundar nisso.... nosso cérebro, apesar de representar 2% de toda a massa do nosso corpo, consome 30% de toda a nossa energia diária.

Por conta disso, nosso cérebro tem um jeito de otimizar seu método de funcionamento, buscando sempre o caminho mais curto e rápido e, principalmente, que exija o menor gasto energético.

Você pode estar se perguntando então: isso é bom? A princípio sim, mas muitas vezes pode nos colocar em ciladas. Em nosso dia a dia como líderes, somos desafiados constantemente a tomar decisões – esta é uma das principais competências de um líder – e naturalmente uma decisão errada pode colocar em risco toda uma estratégia.

Como podemos ver, somos máquinas que tomam decisões rápidas de maneira eficiente, decisões baseadas em um aprendizado passado e que algumas vezes não são objetivas – e, o pior, nem percebemos quando e o quanto estamos errando.

O mais perigoso não é o profissional ruim tomando decisões erradas, e sim aquele que tem certeza de que está tomando decisões corretas sem ao menos desconfiar que não está.

Tomar decisões constantemente faz parte da agenda obrigatória de qualquer líder, e infelizmente, por vezes, essas decisões devem ser tomadas de maneira rápida e pouco pensada.

Considere agora que por trás de todo líder existe um ser humano, com suas crenças e, principalmente, com uma anatomia igual a de qualquer outro – que vive tentando economizar energia do seu cérebro. Será que em situações como essas as melhores decisões estão sendo tomadas? Será que todos os cenários estão sendo vistos?

Aqui chegamos em um divisor de águas, onde separamos os grandes líderes que devem se tornar expoentes em suas cadeiras (e que muitas vezes já servem de inspiração) daqueles outros que apenas ficam na média. Ter empatia e humildade parece óbvio e fácil, mas não é.

Quando o assunto é amor e relacionamento o provérbio que mais se escuta é "os opostos se atraem", mas sabemos que isso não é bem verdade. Platão disse: "a similaridade gera amizade", e Aristóteles escreveu: "alguns a definem como uma questão de semelhança; dizem que amamos aqueles que são como nós".

Nós, seres humanos, de maneira tendenciosa e até inconsciente, acabamos optando por nos relacionar com aqueles que são parecidos conosco, seja por idade, etnia, classe social, aparência, time que torce, enfim, criamos nossas "panelinhas", a famosa homofilia.

Perceba que existem diversos fatores intrínsecos nos seres humanos que favorecem o líder a construir um time que possui as mesmas crenças que ele; um time que pensa igual a ele e que pouco irá questionar suas decisões. O mais perigoso de tudo é que talvez ele nem esteja percebendo que isso esteja ocorrendo.

Ambientes desse tipo são extremamente mais confortáveis. Por mais que a todo instante seja clamada a frase "saia da sua zona de conforto", o líder vive um cotidiano de pressão por resultados constantes – por margem, lucro, vendas, mercado externo, concorrência.

Existem pressões externas suficientes para tirá-lo da zona de conforto. Dessa forma, será que ele quer que o time seja mais um dos elementos que o tirem da zona de conforto?

Certamente a resposta é não. Por outro lado, o papel de um líder é construir equipes de alta performance, que gerem resultados para a empresa. Nesse contexto, será que ter "clones" do líder é a solução?

Se a Apple fosse formada por centenas de pessoas iguais ao Steve Jobs ela com certeza não seria o que a Apple é hoje. O mesmo vale para a Tesla do Elon Musk, ou a Microsoft do Bill Gates.

As empresas são formadas pela diversidade dos seus times e não pela genialidade de um indivíduo. Aqui entra a importância de cada líder: deve ser empático para entender seu time, humilde para reconhecer suas fraquezas e encontrar as peças que faltam do quebra-cabeça.

Estudos recentes mostram que ambientes profissionais com diversidade cognitiva alcançam resultados mais rápidos que outros – importante dizer que a diversidade cognitiva é caracterizada pela existência de pessoas com estilos, personalidades e origens diferentes interagindo entre si em um ambiente que favorece essa cultura de debate rico, vivencial e flexível (HUNT *et al.*, 2018).

Equipes desse tipo tendem a ter opiniões diferentes e devem ser consideradas e valorizadas. Obviamente, deve existir um mediador, uma vez que nem tudo será aproveitado.

Entretanto, elas precisam ser ouvidas e talvez desconstruídas e reconstruídas com outros times, pois precisam se sentir em um ambiente de cocriação que favoreça a pluralidade de opiniões e ideias, tendo em mente sempre os objetivos estratégicos da empresa.

É extremamente importante criar um ambiente onde todos estejam confortáveis para opinar, mas também é importante que saibam que nem tudo que foi dito será utilizado, ou seja, a maturidade deve ser de todos os envolvidos e não somente da liderança. Criar ambientes de cultura colaborativa só é possível com transparência, confiança, engajamento e muito equilíbrio entre todos.

O videoclipe "Another Brick in the Wall", da banda Pink Floyd, faz uma clara crítica à educação britânica rígida que não permitia questionamentos e apenas formava bonecos guiados. Conseguimos observar bonecos caminhando para moedores de carne como se não tivessem opinião ouvida, apenas seguindo ordens de alguém.

Infelizmente ainda é esperado que ao longo da sua jornada profissional você deva observar esse fenômeno dos "clones" acontecendo dentro das empresas. Faço aqui o convite para observar a sua empresa e ver se isso vem acontecendo na equipe do lado ou até mesmo na sua própria equipe.

Será que elas são formadas apenas por pessoas que seguem ordens? Será que elas têm espaço para questionar? São pessoas diferentes umas das outras? E, o principal, são diferentes de você?

Observe se o que você fala como líder sempre prevalece ao final de uma reunião. Se nunca ninguém questiona, sinta pelo olhar das pessoas se elas acreditam no que você está falando ou se estão apenas aceitando o que estão ouvindo.

Talvez seu time não consiga fazer isso e você precise mudá-lo caso tenha alguma oportunidade. Então aproveite, escreva suas características e tente trazer um colaborador oposto a você para ter contrapontos.

Aqui vale a frase de Santo Agostinho: "o reconhecimento da própria ignorância é a primeira prova de inteligência". Então, será que estamos achando que estamos construindo equipes extremamente diversas e diferentes de nós mesmos, mas no fundo temos um time como o do clipe do Pink Floyd?

Ser líder não é fácil. Além de toda a fisiologia que não joga a favor, ainda vivemos um exercício constante de controlar nosso ego e arrogância. O lado doce de ser líder é ter poder e, assim, influenciar na construção da equipe e principalmente na tomada de decisão. Aquilo que o cerca acaba ficando com "a sua cara" – e isso pode ser uma armadilha.

A complexidade e a volatilidade do mercado trouxeram um desafio estratégico nunca antes vivido. Aquilo que definimos como estratégia hoje pode mudar a qualquer momento.

Nesse cenário, as empresas não precisam da visão de um líder, mas de estratégias que têm a pretensão de detectar a maior quantidade de pontos cegos possíveis para ao menos tentar minimizar os riscos desses impactos que todos sabemos que fazem parte do jogo. E é nesse ponto que entra o X da questão: times diversos comprovadamente conseguem cobrir mais pontos cegos da estratégia.

Não queremos aqui minimizar sua trajetória. Mas entenda que, como foi dito anteriormente, o que você é hoje é a junção de crenças, conhecimentos e experiências. A beleza está na matemática das milhares de combinações possíveis quando juntamos diversas pessoas com todos esses pilares diferentes tentando solucionar um propósito comum: a probabilidade da criação de uma estratégia com menos pontos cegos é infinitamente maior com o mapeamento de várias opiniões diferentes – e isso não é percepção, é matemática pura!

> *A ignorância gera mais frequentemente confiança do que conhecimento. (Charles Darwin)*

A provocação desta frase de Darwin nos leva a mais uma reflexão: você tem uma equipe "Ctrl-C/Ctrl-V" ou realmente diversa? Detectar isso não é fácil. Seguem algumas dicas:

1. Crie uma grande lista de competências importantes que entende que deveriam existir dentro de sua equipe (para facilitar a escolha, faça uma lista sempre com a opção da competência oposta). Seguem alguns exemplos para ilustrar:
   - ✓ Pensativo – Impulsivo
   - ✓ Extrovertido – Introspectivo
   - ✓ Empoderador – Centralizador
   - ✓ Empático – Antipático
   - ✓ Organizado – Desorganizado
   - ✓ Trabalho em equipe – Trabalho individual
   - ✓ Inovador – Conservador
2. Escolha três competências marcantes que mais representam você, líder, e peça para sua equipe fazer o mesmo. Adicionalmente, solicite que cada membro selecione apenas uma competência que melhor represente você como líder. Essa segunda visão é importante para você detectar como a sua equipe o enxerga (lembre-se da frase de Darwin).
3. Cruze essas informações e terá um panorama inicial de como está o cenário da sua equipe. Muitas pessoas com características parecidas com as suas levantam um alerta para um time com pouca diversidade de competências – o que ainda não é conclusivo, mas um primeiro sinal de alerta.

Uma diferença muito grande entre como seus liderados enxergam sua liderança e como você se analisa também é um sinal de alerta.

Analisar apenas o resultado pode não ser suficiente. Afinal, estamos falando de organização, cultura e percepções de pessoas, o que pode ser bastante complexo para ser analisado apenas com um teste. Portanto, vale também a observação e, principalmente, a humildade de reconhecer certos sinais importantes. Alguns podem ser:

1. Sua equipe questiona suas decisões? Quando foi a última vez que questionaram?
2. Todos, ou muitos, têm abertura para dar sua opinião? Ela é ouvida de maneira genuína?
3. Quando foi a última vez que a direção seguida foi bem diferente daquela que você, líder, propôs?
4. Observando de fora, as propostas trazidas surpreendem pelo teor diferente? Ou são sempre "mais do mesmo" para você?

O ser humano em sua essência foi criado para ser desadaptado a qualquer habitat e situação e, como parte da sua evolução, esse foi um dos fatores que o fez sobressair perante todas as espécies. Afinal, qualquer lugar pode ser o seu lugar.

É natural que o time se adapte ao líder, seu jeito, seus modos, seus pensamentos, ou seja, o líder, talvez de maneira inconsciente, monte equipes parecidas com ele, e mesmo aqueles que porventura não sejam como ele podem se condicionar e começar a ter as mesmas atitudes.

É, fardo pesado esse do líder... mas, sim, é papel dele quebrar esse ciclo. Por onde é possível começar? Simples: se naturalmente o ser humano ao longo do tempo tende a copiar o outro, mude constantemente, assim será muito mais difícil ser copiado. Provoque questionamentos, mude seus hábitos, surpreenda, saia do normal, assim você deixará de ser um "espelho" e forçadamente vai instigá-los a mostrar suas crenças, a essência de cada um.

Se você não gosta da visão romântica de que isso é para o bem-estar das pessoas, pense que irá criar uma equipe mais forte, que enxerga os pontos cegos e por consequência tem um resultado de alta performance que fará muito bem para a empresa, mas principalmente para você se tornar um líder exponencial!

Todo líder é cobrado diariamente por tomar decisões corretas no tempo correto – e, como vimos, o nível de sucesso ou fracasso depende de diversos fatores diretamente ou indiretamente ligados às ações do líder.

Estruturar um time diverso e de alta performance com resultados exponenciais não é fácil, mas em minha visão é a experiência que faz a diferença nesse momento: ter humildade para rever seus erros, observar comportamentos estranhos, sentir "algo no ar", ter pulso para mudar... tudo isso só vem com experiência.

É comum ouvirmos "ele é muito velho para o cargo", ou "eles acham que sou velho, mas eu tenho muito mais experiência que aquele garoto de 30 e poucos anos". Nenhuma das duas frases estão verdadeiramente corretas: experiência não tem a ver somente com idade e sim com vivência, com ter vivido bem cada segundo e principalmente aprendido em cada momento.

Talvez o garoto de 30 e poucos anos tenha tido menos tempo de vida até aqui, mas tenha passado cada minuto do seu tempo tentando, errando, acertando, observando, corrigindo, aprendendo, desaprendendo e aprendendo de novo, enquanto o outro com muito mais anos de idade tenha ficado apenas "ganhando quilometragem".

Experiência é adquirida com tempo, mas tempo bom e útil, com aprendizado a cada minuto da jornada da vida; afinal, só sobrevivemos como líderes porque nos tornamos mais experientes.

Eu ouço e eu esqueço. Eu vejo e eu lembro. Eu faço e eu entendo. (Confúcio)

33. *Case* Nexa Resources – Uma liderança criativa e de impacto em construção

Camila Berteli Macedo

Nosso mundo está mudando rapidamente, trazendo consigo grandes oportunidades. Para construir um jeito de fazer diferente neste cenário, a Nexa Resources iniciou uma transformação da qual a liderança foi o pilar central. A liderança determina, em grande medida, a cultura e os resultados organizacionais. O engajamento dos times evolui e organizações e clientes prosperam com líderes que se tornam mais criativos e eficientes.

Para construir e liderar uma organização competitiva em um cenário tão complexo de mundo como o que estamos vivendo, é importante ter lideranças que desenvolvam novas mentalidades e capacidades para transformar a si mesmos, suas equipes e a organização.

Segundo estudo da Gallup (ROBISON, 2020), os líderes atuais nas organizações ainda estão completamente diferentes dos necessários para levar as empresas a um novo modelo de atuação. Foram analisadas mais de 49.495 unidades de negócios com 1,2 milhão de funcionários em 22 organizações em sete setores e 45 países. Em resumo, eles não são líderes inspiradores, pois mandar é o mínimo que fazem.

O modelo de liderança tradicional segue um estilo dominante, que trouxe bons resultados ao longo do tempo, principalmente em ambientes estáveis e muito conhecidos. Um modelo de liderança tradicional se baseia na ideia de um sistema relacional como uma máquina, com uma hierarquia estrutural estática, em silos, que opera por meio de planejamento e controle linear para executar determinados desafios e tarefas dos negócios (ROBISON, 2020).

Há inúmeras teorias sobre modelos de liderança, e muitas delas coexistem dentro das organizações, mas quanto mais a organização busca se diferenciar, se modernizar e criar modelos de atuação ágeis, mais ficam evidentes as divergências entre os modelos tradicionais de liderança e os modelos mais modernos.

Hoje, o cenário exige uma transformação urgente. As empresas que fazem a transição com sucesso para estilos de lideranças mais abertos e menos hierárquicos estão alcançando melhorias substanciais de desempenho e engajamento dos funcionários, além de saúde organizacional: maior crescimento, lucratividade e satisfação do cliente (ROBISON, 2020).

É nesse cenário de transformação da liderança e dos negócios que a Nexa Resources iniciou em 2018 um trabalho de transformação da sua cultura com focos estratégicos de mudança de comportamentos e performance. O objetivo da transformação da Nexa foi impulsionar dentro da empresa um jeito diferente de pensar, agir e fazer. O objetivo: sustentar a sua estratégia de melhoria de performance e manutenção da competitividade.

A Nexa Resources é uma das maiores mineradoras de zinco do mundo, além de produzir cobre e chumbo. Atua há mais de 60 anos nos segmentos de mineração e metalurgia, com operações localizadas no Brasil e no Peru e escritórios em Luxemburgo e Estados Unidos, fornecendo seus produtos para todos os continentes do mundo.

Seus colaboradores atuam, todos os dias, focados na construção da mineração do futuro, para esta ser cada vez mais sustentável, inovadora e com as melhores práticas de segurança e respeito às pessoas e ao meio ambiente. Desde 2017, suas ações são negociadas nas bolsas de valores de Nova York e Toronto, sendo seu acionista majoritário a Votorantim S.A. (NEXA, s.d.).

Segundo Gallup (ROBISON, 2020), as organizações que buscam ser competitivas querem ser vistas como sistemas vivos, que evoluem para prosperar em um ambiente imprevisível e em rápida mudança. Essas organizações são estáveis e dinâmicas.

Elas se concentram nos clientes, se adaptam com fluidez às mudanças ambientais e são abertas, inclusivas e não hierárquicas; elas evoluem continuamente e envolvem a incerteza e a ambiguidade. Essas organizações estão muito mais bem equipadas do que as tradicionais para o futuro.

A Nexa Resources buscava esse modelo mais fluido, e para embasar o programa de transformação foi realizada uma pesquisa de saúde organizacional, que mediu a satisfação e a motivação dos colaboradores e verificou o alinhamento com as melhores práticas de mercado. Um dos eixos críticos identificados nessa pesquisa foi o de liderança. A liderança era vista pelos colaboradores como autoritária, que tomava decisões individuais, desconsiderando a opinião dos liderados.

Segundo Chiavenato (2005), o líder autoritário se assemelha ao que era conhecido como "chefe", aquele que determina ideias e o que será feito pelo grupo, e isso implica na obediência por parte do grupo, sem questionamentos. Esse tipo de líder é dominador e pessoal nos elogios e nas críticas ao trabalho de cada membro do time.

O líder autoritário pode ter um comportamento diretivo e soberano, que comanda o grupo com uma visão limitada ou individualista. Como consequência desse tipo de liderança, é possível observar que o grupo reage de modo hostil e orientado pelo medo (CHIAVENATO, 2005).

Para definir o que esse estilo de liderança significava na organização, foram realizados estudos de semiótica, ou seja, a construção coletiva do significado desse comportamento e como ele se manifestava na liderança, mas também seu impacto em toda a cultura.

Foram mapeados 10 comportamentos que a empresa gostaria de deixar de praticar e foi feita a construção de quais seriam os comportamentos ideais nesse processo de transformação. A liderança apoiou esse processo de construção, assim como outros colaboradores, para que fosse possível extrair uma visão sistêmica.

A definição dos comportamentos foi uma etapa importante, mas também desafiadora. A partir do momento em que se determina o que é ou não um comportamento aceito dentro da organização, há uma cobrança, principalmente da liderança.

Após a definição dos comportamentos, um processo de desenvolvimento da liderança também foi realizado, não apenas com treinamentos formais, mas com intervenções, rodas de conversas e envio de materiais de apoio.

Segundo Rigby, Elk e Berez (2020), é importante que a liderança esteja envolvida completamente nas transformações e as lidere. Pesquisas recentes confirmam que a liderança molda a cultura e são as maiores barreiras ou facilitadores de transformações de sucesso.

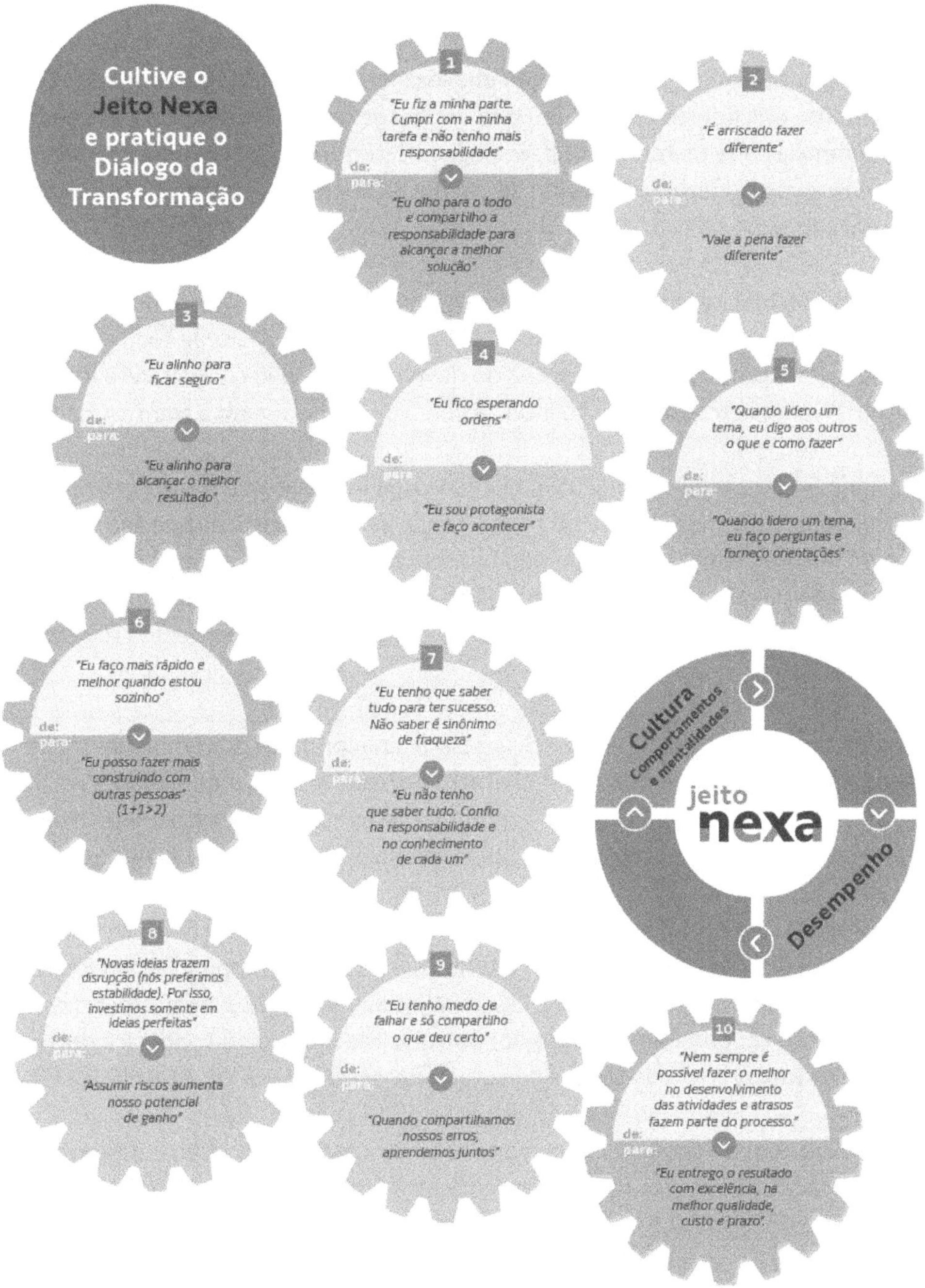

Figura 33.1. Comportamentos Nexa Resources.
Fonte: Nexa (s.d.).

O processo de transformação da liderança

O time de trabalho da transformação da Nexa Resources refletiu sobre esse desenvolvimento dos líderes e entendeu que era necessário começar transcendendo as competências que os tornaram bem-sucedidos no passado. Foi importante compreender que os líderes precisavam de um novo conjunto de recursos para atuar em um novo modelo.

Primeiro, eles precisavam desenvolver novas mentalidades e comportamentos pessoais para só assim ser possível transformar suas equipes e a cultura de toda a empresa. Mudar essa mentalidade ou ajustá-la ao novo contexto não é uma tarefa fácil, mas desenvolver essa transformação interna libera o potencial para a transformação.

Segundo Anderson e Adams (2015), quando visualizamos o que torna um líder eficaz e alinhado com a necessidade do mundo hoje, as características que são reveladas andam de mãos dadas com o que significa ser um ser humano integral e completo. A pessoa que traz algo para o planeta e que contribui de forma eficaz para um mundo diferente carrega em seu âmago a liderança e constrói relacionamentos sólidos e de impacto.

O grande desafio é que as lideranças passam a maior parte do tempo em modelos de comportamento que os autores chamam de "reativos". As mentalidades reativas, ou socializadas, são uma forma de experimentar o mundo de fora para dentro, com base na reação às circunstâncias e a outras pessoas (ANDERSON; ADAMS, 2015).

Os líderes reativos tendem a se identificar com certos pontos fortes que os levaram até as posições de liderança, como resultados passados e comando e controle, com foco nas tarefas a serem realizadas. Esses estilos autolimitantes enfatizam excessivamente o foco em obter a aprovação dos outros, a manutenção do poder e a obtenção de resultados por meio de táticas de autocontrole (ANDERSON; ADAMS, 2015).

O trabalho com a liderança foi um convite para mudar esse padrão e desenvolver a mentalidade criativa, por meio da autenticidade, da paixão e do propósito. Líderes criativos são menos autocentrados e são muito voltados para o desenvolvimento das pessoas e da organização.

São acessíveis e hábeis para trabalhar com pessoas, praticam a escuta, constroem equipes de alto desempenho, orientam e desenvolvem pessoas. Os líderes criativos melhoram os sistemas organizacionais (ANDERSON; ADAMS, 2015).

No *case* Nexa Resources foram determinadas mudanças fundamentais de mentalidade (de reativa para criativa) consideradas críticas para fomentar a cultura de inovação, colaboração e criação de valor para o negócio. Esses aspectos foram reforçados e trabalhados em interações e comunicações ao longo de todo o processo, nos treinamentos e encontros de lideranças, além das práticas de gestão de pessoas:

- ✓ **Aprender a fazer diferente:** uma mentalidade reativa de certeza é jogar para não perder, estar no controle e replicar o passado. Hoje, os líderes precisam mudar para uma mentalidade criativa de descoberta, que é jogar para vencer, buscando pluralidade de pensamento, promovendo colisões criativas, abraçando riscos e experimentando.
- ✓ **Abertura e parceria:** fomentando a colaboração. O design tradicional da organização tende a hierarquias isoladas com base em uma mentalidade reativa de autoridade. A relação entre líderes e equipes é de superior para subordinado. Projetadas para colaboração, o processo de transformação busca criar redes de equipes com mais autonomia. Isso requer uma mentalidade criativa de parceria, de gerenciamento por acordo com base na liberdade, na confiança e na responsabilidade.
- ✓ **Transparência e criação de valor:** em mercados estáveis, há pouca colaboração e um pensamento de legado. Essa abordagem ganha-perde reflete uma mentalidade reativa de escassez, com base na suposição de oportunidades e recursos limitados. Os mercados de hoje, no entanto, evoluem contínua e rapidamente. Para entregar resultados, os líderes devem ver os mercados com uma mentalidade criativa de abundância, que reconhece os recursos ilimitados e o potencial disponível para suas organizações e permite a centralização no cliente e no meio ambiente, o empreendedorismo, a inclusão e a cocriação com parceiros.

Atualmente a mudança ainda está em andamento, e seria ingênuo assumir que todo indivíduo que atua em uma posição formal de liderança na estrutura de uma organização quer realizar uma transformação individual e profunda, que impacte na transformação da organização. Segundo Kellerman (2004), este é um processo longo e de difícil concretização, principalmente quando são solicitadas mudanças em padrões de atuação já consolidados pelo indivíduo, porém necessárias.

Nesse período de transformação foi possível perceber mudanças no estilo de liderança e uma aproximação dos comportamentos esperados. A pesquisa de saúde organizacional também confirma esse avanço no eixo de liderança. Em 2021 a Nexa Resources segue investindo na sua liderança criativa com o objetivo de construir uma empresa inteligente, com coragem e entusiasmo.

PARTE VIII. DESENVOLVENDO HABILIDADES EXPONENCIAIS

34. Inteligência emocional aplicada à autoliderança

Ilma de Fátima Estevam

Como usar a inteligência emocional para a autoliderança e se tornar capaz de liderar os demais.

Educar a mente sem educar o coração não é educação absoluta. (Aristóteles)

Somos mais que nossos conhecimentos técnicos, cargos alcançados e posições sociais conquistadas. Somos seres completos e complexos, bonitos diante de nossas próprias imperfeições. Dotados de incrível capacidade de desenvolvimento, adaptação e aperfeiçoamento, ao mesmo tempo que feitos e guiados por profundas emoções, que influenciam direta ou indiretamente nosso sucesso ou fracasso.

O médico e facilitador sistêmico Décio Fabio de Oliveira Junior disse certa vez: "tudo que há no universo há também dentro de nós, e está tudo certo com isso". Aqui ele se refere a sentimentos que vão da dor ao prazer, do belo ao feio, do amor ao medo, da alegria à tristeza.

Porém, o mais importante não está no que sentimos exatamente, uma vez que podemos sentir tudo, mas, sim, o poder que esses sentimentos podem exercer sobre nós e como estamos lidando com eles (SCHNEIDER, 2015).

Então a pergunta é: qual emoção tem se sobressaído e guiado nossas atitudes e decisões? Esse sempre foi um de nossos maiores desafios: identificar em nós o que exatamente tem nos causado dificuldades, seja no âmbito pessoal, seja no profissional.

Uma coisa é certa: quando nos vemos diante de sucessivas situações indesejáveis, começamos a nos sentir desconfortáveis, e esse desconforto tende a nos fazer parar e refletir sobre como podemos detectar e melhor gerenciar nossas atitudes, de forma a reduzir problemas cotidianos e obter melhores resultados.

E para iniciar esse processo é importante entender como nossas emoções funcionam e como podemos gerenciá-las de forma inteligente e saudável, chegando a um considerável nível de inteligência emocional (IE).

Inteligência emocional (IE)

Ao falarmos sobre inteligência emocional aplicada à autoliderança e liderança de equipes, é necessário antes compreender um pouco o termo em si, e para isso atualmente contamos com diversos estudos sobre o tema, atribuídos a autores como Peter Salovey, John Mayer, Daniel Goleman, Daniel Kahneman, entre outros.

A IE funciona como uma capacidade de se envolver em processos e informações sofisticadas sobre nossas próprias emoções, assim como a emoção de outras pessoas, e, após esse envolvimento, ser capaz de usar essas informações como um guia para melhores pensamentos e comportamentos.

Os autores defendem a ideia de que o indivíduo dotado de alto nível de IE está apto a perceber, usar, entender e gerenciar essas emoções, pois essas habilidades nos servem a funções adaptativas que potencialmente trazem benefícios a nós e aos outros.

Os pilares da IE criados por Salovey e Mayer (1990) foram sendo adaptados e ajustados por outros autores modernos e passaram por uma reformulação em 2016 (MAYER; CARUSO; SALOVEY, 2016). Segue o modelo 2016:

- ✓ **Percebendo a emoção:** identificar a autenticidade de uma expressão; entender o contexto e o conteúdo emocional do ambiente; expressar com precisão as emoções; perceber o estado emocional de alguém através de expressão facial, linguagem corporal e comportamento.
- ✓ **Facilitando o pensamento usando a emoção:** solucionar o problema de forma a facilitar a cognição; aproveitar mudanças de humor para gerar diferentes perspectivas; priorizar o pensamento, direcionando a atenção de acordo com o sentimento presente; gerar emoções como meio de se relacionar com outra pessoa; gerar emoções como um auxílio ao julgamento e à memória.
- ✓ **Compreendendo as emoções:** reconhecer as diferenças culturais na avaliação das emoções; entender como uma pessoa pode se sentir sob certas condições; reconhecer prováveis transições entre emoções; compreender emoções complexas e confusas; diferenciar humor e emoção; avaliar situações que podem

suscitar certas emoções, e consequências destas; rotular as emoções e reconhecer as relações entre elas.

✓ **Gerenciando as emoções:** gerenciar com eficácia as emoções de outros; administrar as próprias emoções; avaliar estratégias para manter, reduzir ou intensificar uma resposta emocional; monitorar as reações emocionais; envolver-se com as emoções se elas forem úteis; estar aberto a sentimentos agradáveis e desagradáveis, conforme necessário, e às informações que eles transmitem.

Ainda sobre o conceito de IE, Daniel Goleman afirma que, embora sejamos, em certo sentido, dotados de dois cérebros, duas mentes e dois tipos diferentes de inteligência, uma racional e outra chamada de emocional, é a faculdade emocional que guia nossas tomadas de decisões.

Para o autor, são nossas emoções que capacitam ou não o nosso pensamento, e são elas ainda que podem em alguns momentos escapar ao nosso controle e correr soltas (GOLEMAN, 1995, p. 23).

Ou seja, embora nossa vida e nosso desempenho sejam determinados pelas duas inteligências, não apenas pelo nosso QI ou inteligência racional, e nosso cérebro pensante desempenhe uma função executiva sobre nossas emoções, na verdade o que conta é nossa IE, isso porque nosso intelecto é incapaz de dar o melhor de si mesmo sem a junção com a IE (GOLEMAN, 1995, p. 23).

Seguindo essa teoria de Goleman, por um lado podemos afirmar que a união e a interseção de ambas as inteligências atuam como um fator determinante para nos tornar capazes de lidar com as adversidades da vida cotidiana.

Por outro lado, ao sermos tomados por nossas emoções, corremos o perigo de perder nossa capacidade de analisar com clareza uma situação. Se não pensamos e não avaliamos com clareza, estamos sujeitos a tomar nossas piores decisões – sem contar que, mais tarde, teremos que lidar com as devidas consequências. Assim sendo, podemos afirmar então que a emoção é mais importante que a razão?

Autoliderança inteligente

> *Observar nossas emoções é tão importante quanto observar nossos pensamentos. Devemos nos habituar a perguntar o que está acontecendo conosco neste exato momento, não apenas analisar, mas observar (TOLLE, 2004, p. 30-31).*

Quando o assunto é relacionamento, todo trabalho de melhoria e mudança começa em nós mesmos. Assim, se desejamos um ambiente organizacional saudável, precisamos primeiro então desenvolver nossa saúde pessoal, e isso depende do desenvolvimento da inteligência emocional de cada indivíduo.

Para iniciar esse trabalho de autoconhecimento, de autoliderança inteligente, não existe uma fórmula mágica, pois para cada pessoa aquele *click* pode surgir de diferentes formas em momentos bastante inesperados. De qualquer forma, perguntemos a nós mesmos: está funcionando? Está dando certo do jeito que estou fazendo?

Algo importante nesse processo de desenvolvimento de autoliderança pode ser observado na afirmação de Goleman em seu livro "Emotional Intelligence" (2012, p. 143-147), onde ele define IE na prática da seguinte forma:

- ✓ Perceber as próprias emoções.
- ✓ Saber manter a calma.
- ✓ Ter controle sobre os impulsos.
- ✓ Desintoxicar os próprios pensamentos.
- ✓ Exercitar a escuta e a fala não defensiva.
- ✓ Procurar praticar, visto que todo conhecimento precisa ser posto em prática para promover mudança real.
- ✓ Pensar e agir de forma inteligente e consciente.
- ✓ Ter habilidade para detectar e gerenciar essas emoções, sem se deixar dominar por elas.

Junto ao conceito de Goleman, podemos incluir outras iniciativas que nos auxiliam nesse processo de desenvolvimento de autoliderança: buscar o autoconhecimento; assumir a responsabilidade por nossos atos; aprender a lidar com *feedbacks* negativos e com nossas próprias falhas; aprender a lidar com o julgamento de outros; analisar nosso próprio nível de satisfação, tanto profissional quanto pessoal.

Quando chegarmos então ao ponto de percebermos nossas próprias emoções, conseguirmos manter a calma diante de situações desafiadoras, exercitarmos nossa escuta ativa e não a defensiva, reconhecermos nossos gatilhos emocionais, entre outros, podemos dizer que iniciamos o processo de autoconhecimento.

Tendo o domínio sobre nossas emoções, vamos perceber que muitas de nossas dificuldades vêm de nós mesmos. Entenderemos que não são as pessoas que nos causam incômodo, mas os sentimentos que carregamos conosco, nosso próprio sistema de crenças e traumas, que, uma vez detectado, permite ser trabalhado de forma eficaz, fazendo com que este atue a nosso favor e não contra.

Felizmente, no processo de autoconhecimento e autoliderança o que não nos faltam nos dias de hoje são oportunidades e variedades:

- ✓ Realizar um curso novo.
- ✓ Assistir a uma palestra.
- ✓ Realizar uma nova formação.
- ✓ Assistir a um filme ou documentário específico.
- ✓ Ler um bom livro sobre um determinado tema.
- ✓ Praticar atividades físicas e esportivas das mais variadas.
- ✓ E por aí segue.

Autoliderança inteligente é algo que todos nós podemos desenvolver, basta estarmos dispostos a isso e priorizar nosso tempo. Como vimos, muitas são as formas de realizar esse processo para atingir maior satisfação e qualidade de vida, independentemente do significado que isso tenha para cada pessoa. Não abordaremos essa questão aqui, porém, certamente um trabalho de autoconhecimento o auxiliará nesse processo de melhoria.

Liderando com inteligência emocional

Sabemos que liderar nunca foi uma tarefa fácil, e se a IE acaba por, de alguma forma, capacitar ou não a atuação da mente racional, como menciona Goleman (1995, p. 23), esta torna-se uma habilidade essencial ao líder que deseja atingir melhor desempenho em uma organização e na vida pessoal.

Adquirir a habilidade de liderar com IE também não é algo fácil, mas possível, e é um processo contínuo, onde se faz necessário manter a mente aberta e se permitir a tal. Uma vez iniciado esse processo, ele nos levará sempre a um melhor patamar de compreensão e administração de nossas emoções e consequentemente de nossas atitudes, resultando em uma liderança saudável e produtiva.

Realizado o trabalho de uma boa autoliderança, o passo seguinte é liderar nossa equipe com elevado nível de IE. Passamos então para a fase de compreensão e desenvolvimento da empatia, como um caminho para elevar nossa IE no ambiente organizacional.

Goleman então nos apresenta à **tríade da empatia**, uma forma de melhorar a compreensão do universo das outras pessoas (GOLEMAN, 2013, p. 115-116):

- ✓ **Cognitiva:** capacidade de compreender a perspectiva da outra pessoa.
- ✓ **Emocional:** a capacidade de sentir o que a outra pessoa sente.
- ✓ **Preocupação empática:** a capacidade de sentir que a outra pessoa precisa de você.

Com o desenvolvimento da empatia citada por Goleman, especialmente no ambiente de trabalho, nos colocando no lugar do outro antes de qualquer crise ou julgamento, compreendendo a perspectiva dessa pessoa, sentindo o que ela sente e reconhecendo quando esta necessita de apoio, estaremos não apenas evitando muitos conflitos, mas também estaremos estabelecendo uma relação de respeito, confiança e ajuda mútua. Certamente o outro passará a olhar para nós de forma mais positiva e menos defensiva também. Lembrando que empatia, assim como IE, é algo que também se desenvolve.

Outra questão importante a ser analisada no processo de desenvolvimento da liderança inteligente diz respeito à atenção e ao foco. Goleman menciona, em seu livro "Foco" (2013, p. 29), quais são os tipos existentes e sua importância no ambiente de trabalho, afirmando que foco e atenção também são meios que auxiliam líderes a obter melhores resultados. Os tipos de foco apresentado pelo autor são:

- ✓ **Foco interno:** aquele que nos põe em sintonia com nossas intuições, nossos valores principais e nossas melhores decisões;
- ✓ **Foco no outro:** aquele que facilita nossas ligações com as pessoas das nossas vidas;
- ✓ **Foco externo:** aquele que nos ajuda a navegar pelo mundo que nos rodeia.

Goleman menciona que um líder fora de sintonia com seu mundo interno está desorientado; um líder cego para o mundo dos outros será um desinformado; e os líderes indiferentes aos sistemas maiores dentro dos quais operam serão pegos de surpresa. Para o autor, líderes que mantêm os três níveis de foco em equilíbrio não só serão beneficiados, como também beneficiarão os outros à sua volta.

De acordo com Goleman, os três tipos de foco nos auxiliam a nos mantermos felizes e produtivos. E afirma ainda que quanto mais poderosa for nossa atenção seletiva, maior será nossa capacidade de nos mantermos absortos naquilo que estamos fazendo (GOLEMAN, 2013, p. 37).

Podemos afirmar então que, à medida que vamos desenvolvendo em nós a habilidade de liderar com elevado nível de IE, nos tornamos capazes de criar ambientes mais saudáveis dentro da organização, contribuindo para o sucesso e o crescimento desta, enquanto vamos lidando de forma mais eficiente com as complexidades do ambiente, hoje carregado de pressão e cobranças.

Sabemos que o líder sozinho não é responsável por toda uma organização ou pelos seus resultados – e nem poderia ser. O líder certamente depende de outros departamentos, da política interna da organização e do próprio engajamento de sua equipe.

Porém, um líder que exerce sua autoliderança, gerenciando suas próprias emoções, que mantém seu foco interno, o foco no outro e o foco no ambiente externo, somado ao uso da empatia, como mencionado por Goleman (2013), encontra menos resistência e mais colaboração dentro de sua equipe.

Embora em muitos momentos possa haver dificuldades e desafios no ambiente de trabalho, algo intrínseco em nossa atualidade, com um bom gerenciamento de suas próprias emoções, o líder saberá conduzir a todos de forma mais produtiva, respeitosa e inteligente.

Outra vantagem de uma liderança com alto nível de IE é reconhecer com mais facilidade as qualidades de cada pessoa dentro de sua equipe e saber utilizá-la melhor, ou seja, colocá-la no lugar certo, de forma a aproveitar melhor a capacidade de cada um, evitando desperdício de talentos dentro da organização.

Esse líder contribui ainda sendo um exemplo para que entre os membros de sua equipe as relações sejam sempre baseadas no respeito mútuo. Equipes cujo líder é dotado de elevada IE tendem a contribuir para um ambiente mais equilibrado e saudável, o que colabora para uma considerável redução de conflitos e estresse.

Goleman cita, sobre liderança inteligente, que o líder com elevado nível de IE oferece vantagem extra no local de trabalho. O autor afirma que muitos indícios atestam que pessoas emocionalmente competentes, que conhecem e lidam bem com os próprios sentimentos, e que consideram os sentimentos de outros, levam vantagem em qualquer campo da vida, seja nas relações amorosas, seja assimilando regras que governam o sucesso na política organizacional.

Para o autor, essas pessoas têm mais probabilidade de se sentirem satisfeitas e serem eficientes em suas vidas, dominando os hábitos mentais que fomentam sua produtividade; diferentemente das que não conseguem exercer controle sobre a vida emocional, que "terminam por travar batalhas internas que sabotam sua capacidade de se concentrar no trabalho e pensar com clareza" (GOLEMAN, 1995, p. 26).

Assim sendo, pode-se afirmar que inteligência emocional é uma característica essencial aos líderes modernos, pois, diante de um mercado exigente e competitivo, onde conhecimento técnico e inteligência emocional têm se mostrado igualmente importantes, vale muito a pena nos lançarmos nessa viagem rumo ao conhecimento de nós mesmos. Algo é certo: tal viagem para dentro de nós é incrível e transformadora, e ainda pode ser bastante divertida. Pense nisso!

35. Construindo uma comunicação hábil

Leonardo Grandinetti Chaves
Bruno Tarsis

Os pilares da comunicação para um bom gestor e estratégias de aplicação.

Habilidades do líder

No contexto da liderança, a clareza e a comunicação são muito importantes (ENDERSBE; THERRIEN; WORTMANN, 2012). Antes que a comunicação aconteça, é importante ter um objetivo, que é expresso como uma mensagem a ser transmitida. O resultado é uma transferência de significado de uma pessoa para outra.

Até essa transferência ocorrer de modo eficaz, o receptor insere filtros de percepção baseados em crenças, valores, julgamentos, emoções, palavras e aspectos da personalidade. O gestor não pode perder esses aspectos do seu radar.

O líder é também um negociador, em sua missão de conciliar interesses diversos dentro e fora do time. A negociação pode ser entendida como um processo de comunicação bilateral, com o objetivo de se chegar a uma decisão conjunta (FISCHER; URY; PATTON, 2005). Muitas vezes a contratação de um produto, bem e/ou serviço necessita de negociação entre projeto e fornecedor. A linguagem na negociação é predominantemente formal e oral.

Através da boa comunicação oral aumenta-se a coordenação administrativa e social, ou seja, torna-se possível a superação de dificuldades, ocasionando, assim, uma certeza maior de boas relações.

Existem aspectos importantes que se referem aos modelos de emissor e receptor, *feedback*, barreiras da comunicação, escolha do meio, comunicação oral *versus* escrita, notas formais ou informais, estilo de escrita, voz ativa e passiva, estrutura das sentenças, técnicas de apresentação, linguagem corporal, apoios visuais, técnicas de gestão de reuniões etc. (PROJECT MANAGEMENT INSTITUTE, 2017).

Não menos importante que a linguagem escrita, a oratória é fundamental para uma comunicação eficaz. A oratória é a arte de falar em público de forma estruturada e organizada, com a intenção de informar e/ou influenciar. A oratória refere-se ao conjunto de regras e técnicas adequadas para produzir e apresentar um discurso (PIMENTEL; SOUZA, s.d.).

Estudos comprovam que a mensagem oral é compreendida da seguinte forma: 7% através das palavras na mensagem; 38% através da tonalidade da voz; 55% através da linguagem não verbal. Portanto, é importante deixar seu corpo falar por você (TRISTÃO, 2018).

No contexto da comunicação oral, não menos importante é o desenvolvimento de habilidades da inteligência emocional (GOLEMAN, 1995). São elas a autoconsciência (ou o impacto que as emoções do gestor podem gerar nos outros), empatia (ou o entendimento dos sentimentos da equipe), autocontrole (ou o controle das emoções e impulsos, adaptando-se às mudanças), aptidões sociais (ou o gerenciamento da equipe) e motivação.

Adicionalmente, a **inteligência moral** é um elemento recente. Trata-se da capacidade mental de determinar como princípios humanos universais devem ser aplicados a objetivos e ações pessoais. Os princípios que norteiam a inteligência moral são a integridade, a responsabilidade, a compaixão e o perdão.

Os princípios menos óbvios compaixão e perdão referem-se respectivamente ao cuidado com os outros, comunicando o nosso respeito por eles, a tolerância em relação aos erros, permitindo o aprendizado da equipe e focando no bem comum (KIEL; LENNICK, 2005).

Habilidades e comunicação no contexto organizacional

No ambiente organizacional, as pessoas trabalham com o conhecimento dos processos nos quais as suas atividades estão inseridas. E sobre os processos, o time muitas vezes precisa saber o porquê, para quem, quais são os impactos, os padrões e a qualidade do processo. Portanto, promover o compartilhamento do conhecimento dos processos, com o uso de uma boa comunicação, se torna fundamental para a organização e para o gestor.

A comunicação é fundamental para o gestor conseguir integrar os processos. Além disso, remete à troca de informações e pode ser pensada como um plano ou organizada segundo métodos e modelos.

Nesse aspecto, pode haver maior controle e formalidade. Devem-se especificar métodos que permitam transmitir a informação sem ruído, de maneira clara, tendo sempre o *feedback* do receptor.

A comunicação frequentemente ocorre frente a frente, entre os integrantes da equipe, com os clientes, gerentes, analistas de negócios etc. que podem ser reunidos em uma única sala ou mesmo ambiente virtual.

Enfatizam-se também as comunicações em tempo real, com *feedback* constante e transparência. Existe a necessidade de maturidade entre os envolvidos, que podem trabalhar de forma colaborativa.

Ressaltam-se as motivações da equipe, as habilidades de liderança e a conjuntura dentro da qual o processo de liderança é exercido. A motivação (alta ou baixa) e a competência (alta ou baixa) devem ser analisadas. A liderança relaciona-se também com o desenvolvimento da equipe, a motivação, a comunicação, a influência, o processo decisório, o conhecimento político e cultural e a negociação.

Preparando o terreno para a comunicação hábil

Cabe ao gestor fazer uma análise dos requisitos de comunicação. Esses requisitos resultam da soma das necessidades de informações da equipe e são definidos combinando o tipo e o formato das informações necessárias com uma análise do valor dessas informações, além da periodicidade.

Existem também elementos importantes que podem influenciar positivamente ou negativamente a comunicação. São eles: (a) identificação do público-alvo; (b) determinação dos objetivos; (c) preparação da mensagem; (d) seleção dos meios e capacitação para o uso desses meios; e (f) avaliação dos resultados.

Ao término de cada comunicação efetuada, é importante avaliar o impacto e os resultados que ela gerou no seu público-alvo, o que resulta em um *feedback* do que pode ser aprimorado, com ajustes e melhorias para as próximas comunicações, considerando os estilos de liderança e as questões organizacionais.

Outra habilidade é conhecer modelos e métodos de comunicação. Um modelo básico demonstra como as informações são enviadas e recebidas entre duas partes definidas como emissor e receptor (codificação, meio, ruído, decodificação, mensagem e *feedback*).

A comunicação pode ser interativa, passiva e ativa. O comunicador e o receptor podem filtrar a informação, ou seja, reduzir seletivamente sua quantidade e qualidade.

Se o receptor utilizar a escuta ativa, estará tentado a questionar por esclarecimentos ou parafrasear as mensagens ambíguas (BARBOSA, 2021). O comunicador deverá solicitar *feedback* para assegurar que a mensagem foi recebida em sua totalidade.

Ainda poderão ocorrer barreiras na comunicação, como: barulho, distância, postura pessimista, hostilidade, descrença, linguagem, cultura etc.

O gestor invariavelmente participa de conflitos. É necessário ter consciência de que os conflitos fazem parte da rotina e encará-los de frente, deixando de lado o conformismo. É entender a necessidade de criar um ambiente de confiança para que os conflitos sejam construtivos e colaborativos.

Torna-se relevante para o líder praticar e desenvolver habilidades da comunicação não violenta. A comunicação não violenta resume-se a um *framework* baseado em quatro pilares: observação (em vez de julgamento), sentimentos (em vez de avaliações), necessidades (em vez de estratégias), pedidos (em vez de ordens) (ROSENBERG, 2006).

Para uma comunicação eficiente, o líder deve se aprofundar no conhecimento sobre gestão de pessoas. Nesse aspecto, avaliam-se os níveis altos e baixos de preocupação com a equipe e com as tarefas.

Algumas análises podem ser feitas nas seguintes situações: baixa preocupação com a equipe + baixa preocupação com as tarefas, baixa preocupação com a equipe + alta preocupação com as tarefas, alta preocupação com a equipe + baixa preocupação com as tarefas e, por último, alta preocupação com a equipe e alta preocupação com as tarefas.

O líder ajuda o time, educa, treina e leva a equipe a ser mais produtiva e a desenvolver produtos de maior qualidade com uma comunicação efetiva e clara.

Cabe ao líder também adquirir conhecimento sobre como desenvolver a motivação. Os fatores básicos para o desenvolvimento da motivação referem-se a um bom ambiente de trabalho, reconhecimento, aprendizado constante e formas saudáveis e produtivas de trabalho em grupo.

Outro aspecto diz respeito à programação neurolinguística, que foca no resultado que se obtém da comunicação e não naquilo que se quis dizer. Sugere-se desenvolver a empatia procurando um terreno comum e incluir também gestos e comunicação corporal.

Recomenda-se definir o que se quer como resultado da comunicação e, através do uso de *feedback*, verificar se a informação não está sendo distorcida, mal-entendida ou filtrada (BANDLER; GRINDER, 1986).

Deve-se evitar o uso de coerção porque pode provocar estresse e impactar na cooperação e no espírito de equipe. Para o gerenciamento da equipe do projeto, o gestor também pode aplicar o seu conhecimento das teorias comportamentais e motivacionais.

Comunicar o enriquecimento de tarefas e/ou analisar sob a ótica da hierarquia das necessidades de Maslow, colocando-se no lugar de cada membro da equipe, é aplicar o conhecimento das teorias clássicas de gestão.

A comunicação pode melhorar também com a empatia. Por definição, empatia é estar totalmente presente com o outro, dominar a escuta ativa e fazer perguntas. A empatia não é concordar com alguém (DIBELLA, 2021).

Adicionalmente, a demonstração de princípios éticos e de integridade pode ajudar a atrair as pessoas porque elas vão achar que podem confiar no líder. E uma das chaves de sucesso para qualquer organização, seja ela qual for, é a confiança.

Conclusões

Ler, escrever, falar e ouvir são tipos básicos de comunicação. Cabe ao gestor observar o tempo que dedica a cada um deles. Recomenda-se primeiro compreender para no segundo momento ser compreendido. Não se adquire treinamento para se escutar.

Em adição, os meios de comunicação e métodos são inúmeros e não é trivial selecionar o modo mais adequado. As habilidades também precisam ser desenvolvidas e fazem parte da trajetória do líder. A sinergia estabelecida por uma comunicação eficiente propicia o desenvolvimento da equipe e dos objetivos da organização.

As organizações exigem habilidades, posturas, técnicas e conhecimentos diversificados; com isso, podem ocorrer choques de opinião, levando a inevitáveis conflitos, os quais, se tratados adequadamente, serão benéficos.

Outro desafio constitui o entendimento da cultura organizacional, dos princípios da empresa, das políticas internas e externas, de crenças e valores, do contexto, do ambiente e, por fim, das teorias comportamentais e motivacionais.

Dessa forma, o gestor precisa se comunicar de maneira eficaz, apoiando a equipe a atingir os seus objetivos e permitindo que a comunicação possa fluir efetivamente dentro de um ambiente colaborativo.

36. *Feedforward*, muito além do *feedback*

Maurício Stelling
Queli Silva
Luana Britto

Como aplicar de forma prática o *feedforward* e levar o líder e sua equipe a um elevado patamar de performance.

Em novembro de 2017, Marshall Goldsmith visitou o Brasil pela primeira vez. O evento em São Paulo contou com mais de 500 participantes ávidos por descobrir por que ele havia sido eleito o maior especialista em liderança da atualidade.

Durante o encontro, Goldsmith explicou como funcionava a sua abordagem de *feedforward.* Para que compreendessem a técnica, propôs um exercício com todas as pessoas presentes. A dinâmica consistia em cada um pedir uma sugestão a outra pessoa presente para resolver um problema pessoal ligado a um comportamento.

Assim, todos formaram duplas e começaram a trocar sugestões. Depois de alguns instantes, aqueles que já haviam terminado levantavam o braço para mostrar que estavam à procura de um novo par para mais uma troca. Após alguns minutos, todos já haviam recebido sugestões de diversas pessoas, o que trazia perspectivas diferentes sobre um mesmo problema.

No palco, atuando como facilitador do que parecia ser uma grande confusão aos olhos de quem só observava, Goldsmith era pura simpatia. Ao final, ele pediu às pessoas que descrevessem em uma palavra como tinha sido a experiência de participar de um *feedforward* em massa. Aos poucos as pessoas começaram a dizer palavras como "dinâmico", "inovador", "criativo"... até que alguém disse "divertido!".

E foi então que Golsdmith perguntou a todos: "quando alguém descreveria uma dinâmica de *feedback* como divertida?". Realmente, os *feedbacks* são momentos importantes, mas dificilmente seriam descritos como divertidos, e assim foi possível para todos entenderem de imediato uma grande diferença entre *feedback* e *feedforward.*

Feedfoward?

Existe muito conteúdo, como artigos, livros e treinamentos, sobre *feedback*, mas de fato não há muito material publicado sobre *feedforward*, o que torna o conceito desconhecido para muitas pessoas.

O termo *feedforward* é, na realidade, bem antigo, porém o modelo de utilização moderno foi aprimorado e popularizado por Marshall Goldsmith, e a melhor forma de entender a diferença entre as duas técnicas depende da compreensão do significado de cada uma.

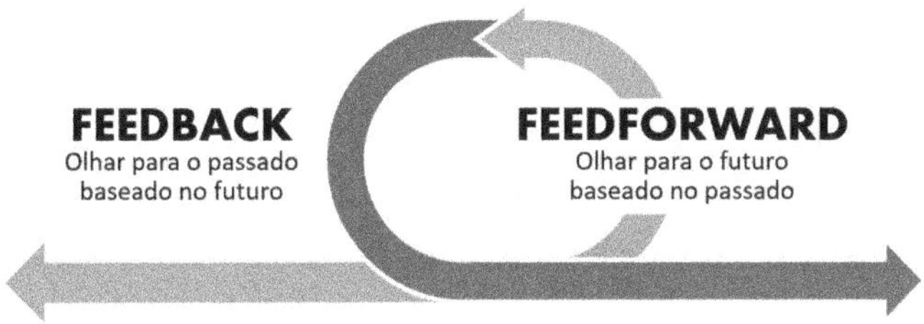

Figura 36.1. ***Feedback* x *feedforward*.**
Fonte: adaptado de Goldsmith (s.d.).

Quando alguém dá um *feedback* a outra pessoa, está apresentando a sua percepção sobre o desempenho dela no passado com base nos seus critérios (ou na sua interpretação dos critérios que devem ser avaliados) – e por esse motivo trata-se de uma avaliação pessoal.

Já o *feedforward* não coloca o foco na avaliação feita, e sim nas sugestões oferecidas a alguém que quer desenvolver alguma competência. Essa pequena diferença que pode passar despercebida é o que torna o *feedforward* mais poderoso para o desenvolvimento pessoal do que o *feedback* (esse conceito pode ser encontrado no livro "What Got You Here Won't Get You There" (GOLDSMITH; REITER, 2007).

O fato de o *feedforward* não colocar o foco na avaliação pessoal cria um ambiente mais leve e positivo. Um dos grandes desafios do *feedback* é que, por ter como um dos objetivos apontar falhas, ele traz junto toda a bagagem emocional do passado.

Ao libertarmos a pessoa de ter que passar por um ciclo do luto ao receber um *feedback*, ela se torna mais engajada em trabalhar na sua mudança comportamental. Como o *feedforward* é focado no futuro, os erros do passado não são evidenciados, conforme apresentado na Figura 36.1.

As pessoas que estão fornecendo *feedforward* devem dar um voto de confiança ao profissional ou ao líder que está recebendo as sugestões, e não mais julgar suas atitudes anteriores.

Outra grande diferença entre *feedback* e *feedforward* está no agente que inicia o processo. É desejável que líderes e profissionais sejam proativos em pedir *feedback*, mas, muitas vezes, por decisão das organizações, o processo é disparado por quem quer DAR o *feedback* e não por quem quer RECEBER. Já no *feedforward*, por se tratar de uma busca voluntária, normalmente quem toma a iniciativa é quem vai RECEBER.

Ao longo deste capítulo será explicado em detalhes como funciona a técnica e como aplicá-la para criar mudanças comportamentais com um método dinâmico, inovador, criativo e... divertido!

Os quatro pilares do *feedforward*

Para um líder que quer se desenvolver, o *feedforward* precisa partir de um ponto inicial e ser relevante para o profissional.

Nesse momento o *feedback* ajuda bastante, pois se por diversas vezes escutou que ele precisa melhorar em alguma área específica (ex.: comunicação, delegação, execução, *follow-up*, gestão de conflitos, alinhamento com áreas parceiras etc.), talvez seja um bom momento para usar o *feedforward* para trabalhar o desenvolvimento dessa área.

A partir do momento em que o líder já tem clareza sobre a área que quer trabalhar e, acima de tudo, reconhece os benefícios que ele e a empresa terão com a sua melhora na área, então é chegado o momento de iniciar o *feedforward*.

As próximas perguntas que o líder precisa responder são: "quem são as pessoas impactadas pelo meu desenvolvimento nessa área? Além delas, quem pode me dar boas sugestões para eu melhorar?". Nesse momento são identificados os *stakeholders*, que são as pessoas a quem o líder deverá pedir o *feedforward*.

Para o líder, é importante que toda a sua equipe faça parte da lista de *stakeholders*, pois a ausência de alguém pode ser interpretada de forma negativa. Não há um número mágico para a quantidade de *stakeholders*, desde que a lista inclua pares, superiores e profissionais de outras áreas que tenham relevância para o profissional.

Um total de entre seis e dez *stakeholders* já irá trazer muito material para o profissional trabalhar, mas nada impede de a lista crescer até atingir 20 pessoas – fica a critério do líder.

A partir do momento em que o líder já tem a área que irá trabalhar e a lista de pessoas a quem ele irá solicitar o *feedforward*, então deve comunicar aos seus *stakeholders* que irá procurá-los para pedir sugestões e instruí-los sobre quatro regras importantes que devem ser respeitadas ao se dar um *feedforward*:

- ✓ **Foco** – Por mais tentador que pareça, é importante que os *stakeholders* concentrem suas sugestões na área que o profissional está trabalhando. É comum que alguns se empolguem com a possibilidade de sugerir mudanças a um colega ou a um chefe e, sem perceber, comecem a dar sugestões que afetam outra área que precisa ser melhorada. Mudança comportamental é algo realmente difícil e é necessário tempo e disciplina para implementar a mudança. Novos hábitos são adquiridos quando o líder pratica comportamentos que estão fora da sua zona de conforto, independentemente se ele tem desejo ou não. O que importa é a execução, porque com ela o hábito começa a se incorporar na rotina – assim como, por exemplo, alguém quer começar a fazer exercícios físicos depois de um longo período sem frequentar a academia. Sem o **foco**, pode até ser que alguma mudança seja percebida em um curto espaço de tempo, mas é grande a chance de o comportamento antigo voltar. Por isso, é importante se concentrar nas sugestões focadas na área que o líder solicitou.
- ✓ **Simples** – As melhores sugestões são sempre aquelas voltadas para mudanças de comportamento no dia a dia. Um líder que tem dificuldade de envolver sua equipe quando toma decisões pode passar a incluir uma simples pergunta durante as reuniões da sua área, como, por exemplo, "agora gostaria de saber a opinião de vocês antes de eu tomar minha decisão". Um líder que tem dificuldade de delegar pode passar a explicar à sua equipe quais são os critérios que ele considera quando decide se uma tarefa pode ser delegada ou não, dando mais transparência sobre as razões que o levam a ser mais centralizador. A sugestão não deve depender da criação de um projeto ou se tornar um conjunto de atividades que irão tomar boa parte do tempo do líder. Quando os *stakeholders* foram escolhidos, o líder levou em consideração o quanto cada um deles o conhece bem ou o quanto eles são impactados pela área que decidiu desenvolver, justamente porque esses *stakeholders* sabem quais são os gatilhos que disparam o comportamento inadequado do líder e o que ele deveria fazer diferente. Sugestões desse tipo costumam ser simples, o que não

significa que sejam fáceis, pois implicam em uma reação que não faz parte do comportamento natural do líder.

✓ **Positivo** – O principal pacto que deve ser firmado entre o líder que está pedindo o *feedforward* e seus *stakeholders* é que os comportamentos do passado que evidenciam a área a ser desenvolvida não devem ser mencionados. Imagine a seguinte cena:

> *Um belo dia você vai almoçar em seu restaurante favorito quando é surpreendido com um prato com a comida estragada. Decepcionado com o fato, promete nunca mais voltar ao restaurante, mesmo tendo frequentado ele por anos. A sua sensação é que o maitre "perdeu a mão". Após alguns meses você passa em frente ao restaurante e vê uma placa escrito "Sob Nova Direção". Curioso para saber se o antigo padrão de qualidade voltou à cozinha, resolve dar uma segunda chance e entra para almoçar. (palestra de Marshall Goldsmith)*

Assim como na história anterior, devemos imaginar que estamos colocando uma placa "Sob Nova Direção" no profissional que está pedindo o *feedforward*. É importante que todos os *stakeholders* realmente acreditem que o profissional é capaz de melhorar com o apoio deles, e, por isso, todas as sugestões devem ser positivas. O passado negativo deve ser esquecido.

✓ **Futuro** – A prática do *feedforward* tem como objetivo criar mudanças comportamentais – e, por isso, todas as sugestões devem estar concentradas no futuro de curto prazo. Como boa prática, as sugestões devem estar focadas em ações ou mudanças de comportamento para os próximos trinta dias. Ciclos de quatro semanas (ou um pouco mais) são mais do que suficientes para o líder demonstrar que está praticando novos comportamentos conforme as sugestões que recebeu dos seus *stakeholders*. Se o ciclo for mais longo do que um mês, o líder pode começar a perder o interesse e acabar esquecendo o seu compromisso de mudança.

Como utilizar o *feedforward* para o desenvolvimento pessoal

Após ter definido a área em que irá focar para se desenvolver, o líder deve pegar a lista de *stakeholders* selecionados e convidá-los formalmente para serem seus apoiadores no processo de desenvolvimento. Este passo é importante, porque ninguém deve ser obrigado a ser um *stakeholder* ou oferecer *feedforward*.

Lembre-se de que os *stakeholders* devem acreditar que o líder é capaz de se desenvolver e desejar fazer parte do processo. Esse convite pode ser feito pessoalmente (remotamente ou não) ou por mensagem e deve conter os seguintes elementos:

1. Explicar o papel do *stakeholder* como apoiador do desenvolvimento do líder, informando que isso não tomará mais do que 10 minutos por mês.
2. Informar em qual área irá focar para se desenvolver e como chegou até ela, lembrando que todas as sugestões devem ser concentradas nessa área.
3. Ressaltar que a escolha do *stakeholder* foi ancorada na crença de que ele seria capaz de dar um *feedback* honesto e apoiá-lo no seu desenvolvimento.

Com todos os *stakeholders* confirmados, o líder deve iniciar o primeiro ciclo procurando individualmente cada um deles e fazer a seguinte pergunta: "gostaria que você me desse duas ou três sugestões para que eu me desenvolvesse em [área a ser desenvolvida] nos próximos 30 dias".

Enquanto o *stakeholder* apresenta as suas sugestões, o líder deve ficar em completo silêncio, anotando tudo, e ao final agradecer dizendo "obrigado". A razão pela qual o líder não deve expressar emoções ou fazer comentários enquanto está recebendo o *feedforward* é que há um risco grande de o *stakeholder* achar que a sua sugestão está sendo julgada.

De fato, é possível que algumas sugestões não façam sentido ou não possam ser aproveitadas em um primeiro momento, mas é muito importante escutar sem julgar, para que o *stakeholder* se sinta engajado com o processo de desenvolvimento do líder.

Após ter recebido sugestões de todos os seus *stakeholders*, o líder deve pensar a respeito de tudo que ouviu e montar um plano de ação com as mudanças comportamentais que passará a praticar nos próximos 30 dias.

Esse plano de ação deve ser comunicado aos seus *stakeholders*, para que eles estejam cientes do seu compromisso de mudança comportamental e possam apoiá-lo a se manter dentro dos seus objetivos.

Ao final dos 30 dias, o líder deve procurar novamente seus *stakeholders* e fazer duas perguntas: "como eu me saí nos últimos 30 dias implementando meu plano de ação para me desenvolver? Com base nesse *feedback* que você acabou de me dar, gostaria que você me desse mais duas ou três sugestões para que eu me desenvolvesse em [área a ser desenvolvida] nos próximos 30 dias".

Assim, o líder inicia um novo ciclo, repetindo o processo do ciclo anterior. O líder pode receber *feedforward* para a mesma área de desenvolvimento por até nove ciclos, sendo recomendado um mínimo de três ciclos. Quanto mais ciclos ele fizer, maiores as chances da mudança comportamental se tornar perene.

A prática do *feedforward* acaba criando um ambiente positivo e de apoio dentro da equipe, e é comum que os próprios *stakeholders* também decidam criar seus próprios processos de *feedforward* para se desenvolverem.

O *feedforward* pode ser praticado individualmente ou em equipe. Na prática "em equipe", todos os *stakeholders* são apoiadores entre si, cada um com uma área individual para desenvolver.

A prática "em equipe", por ser um pouco mais complexa, precisa ser liderada por alguém que não faça parte do grupo de *stakeholders*, para garantir que o método seja implementado corretamente, conforme ocorreu no evento de Marshall Goldsmith.

A prática do *feedforward* vem ajudando líderes bem-sucedidos a se tornarem ainda melhores nas áreas que escolheram desenvolver. Que tal dar o primeiro passo e começar a pensar na área que você precisa desenvolver e praticar o *feedforward*?

37. Mentoria para o desenvolvimento de competências

Andréia Werner
Luana Britto

Como o processo de mentoria pode apoiar o desenvolvimento de um gestor em direção à liderança.

Por mais que se comparem as características de liderança com as características de gestão, percebemos que os processos seletivos externos ou internos para vagas de gestão consideram fortemente a experiência técnica e a especialidade na área de atuação. E quando essa vaga é ocupada, naturalmente há uma expectativa de que a pessoa tenha um desempenho comportamental e um perfil reconhecido de liderança.

Da mesma forma, as organizações passam por necessidade de mudanças importantes e urgentes, que exigem dos gestores a habilidade da liderança para conduzir de forma mais rápida e objetiva a sua equipe no caminho da visão da mudança.

É preciso ter uma boa visão de si mesmo para dar início a essa longa e contínua jornada, além de entender quais são os princípios que o movem, quais valores são a base de uma vida com mais sentido, quais são os aspectos mais fortes da sua personalidade e como adaptá-los em um ambiente onde seja possível fazer o melhor com o que já se tem disponível.

Diante desse cenário, adiciona-se a avaliação dos aspectos comportamentais que devem ser desenvolvidos para obter melhores resultados para si e para os outros, de forma que seja uma mudança positiva e agregadora para todos.

Ainda sobre o autoconhecimento, é fundamental avaliar se o objetivo do desenvolvimento faz sentido naquele ambiente organizacional ou, ainda, se o desafio é mudar o ambiente. Nesse caso, é preciso ter consciência da complexidade e estar preparado, adicionando aspectos de resiliência, antifragilidade e persistência, para alcançar o objetivo.

Essa análise é importantíssima para não gastar tempo e esforço no desenvolvimento de uma competência comportamental que não reflita a crença do gestor. Renunciar à sua identidade para se adequar a uma cultura organizacional que não lhe agrega valor não será a melhor estratégia e poderá trazer prejuízos emocionais a médio e longo prazo.

O modelo ADKAR® (HIATT, 2006) apresenta cinco elementos para a mudança individual a partir da seguinte sigla:

- ✓ ***Awareness***: consciência da necessidade da mudança.
- ✓ ***Desire***: desejo de participar e apoiar a mudança.
- ✓ ***Knowledge***: conhecimento sobre como mudar.
- ✓ ***Ability***: habilidade para implementar comportamentos necessários.
- ✓ ***Reinforcement***: Reforço para sustentar a mudança.

A autoconsciência e o desejo são muito pessoais. Há ferramentas para mapear os traços de personalidade dominantes, facilitando uma primeira leitura a partir do entendimento de como a pessoa se enxerga e como ela acredita que outras pessoas a enxergam. Essas ferramentas devem ser aplicadas, validadas e os resultados analisados por profissionais qualificados e credenciados para tal.

O processo de mentoria poderá facilitar a mudança individual a partir de um programa estruturado, apoiado em metodologia e conduzido por profissionais com conhecimento e capacidade para esse fim.

Mentoria é uma tradução da palavra inglesa *mentoring*, que significa orientação, aconselhamento. Atualmente há discussão, por exemplo, sobre a diferença entre um *coach* e um mentor. Segundo o site do Instituto Brasileiro de *Coaching* (MARQUES, 2020), o *coach* pode ser assim definido:

> *(...) estamos falando de uma pessoa preparada para fazer perguntas, questionamentos e provocações a seu coachee, com o objetivo de que ele mesmo enxergue em si o potencial para solucionar seus problemas e conseguir, finalmente, alcançar os objetivos e sonhos que almeja.*

Já mentor pode ser definido da seguinte forma:

> *O mentor deve ser uma pessoa que possui senioridade, ou seja, um grau de experiência que lhe permite ter um bom discernimento sobre determinado assunto.*

> *(...) é um especialista em uma área de atuação, em um conjunto de disciplinas e saberes teóricos ou empíricos (RONSONI; GUARESCHI, 2018, p. 26).*

Adicionalmente, o mentor deve estar alinhado com o posicionamento estratégico da empresa e conhecer os meandros da cultura organizacional, a fim de adequar a sua abordagem. O mentorado, por sua vez, terá que apresentar disposição para a mudança, ser comprometido e estar genuinamente interessado em aprender.

No contexto organizacional, a mentoria pode ser entendida como:

> *(...) a mentoria organizacional interna, que é o processo de mentoria utilizado pelas organizações, públicas ou privadas, de qualquer porte (embora seja mais comum em médias e grandes empresas). Esse tipo de mentoria visa o desenvolvimento de líderes e colaboradores com o intuito de preparar, reter e aproveitar melhor os talentos, formando novos líderes, aumentando a integração entre as áreas e fazendo a gestão do conhecimento, principalmente a do conhecimento tácito e empírico, em poder dos mais seniores (RONSONI; GUARESCHI, 2018).*

Nem todas as empresas possuem processos formais de mentoria – nesses casos, a iniciativa de um gestor poderá sensibilizar a área de desenvolvimento de gestão de pessoas a estruturá-lo, afinal o resultado não é apenas atribuído ao mentorado, mas aspectos importantes como o reconhecimento podem motivar os mentores a participarem dessa missão.

A empresa ganha ao dar mais recursos aos seus gestores, percebendo equipes mais engajadas, entregas de maior valor, redução de conflitos, menos rotatividade de pessoal, entre outros benefícios.

Mentor e mentorado precisam ter um objetivo único, e esse alinhamento é fundamental para alcançar o melhor resultado. Como exemplo, o mentorado pode manifestar o desejo da autopromoção, que poderá desviar sua atenção do propósito do desenvolvimento, por isso o plano precisará partir de uma conversa transparente e objetiva a fim de estabelecer o "combinado" entre as partes, facilitar o entendimento do que é objeto de mentoria e do que não é.

Se o mentor perceber que há uma necessidade preeminente de o mentorado desenvolver o seu autoconhecimento, poderá indicar o tratamento com profissional competente na área da psicoterapia, pois, se prosseguir com essa demanda, não obterá sucesso.

> *Na prática, o mentor necessita levar em consideração o perfil do gestor do mentorado, as características de cada um dos membros da sua equipe, o clima e a cultura da organização, as peculiaridades da sua área, o momento pelo qual a organização está passando, as prioridades estratégicas atuais, as principais dificuldades do momento, as redes de relacionamento, entre outros fatores do ambiente que podem, de alguma forma, interferir favorável ou desfavoravelmente no processo de desenvolvimento do mentorado (RONSONI; GUARESCHI, 2018).*

Figura 37.1. Processo de mentoria.
Fonte: as autoras.

Ao estabelecer os objetivos do processo de mentoria, o plano deve considerar alguns pontos tais como:

- ✓ **Indicadores para a medição do progresso e resultado final:** esses indicadores devem ser definidos no início do programa, para que seja possível oferecer *feedbacks* constantes e "ajustar as velas" no decorrer do processo. É possível atribuir, para cada aspecto comportamental a ser desenvolvido, uma nota inicial e uma nota alvo, levando em consideração a calibragem em relação aos valores pessoais e organizacionais; utilizar os pontos fortes como impulsionadores; e identificar quais pontos de fragilidade podem realmente ser desenvolvidos, para não gerar frustração. Podem ser utilizadas avaliações (autoavaliação, avaliação 360 graus, entre outras) para identificar a evolução a partir do próprio gestor e de seus pares e equipe. Caso seja possível, a empresa poderá buscar no mercado consultorias especializadas para a formação do programa de mentoria, a fim de aportar as melhores práticas e não correr riscos de criar um programa que possa ser descredibilizado ou trazer prejuízos emocionais aos envolvidos.

✓ **Adesão voluntária:** o programa de mentoria deve considerar o voluntariado como premissa tanto para mentores como para mentorados. Nenhuma ação de mudança deveria se basear em decisões impositivas, pois seria criado de imediato um comportamento de resistência, levando a iniciativa ao fracasso.

✓ **Ambiente:** um ambiente dotado de segurança psicológica precisa ser oferecido ao mentorado, para que este se sinta à vontade para expor suas fragilidades, uma vez que é um ambiente de aprendizagem, em especial no desenvolvimento de aspectos comportamentais de liderança. O contrato de ética e conduta contribui para a formação de uma relação de confiança, primando pela confidencialidade e pelo profissionalismo entre os envolvidos. Os aspectos físicos do ambiente são bastante relevantes: disponibilizar um espaço bem iluminado, temperatura adequada e livre de ruídos para oferecer bem-estar aos mentores e mentorados.

✓ **Comunicação:** a troca de mensagens por correio eletrônico ou aplicativos deve ser um recurso utilizado somente para envio de documentos ou materiais complementares, e não para sessões de mentoria. No caso de interação remota, as câmeras precisam estar abertas para que ambos possam "ler" as reações e para que a comunicação seja fluida. A habilidade para implementar as mudanças necessárias, de acordo com o modelo ADKAR®, sugere que é o momento de "transformar conhecimento em ação". O gestor então precisa exercitar a habilidade do líder em suas interações com seu time. O atemporal livro "Como fazer amigos e influenciar pessoas", escrito por Dale Carnegie (2012), traz algumas técnicas para criar uma relação de influência que receberam uma nova roupagem ao longo do tempo, mas que poderiam ser descritas como:

- Criar **conexões**, conhecendo de fato as pessoas que fazem parte do seu time, seus **nomes**, quais são suas histórias, quais são seus motivadores e inseguranças. Ter um **interesse genuíno** no outro.
- Não criticar, não condenar, não se queixar, é ter **empatia**, **escutar atentamente**, colocando-se no lugar do outro, oportunizando-se ter uma outra perspectiva.
- Fazer elogios em público e criticar em particular, utilizando *feedback* mais objetivo, estruturado em **comunicação não violenta**, por meio de fatos, sentimentos sem julgamentos e deixando claro o que se quis dizer, para que não haja uma interpretação equivocada.
- Para despertar o engajamento do time é importante ter uma **comunicação objetiva,** identificando a melhor forma de comunicação individual e explicitando o que se pretende, quais os benefícios pessoais e profissionais, quais os riscos e oportunidades a serem alcançados com a mudança.

Quando as pessoas se reconhecem nesse gestor, e percebem coerência entre o seu discurso e a prática, o gestor passa a ser um influenciador, característica fundamental da liderança.

Colocar em prática as técnicas e os ensinamentos aprendidos durante o processo da mentoria e ir "calibrando" com o apoio do mentor faz com que o gestor se sinta seguro e capaz de mudar seu comportamento de forma gradativa.

Durante as sessões de mentoria esses "exercícios" podem ser discutidos e avaliados os resultados para atestar a efetividade da atuação. A prática e a constância criam o hábito. Dessa forma, o processo de mentoria é um meio de apoiar o desenvolvimento do gestor em direção à liderança.

A humildade em aprender, em pedir desculpas e entender que erros fazem parte do aprendizado, faz com que o líder demonstre seu lado humano, o que gera uma identificação com as pessoas.

Por isso é importante trabalhar a expectativa de que um líder não é um ser perfeito, mas que, usando de inteligência emocional, sabe manejar suas emoções e tirar o melhor proveito de cada situação.

Ao conquistar a equipe, o líder cria uma relação de confiança importante que poderá desencadear uma gestão mais democrática, diversa, estimulando a autogestão para focar no direcionamento e na visão, bem como na preparação de sucessores para sua função.

Tão importante quanto o processo de aprendizado e de prática é a sustentação. O elemento *Reinforcement* do ADKAR®, que é a ação de reforçar a mudança, destaca a importância da recompensa pelo esforço empenhado nessa transformação e no aprendizado contínuo.

A cada etapa vencida é importante celebrar a conquista. O reconhecimento pelo desenvolvimento é uma estratégia interessante a ser utilizada pelo mentor, motivando o mentorado a persistir no caminho do seu desenvolvimento.

Após o término do processo, essa motivação despertará o desejo de manter-se adquirindo conhecimento, indo ao encontro do conceito de *long life learner*, necessário em um mundo que muda tão rapidamente.

O desenvolvimento contínuo reflete positivamente no campo profissional e pessoal. Profissionalmente, possibilita melhor direcionamento de carreira e preparação para oportunidades de crescimento. No campo pessoal, fomenta maior autoestima, autoconfiança, melhor qualidade de vida e conexão social.

Assumir o protagonismo pela sustentação da mudança pessoal é trazer para si a responsabilidade de se manter ativo, curioso, integrado e colaborativo. Esse é o resultado de um processo exitoso de mentoria para o desenvolvimento de competências: o profissional se sente preparado e confiante para se tornar o mentor do próximo candidato no caminho da liderança.

38. Pessoa certa no lugar certo!

Luana Britto
Luma Britto
Maurício Stelling

Entenda a importância de compreender o perfil comportamental da equipe (o que, como e para que) para maximizar a geração de resultados.

A capacidade do líder de se relacionar, comunicar, influenciar e motivar os outros de maneira eficaz é crucial para o sucesso e a criação de relacionamentos de longo prazo entre líder e liderado. Uma habilidade fundamental do líder é entender a competência e o potencial de cada membro da equipe e saber trabalhar de forma harmoniosa em busca do objetivo comum.

É normal uma pessoa ter sucesso em uma função e não ter um desempenho tão bom quando é transferida para outra. Por exemplo, um profissional com excelente capacidade técnica pode assumir cargos de gestão nas organizações, porém é necessário entender o objetivo do profissional e se este possui competências indispensáveis para o cargo de liderança.

Muitas empresas cometem o erro de promover colaborador com perfil essencialmente técnico para um cargo de gestão. Quando a organização não oferece o lugar certo para o profissional, geralmente se perde um ótimo técnico e se ganha um péssimo gestor. É a pessoa certa no lugar errado.

O lugar certo é onde existe alinhamento no comportamento natural da pessoa com as demandas do trabalho. O lugar errado é uma posição que requer comportamentos e atributos específicos que o indivíduo não possui e/ou valores não compatíveis.

Quando o profissional não está apto para uma função específica, isso não significa que ele esteja errado, e, sim, que as competências que possui não são aquelas exigidas pelo trabalho.

Cada cargo apresenta características próprias e deve ser exercido por profissionais que atendam a competências específicas. Dessa forma, é inevitável a influência do perfil comportamental na produtividade do profissional.

A avaliação do perfil comportamental tornou-se uma importante ferramenta na observação do perfil do profissional e do estilo de liderança no ambiente organizacional. Essa análise trará consideráveis informações sobre os fatores que influenciam e modelam o comportamento dos indivíduos (MATOS, 2019).

Uma metodologia de avaliação do perfil comportamental bastante aplicada é a denominada DISC, introduzida por Marston (1928) no seu livro "Emotions of Normal People".

Apesar de ser muito utilizado, o Conselho Federal de Psicologia ressalta que os responsáveis por esse teste não apresentaram dados sobre o processo de padronização, validação e precisão do instrumento com a população brasileira e, portanto, não tiveram parecer favorável para uso por profissionais de psicologia.

A análise dos quatro tipos básicos de comportamentos (Dominância, Influência, Estabilidade e Conformidade) é amplamente aplicada com a finalidade de conhecer o perfil dos profissionais para melhor adequá-los às suas atribuições dentro das empresas para potencializar suas características predominantes e fortalecer as que necessitam de maior atenção para uma melhor performance.

O DISC é comumente usado como forma de indicar possíveis comportamentos que podem ser observados na forma como a pessoa anda, gesticula, fala, expõe suas opiniões e reage a críticas ou elogios (CIS ASSESSMENT, 2017). Com isso, é de suma importância que o líder observe atentamente os seus liderados.

Para uma melhor compreensão dos quatro tipos básicos de comportamento e a adequação dos perfis nas organizações, acompanhe a descrição a seguir.

1. Dominância (D)

Dominância é o fator do controle e da assertividade. Pessoas com alta intensidade do fator "D" são diretas, ousadas e competitivas. Buscam ter controle das situações e atingir os resultados e gostam de desafios. Geralmente são profissionais que lidam bem com situações de pressão onde é necessário decisão rápida.

Pessoas com alta pontuação no fator "D" se demonstram ativas ao lidar com problemas e desafios. O desejo de ganhar é sempre maior do que o medo de perder, por isso procuram utilizar intensamente suas habilidades para apresentar resultados consistentes.

Nas organizações, este profissional se destaca atuando em funções em que sejam priorizados a busca por resultados e o atingimento de metas desafiadoras. Este perfil se sente atraído por situações que envolvam várias pessoas e atividades.

Evitam atividades muito metódicas, gostam de trabalhar com autonomia e costumam imprimir um ritmo acelerado para si e para o time (VIEIRA; SILVA, 2018). Exemplos de pessoas públicas que demonstram **dominância** como característica predominante: Steve Jobs e Bernardo Rezende, conhecido como Bernardinho do voleibol.

2. Influência (I)

Influência é o fator da comunicação e sociabilidade. É um motivador natural, e suas características tendem a cultivar um time unido em busca dos objetivos. Pessoas com alta intensidade do fator "I" são extrovertidas, radiantes, otimistas, calorosas, sociáveis e abertas com outras pessoas.

Gostam de ser percebidas e de ter prestígio e aprovação social, e precisam do contato interpessoal. Como são pessoas criativas e ágeis em suas ações, situações rotineiras não se enquadram nesse perfil.

Nas organizações, este profissional se destaca em funções onde seja necessário trabalho em equipe. Também é bom em situações de exposição e criatividade. Este perfil se encaixa em quaisquer atividades que permitam manifestar suas ideias e sentimentos através da comunicação. Evitam atividades muito rotineiras, ordenadas e com pouca interação com outras pessoas (VIEIRA; SILVA, 2018).

Exemplos de pessoas públicas que demonstram **influência** como característica predominante: Barack Obama e Oprah Winfrey.

3. Estável (S)

Estabilidade é o fator do equilíbrio, empatia e lealdade. O perfil de estabilidade revela facilidade com processos bem definidos e estabilidade frente a inovações e improvisos. A alta pontuação no fator "S" tende a revelar uma pessoa com ritmo regular e que não gosta de mudanças.

Costumam ser bons ouvintes, atenciosos, pacientes, persistentes, previsíveis e gostam de trabalhar em situações que envolvam cooperação. Valorizam muito a rotina e a previsibilidade.

Nas organizações, o perfil se destaca atuando em áreas que envolvam suporte a outras pessoas, tanto para ajudar e servir quanto para informar e educar. Este perfil se encaixa em atividades que envolvam planejamento, procedimentos definidos e metódicos, pois essas pessoas possuem a capacidade de realizar atividades repetitivas sem se aborrecer (VIEIRA; SILVA, 2018).

Exemplos de pessoas públicas que demonstram **estabilidade** como característica predominante: Mahatma Gandhi e Larry Page.

4. Conformidade (C)

Conformidade é o fator do detalhe, da estrutura e do fato. A conformidade revela perfis com destaque em qualidade e organização. É um perfil técnico na execução de tarefas e atribuições.

Pessoas com predominância do fator "C" apresentam altos níveis de precisão e valorizam regras, procedimentos, protocolos e hierarquias. Observa-se nestes indivíduos um perfil sistemático, analítico, racional, perfeccionista e disciplinado.

Nas organizações, tendem a atuar com excelência em funções que envolvam resolução de problemas, análises sistemáticas, trabalhos minuciosos e onde seja necessário seguir regras claras e bem definidas (VIEIRA; SILVA, 2018).

Exemplos de pessoas públicas que demonstram a **conformidade** como característica predominante: Bill Gates e Albert Einstein.

É importante destacar que as pessoas têm um perfil natural (quem realmente são em essência) e um perfil adaptado (que é sazonal, ou seja, é uma adaptação no seu comportamento diante das situações e do meio).

Isto é, o ambiente onde está inserido pode provocar um ajuste no seu perfil quando, por exemplo, está exposto a fortes pressões de trabalho. Um influente pode mudar para um perfil de conformidade em situações extremas nas quais seja necessário atuar de forma mais organizada e estruturada. Isso é chamado de perfil adaptado.

Quando essa mudança ocorre, o indivíduo não está mais usando o que tem de melhor e há muito gasto de energia e esforço, o que pode representar um alto nível de estresse e desgaste emocional.

Em muitos testes DISC existentes no mercado, é possível identificar o perfil adaptado observando se o profissional está gastando muita energia tentando ser quem ele não é por causa do seu ambiente de trabalho.

A Figura 38.1, adaptada do Livro "Decifre e Influencie Pessoas" (VIEIRA; SILVA, 2018), apresenta os fatores básicos do comportamento humano. O lado esquerdo representa o indivíduo que sente necessidade de falar e influenciar. No lado direito, temos indivíduos que preferem ouvir a falar. São pessoas mais introvertidas e que preferem escutar o que o outro tem a dizer do que expressar a sua opinião.

Figura 38.1. Fatores básicos do comportamento humano.
Fonte: adaptado de Vieira; Silva (2018).

Indivíduos com fator **dominância** e **conformidade** são mais focados em resultados e tarefas, ou seja, são excelentes realizadores. O "dominante" tem um tempo de resposta mais curto e acelerado, voltado para a ação e o resultado rápido. Já o "conforme" prefere analisar todos os fatos e dados, evitando o erro, antes de chegar ao resultado final. Ambos os perfis são voltados para o resultado, porém o tempo de resposta é o que os difere.

Indivíduos com fator **influência** e **estabilidade** são mais empáticos e focados em pessoas e relacionamentos. Enquanto o "influente" é mais comunicativo e carismático, o "estável" é mais conciliador, calmo e paciente. Pessoas com o fator influência gostam de influenciar outros indivíduos e apreciam a validação e o reconhecimento. Já o "estável" não tem a necessidade de influenciar; estes são reconhecidos por serem bons ouvintes e preferem a discrição.

Após descrever os perfis comportamentais da metodologia DISC, é possível observar que todos eles são fundamentais para o desempenho de uma empresa. O "dominante" ajuda em ações rápidas; é uma pessoa que aquece o ambiente. O "influente" traz luz para alegrar as pessoas à sua volta. O "estável" é sinônimo de compreensão e acolhimento. O "conforme" é a voz da razão, que enxerga aquilo que ninguém vê.

Dessa forma, não existe um perfil ideal para as pessoas, e não há certo ou errado nem perfil melhor ou pior. Cabe ao líder identificar o perfil comportamental do seu liderado para direcionar a pessoa certa para o lugar certo.

Conforme exposto, é fundamental que o líder tenha a percepção do perfil comportamental dos liderados para uma melhor identificação dos pontos fortes/fracos e direcionar o profissional certo para cada atividade com o objetivo de desenvolver as potencialidades e aumentar a performance.

Compreendendo o perfil, é possível adaptar a linguagem para uma comunicação mais eficaz e, assim, alcançar melhores resultados para a organização.

39. Conhecendo e se conectando com você mesmo

Marcantonio Fabra

Autoconhecimento e Janela de Johari para exercer o seu estilo de liderança.

A Janela de Johari é uma ferramenta criada em 1955 por Joseph Luft e Harrington Ingham e tem esse nome pela junção do início do nome dos seus criadores (Jo + Hari). Ela continua bastante atual.

O instrumento tem como base uma representação gráfica para a visualização das relações interpessoais em um determinado grupo ou organização, possibilitando com isso uma troca de aprendizados entre os envolvidos.

A sua importância está intrinsecamente relacionada a um conhecimento visual sobre o modo como os indivíduos envolvidos em um grupo se relacionam entre si. Isso facilitará a comunicação interpessoal e o relacionamento dentro de um grupo, melhorando a inteligência emocional dessas pessoas.

A Janela de Johari tem uma estrutura que lembra uma "janela", pois é dividida em quatro zonas que estão relacionadas a quatro percepções de seu autoconhecimento e do conhecimento dos outros sobre você.

Figura 39.1. A Janela de Johari.
Fonte: adaptado de Fritzen (2017).

Eu Aberto

O "Eu Aberto", também conhecido como área livre ou arena, é a zona da Janela de Johari de maior probabilidade de comunicação interpessoal e relacionamento efetivos. Ela se refere a características/comportamentos seus (bons ou ruins) que são de conhecimento seu e dos outros. Diante disso, existe transparência e confiança.

A dica para as pessoas que têm esse perfil é usufruir dos benefícios de suas relações produtivas no ambiente de trabalho e se desenvolver pessoal e profissionalmente, não deixando de se preocupar em dar *feedbacks* para os outros, auxiliando também nos seus crescimentos.

Eu Secreto

O "Eu Secreto" é representado pela área também chamada de fechada ou secreta. Essa zona da Janela de Johari está relacionada com questões nossas que não dizemos para o outro e mantemos ocultas.

A pessoa com essas características, levando em conta o esforço em manter uma imagem "ideal" na sua percepção, não dá *feedbacks* porque não quer deixar transparecer que comportamentos dos outros a afetam. Por outro lado, recebe *feedbacks*, mas demora a ter comportamentos de mudança.

Eu Cego

O "Eu Cego", representado pela área encoberta, consiste na zona de comportamentos do indivíduo que ele não percebe (cego), somente os outros.

A pessoa na zona cega da Janela de Johari, por dificuldade em perceber pontos sobre si mesmo, tem dificuldade em receber e aceitar *feedbacks*. Entretanto, dá *feedbacks* com facilidade (sobre pontos de melhoria). Ou seja, é mais fácil para ele olhar para os outros em vez de olhar para si.

Eu Desconhecido

O "Eu Desconhecido", referente à área chamada inconsciente da Janela de Johari, está relacionado a pontos que nem você nem os outros conhecem. Em geral, tais pontos são referentes a potencialidades suas que você nunca soube que existiam, muitas vezes por não ter ocorrido nenhuma situação em que elas fossem necessárias.

Pessoas na zona do "Eu Desconhecido" têm dificuldades em dar e receber *feedbacks*, visto que desconhecem pontos sobre si e sobre o outro. Então, não têm um direcionamento claro de potencialidades e pontos a melhorar.

Dessa forma, é extremamente importante para o líder buscar esse autoconhecimento, suas fraquezas e potencialidades, a fim de reconhecer seus próprios limites e estabelecer as fronteiras de interação com as pessoas ao seu redor.

40. Sucessão – mentalidade de desenvolvimento de novos/ futuros líderes

Josi Marinho
Thiago Brant

Pipeline de liderança – o desafio da delegação: um processo evolutivo.

A liderança consiste na capacidade de mobilizar os outros para um objetivo ou meta, fazendo com que as pessoas realizem algo através do gerenciamento. Consiste em aprimorar a capacidade das pessoas, delegar e supervisionar, diagnosticando e solucionando problemas de coordenação e relacionamento.

Além disso, a liderança está ligada à capacidade de reter talentos e ajudá-los a crescer, abrindo espaços em outras áreas ou posições nas quais possam potencializar seus talentos (CHARAN, 2008, p. 49).

Ram Charan, Stephen Drotter e James Noel (2018), no livro "*Pipeline* de Liderança", apresentam o *pipeline* da liderança em níveis a serem percorridos pela liderança: cada passagem representa uma transição na posição organizacional, um nível diferente e uma nova complexidade, envolvendo grande alteração nos requisitos do cargo e novas responsabilidades, demandando mudanças significativas, novas competências e habilidades que precisam ser desenvolvidas.

O *pipeline* é uma proposta de desenvolvimento de líderes em todos os níveis, considerando que o grau de complexidade requerido em cada nível exige uma nova forma de gerenciar e liderar e que visa tentar resolver quatro erros arraigados que são apontados por Charan, Drotter e Noel (2018, p. XV-XVIII):

1. Os gerentes de linha continuam insatisfeitos com os recursos humanos.
2. Os líderes não aprendem a fazer o necessário.
3. As habilidades de seleção são insuficientes.
4. O RH se concentra nos interesses errados.

Os autores (CHARAN; DROTTER; NOEL, 2018, p. XVIII-XXI) reforçam ainda a necessidade do *pipeline* da liderança em função de quatro fatores externos:

1. O talento externo não se adequa às necessidades da organização.
2. Novos mercados decisivos: China, Índia e outros emergentes.
3. O conteúdo dos cargos está em constante mudança.
4. Necessidade de clareza em relação aos papéis.

O *pipeline* trabalha o ponto de vista do desempenho e do potencial, considerando um conjunto de resultados a ser atingido. Quando um conjunto for atingido, um novo conjunto é determinado, sendo flexível e tornando as organizações mais adaptáveis ao contexto e às condições do mercado, construindo um quadro de referência de desenvolvimento da liderança.

Segundo os autores, os erros comuns na liderança são:

1. As empresas acompanham a capacidade de um líder de gerar números e não sua capacidade de gerar outros líderes.
2. Utilizam análises de desempenho superficiais e burocráticas.
3. Aplicam as mesmas expectativas e o mesmo sistema de rotação de cargos a todos os líderes, sem customizá-los de acordo com os talentos e as necessidades individuais.

Destacam, assim, o papel de um líder-*coach*, que ajuda a identificar o próximo passo para a carreira, orienta como melhorar o desempenho e prepara para a etapa seguinte, concentrando-se nos pontos fortes.

Ele orienta sem impor o que deve ser feito, fazendo perguntas para abrir a mente, e dá, se necessário, sugestões para ajudar. Um bom líder é aquele que entende que é o responsável pelo desenvolvimento de sua própria capacidade de liderança, e a liderança só pode ser desenvolvida por meio da prática.

Em relação à **Passagem 1 – De gerenciar a si mesmo a gerenciar outros**, Charan, Drotter e Noel (2018, p. 37-38) sinalizam desafios importantes da primeira gestão, que envolvem:

1. Aprender a ser responsável pela entrega dos outros, certificando-se de que o trabalho será realizado por sua equipe e não por ele. Racionalmente esses gestores entendem isso, mas psicologicamente tendem a rejeitar essa mudança

de valores, o que se apresenta como um problema, ou, como os autores dizem, uma obstrução no *pipeline*.

2. Novos gestores podem acabar querendo competir com sua própria equipe, para demonstrar uma expertise e um domínio sobre a entrega, como uma forma de reafirmar sua posição.
3. Podem se sentir frustrados pela entrega dos outros não ser como ele desejaria ou faria.

Nesse cenário, o que significa ser promovido a uma função de gestão? Segundo destacam Charan, Drotter e Noel (2018), quando somos promovidos a gestores de primeiro nível, isso exige uma transição de colaborador individual para gestor, que deve ser baseada na mudança de comportamento e valores.

Normalmente não é feita essa transição, ou seja, os colaboradores se tornam gestores sem conhecer e aceitar os requisitos, que em alguns casos são desconhecidos pela própria empresa. O principal desafio é ser capaz de gerenciar os outros, os membros da equipe e não mais o seu trabalho individual. Deve ser capaz, ainda, de (CHARAN; DROTTER; NOEL, 2018, p. 18):

1. Assumir a responsabilidade pelo grupo.
2. Ter menos tempo dedicado ao trabalho individual e mais tempo para a gestão.
3. Entender que alocar tempo para os outros, para o planejamento, para o *coaching* e para o *mentoring* é necessário e faz parte de suas responsabilidades.

Trata-se de tornar o trabalho dos outros produtivo, entendendo que o trabalho bem direcionado da equipe ajudará a atingir os resultados, e não valorizar ser ele mesmo um "produtor".

Considerações finais

De tudo o que foi discutido aqui, a pergunta principal que deveríamos fazer é: quais são os líderes necessários para o século XXI e o que estamos fazendo a respeito?

Sem dúvida que o sucesso competitivo das organizações cada vez mais dependerá da sua capacidade de aprender, inovar e mudar de maneira contínua, por isso a necessidade indispensável de uma organização da aprendizagem, tendo o desenvolvimento das pessoas como prática organizacional estratégica fundamental.

Nesse cenário, o mais importante será como cada organização mobiliza os talentos que tem. O primeiro ponto é conhecer seus talentos e os de sua equipe ou organização, o que representa também um envolvimento indispensável das lideranças. No atual contexto que exige decisões ágeis, é importante definir o que a organização considera importante para a liderança, de forma a tornar as decisões ainda mais ágeis e possibilitar uma transição bem-sucedida diante de novas realidades.

41. O poder do sentimento de dono

Glauce Paiva

Por que a Zappos, criada por Tony Hsieh, é uma empresa diferenciada no mercado?

O provérbio taiwanês que sempre motivou a vida de Tony Hsied é:

> *Nothing of value comes fast or easy; drips of water can, one day, break a stone (Nada de valor vem rápido ou fácil; gotas de água podem, um dia, quebrar uma pedra).*

Desde criança ele foi motivado por desafios, por sair da sua zona de conforto: filho de pais imigrantes taiwaneses, nasceu nos Estados Unidos e foi criado próximo ao Vale do Silício, onde iniciou sua carreira empreendedora.

Seu primeiro empreendimento, e que deu origem a Zappos, começou na faculdade, em Harvard, onde estudou ciências da computação. Tony tinha uma pizzaria com Sanjay, seu amigo. Juntos eles compraram fogões, contrataram funcionários e eles mesmos faziam as pizzas.

Tony ficou curioso com um cliente chamado Alfred, que comprava umas três pizzas por noite. Descobriu que ele revendia as pizzas por pedaços e ficou impressionado com a criatividade e iniciativa. Hoje Alfred é CFO e COO da Zappos.

Pouco tempo depois fundou a Link Exchange junto com seu amigo Sanjay Madan, uma rede de venda de propaganda *on-line*. Ele vendeu a empresa para a Microsoft em 1998 porque era mais divertido trabalhar quando eram 5 ou 10 pessoas.

Como eles não tinham experiência nem visão de que contratar as pessoas certas, com *fit* cultural, era o caminho para o sucesso, eles contratavam pessoas levando em conta somente as habilidades certas para as funções.

Quando a equipe cresceu rapidamente para 100 colaboradores, não era mais divertido para Tony Hsieh ir trabalhar: ele acordava de manhã com aquela sensação de que não tinha propósito no que ele estava fazendo, e isso era estranho para ele, pois ele havia criado a empresa.

Com o dinheiro da venda da Link Exchange, Hsieh fundou a incubadora Venture Frogs, que atuava com empresas de tecnologia e internet, e dentre seu portfólio estava a Zappos. Ficou claro para Tony que esta era a empresa mais promissora do portfólio e em junho de 1999 ele virou o seu CEO. Em agosto fizeram grandes investimentos e em pouco menos de uma década a Zappos bateu a marca histórica de quase 1 bilhão de dólares de faturamento. Conseguiram 9 milhões de clientes (3% da população dos EUA). No início a Zappos ficou conhecida pela venda de sapatos *on-line*, mas depois eles expandiram para outros produtos como roupas, bolsas, eletrônicos e panelas.

E como ele conseguiu isso? Devido a experiências passadas, desde o início ele se preocupou com a cultura da Zappos: focou na contratação de pessoas com *fit* cultural, construiu um ambiente onde as pessoas precisavam estar engajadas e felizes com seu trabalho e consequentemente fariam os clientes felizes.

Tony sempre quis que a marca Zappos fosse somente sobre "o melhor serviço e experiência que o cliente pode ter". Uma experiência emocional, para que eles não se esquecessem da Zappos e fossem surpreendidos com a sensação de UAU! (as entregas são sempre mais rápidas do que os clientes esperam).

Cada atendente é treinado para, caso a Zappos não tenha estoque do produto desejado, pesquisar em pelo menos três outros websites e direcionar o cliente àqueles que tiverem o produto disponível.

O fator #1 do crescimento é o retorno de clientes pelo boca a boca. Eles têm uma postura diferente de outros sites de venda *on-line*: os atendentes querem conversar com os clientes, entender e ajudar. A filosofia por trás é construir uma relação para a vida toda com o cliente e fazer dessa relação a mais pessoal possível.

Os atendentes não seguem *scripts*. Tony deixa clara a mensagem para seu time: "sejam vocês mesmos e sempre superem as expectativas dos clientes".

A prioridade #1 da empresa é a cultura Zappos, por duas razões: 1. ele não quer repetir o erro da Link Exchange; Tony quer que todos os colaboradores gostem e queiram trabalhar todos os dias. 2. como a *web* deixa todas as empresas mais transparentes, ele acredita que a cultura da empresa e sua marca são dois lados da mesma moeda e precisam refletir a mesma coisa.

Da mesma forma que tratam seus clientes, eles tratam os colaboradores. Tony acredita que se ele acertar na cultura da empresa, o restante (excelência em serviço) acontecerá naturalmente e não será necessário definir tantos processos ou procedimentos para todo tipo de situação, pois tentar controlar a mensagem não funciona mais no mundo atual.

A Zappos tem um *case* muito tocante: uma cliente comprou um sapato para presentear seu marido. Seria uma surpresa, mas infelizmente ele sofreu um acidente e faleceu. A cliente ligou para a central de fidelização do cliente e explicou a situação. O atendente, além de ajudar no processo de devolução do sapato e reembolsar o valor, tomou a iniciativa e enviou flores para o funeral do marido, num gesto de mostrar os pêsames da empresa.

Como isso não acontece frequentemente, a empresa não tem uma política específica para isso, mas o atendente foi protagonista neste caso. A Zappos não é uma empresa tradicional, não existe comando e controle e sim protagonismo (*ownership*).

Como a Zappos contrata seus colaboradores? Eles fazem duas etapas de entrevista para cada pessoa, não importa a posição (advogado, programador, *call center*, time do armazém). Eles têm a etapa padrão, onde o líder e a equipe entrevistam, procurando afinidade, experiência para a posição e competência técnica. Depois o time de gestão de pessoas faz a segunda etapa da entrevista, procurando somente afinidade com a cultura da Zappos. Os candidatos precisam passar nas duas etapas para fazer parte do time.

Após a aprovação, todos passam pelo mesmo treinamento de quatro semanas que os atendentes de *call center* passam e aprendem a história da empresa, a filosofia de atendimento, a cultura da empresa e ficam no telefone por duas semanas atendendo os clientes.

Depois ficam uma semana em Kentucky, onde fica o armazém da Zappos, e trabalham como pegadores e despachantes de produtos. Esse procedimento é seguido por todas as contratações da matriz, que fica em Las Vegas.

Durante esse processo eles podem observar e filtrar as pessoas para garantir que todos entendam as áreas e assim sejam inseridos na cultura. Quando o colaborador não entende a seriedade do atendimento ao cliente ele é dispensado durante o treinamento e ainda recebe dois mil dólares para desistir da vaga.

No curto prazo, esse processo leva um tempo maior para preencher posições e tem o custo de treinamento, mas Tony não abre mão disso, pois entende que faz a empresa muito mais forte no longo prazo.

Um outro dado interessante é que a Zappos já deixou de contratar inúmeros talentos que teriam um impacto imediato nos resultados por não terem *fit* cultural com a empresa. E como a Zappos demite seus colaboradores?

Mesmo os colaboradores que desempenham perfeitamente bem suas funções, mas que estão sendo prejudiciais à cultura da empresa ou não seguem os valores, são desligados.

Considerações finais

Na Zappos existe o "Livro da Cultura", que é lançado anualmente e no qual todos os colaboradores escrevem sobre o significado da empresa para eles. Está organizado por departamento e obviamente inclui o lado bom e o lado ruim. O que o torna tão interessante é ver as pequenas diferenças de cultura entre os departamentos.

Frases famosas de Tony Hsieh

- ✓ "Só o dinheiro não é suficiente para trazer felicidade... felicidade [é] quando você está realmente bem em perder tudo o que você tem" (HSIEH, 2016).
- ✓ "Eu tinha decidido parar de perseguir o dinheiro, e começar a perseguir a paixão" (HSIEH, 2016),
- ✓ "Todos nós devemos aprender não só a não temer a mudança, mas a abraçá-la com entusiasmo e, talvez até mais importante, encorajá-la e impulsioná-la" (HSIEH, 2016).
- ✓ "Sucesso começa com as pessoas".

Em 2009 Tony vendeu sua participação na Zappos para a Amazon. Infelizmente, Tony deixou este mundo em 28 de novembro de 2020, mas seu legado em liderança exponencial será eterno e irá inspirar muitos líderes.

42. *Podcast* – Liderança executiva

Raphael Cunha

Os desafios da liderança executiva no mundo atual e como o líder pode se aproximar de forma a inspirar seus liderados.

O líder precisa atuar de forma a transmitir confiança, segurança e coragem, a fim de inspirar as pessoas ao seu redor a alcançar resultados superiores.

Nesse *podcast*, Raphael Cunha conta sua experiência atuando como executivo na área comercial de uma grande seguradora nacional, trazendo dicas importantes para um exercício efetivo da liderança atualmente.

Figura 42.1. *QR Code* de acesso ao JornadaCast no Spotify (<https://open.spotify.com/episode/2VBwgUpZ990QgqNUFc8AQ4?si=qaCnlPAYQ_m0qfXrHYVFfw>)

43. *Podcast* – O paradoxo da liderança

Camila Berteli Macedo

Como a liderança tem mudado ao longo dos anos e quais os impactos dessas transformações nas organizações.

Uma liderança hierárquica posicionada no topo de uma cadeia organizacional já não é vista da mesma forma como anteriormente, trazendo uma complexidade e desafios que podem causar uma certa aversão a essa posição.

Nessa conversa, foi feita uma reflexão sobre a liderança situacional e inspiradora. As atitudes de liderança não dependem do crachá, as pessoas precisam ter a liberdade de se expressar e o líder deve contar com a colaboração de todos.

Figura 43.1. *QR Code* de acesso ao JornadaCast no Spotify (<https://open.spotify.com/episode/5OC1OMY49T9x38nylBkb56?si=P2j0bzJpT8igB6_zUlpKLw>)

44. *Podcast* – Liderança e os desafios do *tech recruiting*

Camilla Bullé

Quais desafios o líder enfrenta na contratação de profissionais no mercado? Como ter um alinhamento efetivo com os recrutadores e quais as alternativas para lidar com a alta demanda de contratações?

Com o uso cada vez mais intensivo da tecnologia, especialmente na área de desenvolvimento de software, as empresas vêm enfrentando dificuldades imensas para contratar profissionais do mercado.

Nesse bate-papo, tivemos a oportunidade de refletir sobre como as *human skills* têm se destacado como ponto crucial nas contratações e como as empresas têm buscado formar profissionais para suprir suas necessidades.

Figura 44.1. *QR Code* de acesso ao JornadaCast no Spotify (<https://open.spotify.com/episode/0zxXyaPK5bFjF0vkKOUHvc?si=OvWlUcYHQVagbQN88NgQSA>)

45. *Podcast* – Liderança sem fronteiras

Ariadna Cruz Groberio

Os desafios de liderar em um mundo global e atuar com times de culturas diferentes.

Liderar times e pessoas de cultura diferente da nossa é um dos grandes desafios do mundo atual, principalmente quando se observa esse intercâmbio cultural com a explosão do trabalho remoto, sobretudo a respeito de como a liderança e a gestão são vistas em outros países.

Nessa conversa, refletimos sobre as diferenças culturais e a flexibilidade necessária sob a ótica de quem já passou por muitos países, mesmo com a aproximação permitida pelo fenômeno da globalização, sendo necessário conhecer os aspectos humanos e aprender constantemente.

Figura 45.1. *QR Code* de acesso ao JornadaCast no Spotify (<https://open.spotify.com/episode/2XGhCaFZdZMpUQ4ZQh2Q9p?si=I_JUTj_RSmKl5PExbggyKw&nd=1>)

46. *Podcast* – Liderança inspiradora

Antonio Muniz

O papel preponderante para o líder no contexto atual e as atitudes necessárias para servir de exemplo para os demais.

As organizações que querem inovar precisam de líderes que inspirem as pessoas e tenham a capacidade de motivá-las, destravando seu potencial e pavimentando o caminho para que elas possam entregar resultados incríveis.

Nesse *podcast*, fizemos uma comparação importante entre uma visão mais tradicional de gestão e de um chefe comando e controle, e uma liderança que inspira por meio de autonomia, onde o equilíbrio se torna um caminho mais favorável para fazer as pessoas brilharem.

Figura 46.1. *QR Code* de acesso ao JornadaCast no Spotify
(<https://open.spotify.com/episode/460aFgnPG5loueAs8AqVWL?si=nXGs5WR_T6a9RGC4uO8n6g>)

47. *Podcast* – Agilidade para líderes

Júnior Rodrigues

> A importância da agilidade para os líderes e como que eles podem se apropriar desse *mindset* para alavancar os resultados organizacionais.

Os líderes necessariamente precisam desenvolver uma forma de pensar e agir diferente do que as organizações vinham realizando nos últimos anos, valendo-se de um conjunto de valores e princípios que proporcionem a entrega de valor antecipado aos clientes.

Nesse bate-papo, reforçamos que o líder deve ter no seu cerne o foco essencial nas pessoas, por meio da experimentação, colaboração, empatia e confiança para mudar o mundo ao seu redor e impactar vidas positivamente.

Figura 47.1. *QR Code* de acesso ao JornadaCast no Spotify
(<https://open.spotify.com/episode/1xF564pAfQsG6xtkVKAv6h?si=wMlIlFxuT2izV51LziIbnQ>)

Referências bibliográficas

ACHOR, S. **O Jeito Harvard de Ser Feliz:** o curso mais concorrido de uma das melhores universidades do mundo. Trad. Cristina Yamagami. São Paulo: Saraiva, 2012.

AESC. **Executive Talent 2025:** what's now, new and next in global C-Suite talent. Association of Executive Search and Leadership Consultants, May 2019.

ALMEIDA, J. G. *et al.* Harmful leader behaviors: towards an increased understanding of how different forms of unethical leader behavior can harm subordinates. **Journal of Business Ethics**, vol. 180, n. 1, 2022, p. 215-244.

ALMEIDA, J. G. **Os fins justificam os meios?** Liderança abusiva, desempenho e adoecimento. 137f. Tese (Doutorado em Psicologia Social, do Trabalho e das Organizações) – Universidade de Brasília, Brasília, 2018.

ALMEIDA, J. G.; PORTO, J. B. Ethical climate index: Evidence of validity of the Brazilian version. **Revista de Administração Mackenzie**, vol. 20, n. 3, 2019. Disponível em: <https://doi.org/10.1590/1678-6971/eRAMG190030>. Acesso em: 28 nov. 2022.

ALMEIDA, W. **Captação e seleção de talentos:** repensando a teoria e a prática. São Paulo: Atlas, 2004.

AMBEV. **Saúde.** Disponível em: <https://www.ambev.com.br/juntosadistancia/>. Acesso em: 01 dez. 2022.

ANBREU, M. C.; SILVA, G. A. Contratos psicológicos nas organizações: bases de sua construção. *In*: **IX SemeAd**, 2006.

ANDERSON, R. J.; ADAMS, W. A. **Mastering Leadership:** an integrated framework for breakthrough performance and extraordinary business results. Hoboken, NJ: Wiley, 2015.

APPELO, J. **Liderando para a Felicidade:** jogos, ferramentas e práticas para motivar qualquer equipe. Rio de Janeiro: Brasport. 2020.

ASIMOV, I. **Eu, robô.** São Paulo: Aleph, 2014.

ASSAD, A. **Liderança Tóxica:** você é um líder contagiante ou contagioso? Descubra o que a neuroliderança pode fazer por você. Rio de Janeiro: Alta Books, 2017.

ASSOCIAÇÃO BRASILEIRA DE NORMAS TÉCNICAS. NBR ISO 9000:2015 — Sistemas de gestão da qualidade — Requisitos. Rio de Janeiro: ABNT, 2015.

AUTISMO E REALIDADE. **Judy Singer e a neurodiversidade.** 25 jun. 2020. Disponível em: <https://autismoerealidade.org.br/2020/06/25/judy-singer-e-a-neurodiversidade/>. Acesso em: 01 dez. 2022.

AZENHA, F. C.; REIS, D. A.; FLEURY, A. L. The Role and Characteristics of Hybrid Approaches to Project Management in the Development of Technology-Based Products and Services. **Project Management Journal**, vol. 52, n. 1, 2021, p. 90-110. Disponível em: <https://doi.org/10.1177/8756972820956884>. Acesso em: 24 nov. 2022.

AZEVEDO, C. da S. Liderança e processos intersubjetivos em organizações públicas de saúde. **Ciência e Saúde Coletiva (Impresso)**, vol. 7, n. 2, Rio de Janeiro, 2002, p. 349-361.

BAKHSHI, H. *et al.* **The future of skills employment in 2030.** London: Pearson, 2019.

BALDWIN, T.; BOMMER, B.; RUBIN, R. **Developing management skills:** what great managers know and do. New York, NY: McGraw-Hill/Irwin, 2007.

BANDLER, R.; GRINDER, J. **Resignificando:** programação neurolinguística e a transformação do significado. 8.ed. S.l.: Summus Editorial, 1986.

BARBOSA, A. G. **A paráfrase como proposta linguística pedagógica para uso no ensino de línguas.** Tese (Doutorado em Linguística Aplicada ao Ensino de Línguas) – Departamento de Letras – CAC, Curso de Pós-Graduação em Letras, Universidade Federal de Pernambuco, Recife, 2005. Disponível em: <https://repositorio.ufpe.br/bitstream/123456789/7712/1/arquivo8423_1.pdf>. Acesso em: 30 nov. 2022.

BARBOSA, S. Inteligência Emocional: entenda o que é, a importância e como desenvolver. **NaPrática.org**, 16 nov. 2022. Disponível em: <https://www.napratica.org.br/o-que-e-inteligencia-emocional/>. Acesso em: 01 dez. 2022.

BARON-COHEN, S. The Concept of Neurodiversity Is Dividing the Autism Community. **Observations**, Apr. 30, 2019. Disponível em: <https://blogs.scientificamerican.com/observations/the-concept-of-neurodiversity-is-dividing-the-autism-community/>. Acesso em: 01 dez. 2022.

BARRINER II, L. Equality vs. Equity: the gift that keeps on giving. **Interaction Institute for Social Change**, June 02, 2016. Disponível em: <https://interactioninstitute.org/equality-vs-equity-the-gift-that-keeps-on-giving/>. Acesso em: 01 mar. 2023.

BARRY, M. J. Leadership in an Age of Disruption Infographic. **SlideShare**, Jan. 09, 2018. Disponível em: <https://www.slideshare.net/MichaelJBarry/leadership-in-an-age-of-disruption-infographic-85932984>. Acesso em: 01 dez. 2022.

BARRY, M. Leadership in an age of disruption. **InBusiness**, Sep. 07, 2017. Disponível em: <https://www.ibmadison.com/leadership-in-an-age-of-disruption/>. Acesso em: 07 mar. 2023.

BASS, B. M.; BASS, R. **The Bass Handbook of Leadership:** theory, research, and managerial applications. 4th.ed. New York, NY: Free Press, 2009.

BAUMAN, Z.; LEONCINI, T. **Nascidos em tempos líquidos:** transformações no terceiro milênio. Rio de Janeiro: Zahar, 2018.

BELLET, C.; DE NEVE, J.-E.; WARD, G. Does Employee Happiness have an Impact on Productivity? **Saïd Business School WP 2019-13**, Oct. 17, 2019. Last revised: Oct. 27, 2022. Disponível em: <https://papers.ssrn.com/sol3/papers.cfm?abstract_id=3470734>. Acesso em: 01 dez. 2022.

BERNABEU, A. G.; SÁNCHEZ, J. C.; ALMO, E. A. Cultura organizacional. *In*: DESCALS, F. P. **Psicología de la organización.** Madrid: Pearson Prentice Hall, 2005, p. 217-244.

BLANCHARD, K. **Liderança de Alto Nível:** como criar e liderar organizações de alto desempenho. Porto Alegre: Bookman, 2007.

BLANE, H. **7 Princípios do Líder Revolucionário.** São Paulo: Universo dos Livros, 2018.

BLASCO, L. O surpreendente efeito da positividade tóxica na saúde mental. **BBC News Brasil**, 14 dez. 2020. Disponível em: <https://www.bbc.com/portuguese/geral-55278174>. Acesso em: 29 nov. 2022.

BROWN, B. **A Coragem para Liderar.** Rio de Janeiro: Best Seller, 2019.

BROWN, T. **Design Thinking.** Rio de Janeiro: Alta Books, 2017.

BRUM, A. de M. **A experiência do colaborador:** da atração à retenção: como o endomarketing pode tornar única cada etapa da jornada do colaborador. São Paulo: Integrare, 2020.

BRYMAN, A. Leadership in organizations. *In*: CLEGG, S. HARDY, C.; NORD, W.R. (coords.). **Handbook of Organization Studies.** New York, NY: Sage, 1996.

BUSINESS AGILITY INSTITUTE. **Domains of Business Agility.** Disponível em: <https://businessagility.institute/domains/domains-of-business-agility-overview>. Acesso em: 24 nov. 2022.

BUSINESS CONNECTION. **Toyota Rumo Ao Topo.** Programa de TV. ManagemenTV, 23 maio, 2006.

CAMERON, K.; QUINN, R. **Diagnosing and Changing Organizational Culture:** based on the competing values framework. New York: Addison-Wesley Publishing Beckhard, 1999.

CAMPOS, B. Qual a relação entre autoestima e produtividade no trabalho? **Beecorp**, 05 fev. 2021. Disponível em: <https://beecorp.com.br/blog/relacao-entre-autoestima-e-produtividade-no-trabalho/>. Acesso em: 25 nov. 2022.

CANTISANO, G. T. El contrato psicológico: un nuevo marco para comprender las relaciones dentro de las organizaciones. *In*: DECALS, F. P. **Psicología de la organización.** Madrid: Pearson Prentice Hall, 2005, p. 101-119.

CANTISANO, G. T.; DESCALS, F. P. La confianza y la justicia en las organizaciones. *In*: DESCALS, F. P. **Psicología de la organización.** Madrid: Pearson Prentice Hall, 2005, p. 121-149.

CAPELLI, P. Why We Love to Hate HR...and What HR Can Do About It. **Harvard Business Review Magazine**, July-Aug. 2015.

CAPITALISMO CONSCIENTE BRASIL. **Manifesto.** Disponível em: <https://www.ccbrasil.cc/manifesto>. Acesso em: 01 dez. 2022.

CARNEGIE, D. Como fazer amigos e influenciar pessoas. Rio de Janeiro: Companhia Editora Nacional, 2012.

CASCIO, J. Facing the Age of Chaos. **Medium**, Apr. 29, 2020. Disponível em: <https://medium.com/@cascio/facing-the-age-of-chaos-b00687b1f51d>. Acesso em: 23 nov. 2022.

CAST GROUP. **A importância da agilidade para inovação e transformação digital.** S.d. Disponível em: <https://www.castgroup.com.br/blog/a-importancia-da-agilidade-para-inovacao-e-transformacao-digital/>. Acesso em: 01 dez. 2022.

CENTRO DE ENSINO EMPRESARIAL. Mundo VUCA: como se preparar para o mundo das incertezas? **CEEM**, 29 maio 2019. Disponível em: <https://blog.ceem.com.br/mundo-vuca-como-se-preparar-para-o-mundo-das-incertezas/>. Acesso em: 23 nov. 2022.

CHARAM, R.; DROTTER, S.; NOEL, J. **Pipeline de Liderança:** o desenvolvimento de líderes como diferencial competitivo. Rio de Janeiro: Sextante, 2018.

CHARAN, R. **O Líder Criador de Líderes:** a gestão de talentos para garantir o futuro e a sucessão. Rio de Janeiro: Elsevier, 2008.

CHIAVENATO, I. **Administração:** teoria, processo e prática. 3.ed. São Paulo: Makron Books, 2000.

CHIAVENATO, I. **Comportamento Organizacional:** a dinâmica do sucesso das organizações 2.ed. Rio de Janeiro: Elsevier, 2005.

CHIAVENATO, I. **Gerenciando com as pessoas:** transformando o executivo em um excelente gestor de pessoas. 6.reimp. Rio de Janeiro: Elsevier, 2005.

CHIAVENATO, I. **Introdução à teoria geral da administração.** 8.ed. Rio de Janeiro: Elsevier, 2011.

CHIAVENATO, I. **Introdução à teoria geral da administração:** edição compacta. 2.ed. Rio de Janeiro: Campus, 2009.

CHOLEWA, R. M. **Liderança, empatia e positividade tóxica.** 09 set. 2020. Disponível em: <https://rmcholewa.com/2020/09/09/lideranca-empatia-e-positividade-toxica/>. Acesso em: 29 nov. 2022.

CIRCO CRESCER & VIVER. **Relatório e prestação de contas – abril 2020.** 2020.

CIS ASSESSMENT. Formação em Analista de Perfil Comportamental. 2017.

CIULLA, J. B. Leadership studies and "the fusion of horizons". **The Leadership Quarterly**, vol. 19, n. 4, Aug. 2008, p. 393-395. Disponível em: <https://doi.org/10.1016/j.leaqua.2008.05.001>. Acesso em: 24 nov. 2022.

CORRÊA, P. S. de S. Liderança ambidestra e outras competências de líderes do futuro. **Keep Insights**, 12 nov. 2020. Disponível em: <https://blog.keeptalent.com.br/lideranca-ambidestra-e-outras-competencias-do-lider-do-futuro/>. Acesso em: 24 nov. 2022.

COVEY, S. **Shingo Prize Award ceremony report**. Huntsman Alummi Magazine, quarto trimestre de 2009, p. 12.

CROSS, R.; EDMONDSON, A.; MURPHY, W. Colaboração e os comportamentos da liderança. **MIT Sloan Management Review Brasil**, 18 maio 2021. Disponível em: <https://www.

mitsloanreview.com.br/post/colaboracao-e-os-comportamentos-da-lideranca>. Acesso em: 01 dez. 2022.

DALIO, R. **Princípios.** Rio de Janeiro: Intrínseca, 2018.

DATTOLI, J. C. "O que é empatia?" – Excelente artigo de Daniel Goleman! **O Bem Viver**, 16 jul. 2018. Disponível em <https://obemviver.blog.br/2018/07/16/o-que-e-empatia-excelente-artigo-de-daniel-goleman/comment-page-1/>. Acesso em: 01 dez. 2022.

DAVEL, E.; VERGARA, S. C. Gestão com pessoas, subjetividade nas organizações. *In*: DAVEL, E.; VERGARA, S. C. **Gestão com pessoas e subjetividade.** 4.ed. São Paulo: Atlas, 2010.

DAVID, S. **Agilidade emocional:** abra sua mente, aceite as mudanças e prospere no trabalho e na vida. São Paulo: Cultrix, 2018.

DE MASI, D. **O ócio criativo.** Entrevista a Maria Serena Palieri; trad. Léa Manzi. Rio de Janeiro: Sextante, 2012.

DE PAULO, R. 5 dicas para driblar a insegurança no trabalho e garantir sua evolução profissional por meio da confiança. **LinkedIn**, 30 nov. 2015. Disponível em: <https://www.linkedin.com/pulse/5-dicas-para-driblar-inseguran%C3%A7a-trabalho-e-garantir-sua-de-paulo/?originalSubdomain=pt>. Acesso em: 01 mar. 2023.

DELOITTE UNIVERSITY PRESS. **Rewriting the rules for the digital age:** 2017 Deloitte Global Human Capital Trends. Deloitte Development, 2017, p. 79.

DELOITTE. **The Adaptable Organization:** harnessing a networked enterprise of human resilience. 2018. Disponível em: <https://www2.deloitte.com/global/en/pages/human-capital/articles/the-adaptable-organization.html>. Acesso em: 28 nov. 2022.

DEN HARTOG, D. N. Ethical Leadership. **Annual Review of Organizational Psychology and Organizational Behavior**, vol. 2, n. 1, 2015, p. 409-434. Disponível em: <https://doi.org/10.1146/annurev-orgpsych-032414-111237>. Acesso em: 28 nov. 2022.

DIAMANDIS, P. H.; KOTLER, S. **Abundância:** o futuro é melhor do que você imagina. São Paulo: HSM, 2012.

DIAS, R. Como mensurar o nível de diversidade nas empresas? **Taqe**, 15 abr. 2021. Disponível em: <http://blog.taqe.com.br/como-mensurar-o-nivel-de-diversidade-nas-empresas>. Acesso em: 01 dez. 2022.

DIBELLA, C. Demystifying Empathy. *In*: **The New Leadership Dynamics:** organizations are emerging from the pandemic with reshaped expectations and opportunities – and a radical vision for change. PM Network®, vol. 35, n. 2, 2021, p. 18-47.

DROTTER, S. **Pipeline de Desempenho:** como atingir o desempenho certo em qualquer nível de liderança. Rio de Janeiro: Elsevier, 2011.

DWECK, C. **Mindset:** a nova psicologia do sucesso. Rio de Janeiro: Objetiva, 2017.

EDMONDSON, C. A. **A organização sem medo:** criando segurança psicológica no local de trabalho para aprendizado, inovação e crescimento. Rio de Janeiro: Alta Books, 2020.

ELROD, H. **O milagre da manhã:** o segredo para transformar sua vida. Rio de Janeiro: Best Seller, 2016.

ENDERSBE, T.; THERRIEN, J.; WORTMANN, J. **Os Três Compromissos da Liderança.** São Paulo: Clio Editora, 2012.

EQUIPE FM2S. Comunicação: entenda o que é e como se comunicar melhor. **FM2S**, 01 jul. 2021. Disponível em: <https://www.fm2s.com.br/blog/comunicacao>. Acesso em: 01 dez. 2022.

ESTEVES, S. Agora o mundo não é mais VUCA, é BANI. **Você S/A**, 20 maio 2021. Disponível em: <https://vocesa.abril.com.br/blog/sofia-esteves/agora-o-mundo-nao-e-mais-vuca-e-bani/>. Acesso em: 23 nov. 2022.

EUKO, P. H.; CAZARINI, E. W. Adaptação em Equipes Virtuais: Uma Revisão Sistemática da Literatura. **Management in Perspective**, vol. 1, n. 2, 2020. Disponível em: <https://doi.org/10.14393/MIP-v1n2-2020-49637>. Acesso em: 01 dez. 2022.

FARANI, C. Precisamos falar sobre neurodiversidade. **Forbes**, 11 jan. 2021. Disponível em: <https://www.forbes.com.br/forbes-collab/2021/01/camila-farani-precisamos-falar-sobre-neurodiversidade/>. Acesso em: 01 dez. 2022.

FAYOL, H. **Administração industrial e geral:** Previsão, Organização, Comando, Coordenação, Controle. São Paulo: Atlas, 1990.

FELLIPELLI, A. **Positividade tóxica:** a ditadura da felicidade. 30 mar. 2021. Disponível em: <https://fellipelli.com.br/positividade-toxica-a-ditadura-da-felicidade/>. Acesso em: 29 nov. 2022.

FINZI, B.; FIRTH, V.; LIPTON M. Ambidextrous leadership: Keystone of the undisruptable CEO. **Deloitte Insights**, Oct. 18, 2018. Disponível em: <https://www2.deloitte.com/us/en/insights/topics/leadership/ambidextrous-leadership-ceo-traits-in-digital-era.html>. Acesso em: 24 nov. 2022.

FISCHER, R.; URY, W.; PATTON, B. **Como chegar ao sim:** a negociação de acordos sem concessões. Trad. Vera Ribeiro e Ana Luiza Borges. Ed. rev. e ampl. Rio de Janeiro: Sextante, 2005.

FISKE, S. T. Social cognition and social perception. **Annual Review of Psychology**, n. 44, 1993, p. 155-194.

FRITZEN, S. J. **Janela de Johari.** 25.ed. Petrópolis: Vozes, 2017.

FUN RETROSPECTIVES. **Check-out.** Disponível em: <https://www.funretrospectives.com/category/check-out/>. Acesso em: 01 dez. 2022.

FUN RETROSPECTIVES. **Team Building.** Disponível em: <https://www.funretrospectives.com/category/team-building/>. Acesso em: 01 dez. 2022.

GALLUP. **State of the Global Workplace.** New York, NY: Gallup Press, 2017.

GARVIN, D. A.; WAGONFELD, A. B.; KIND, L. Projeto Oxigênio do Google: os gerentes são importantes? **Harvard Business School**, 2007.

GEMINO, A.; REICH, B. H.; SERRADOR, P. M. Agile, Traditional, and Hybrid Approaches to Project Success: Is Hybrid a Poor Second Choice? **Project Management Journal**, vol. 52, n. 2, 2021,

p. 161-175. Disponível em: <https://doi.org/10.1177/8756972820973082>. Acesso em: 24 nov. 2022.

GILSON, L. L. *et al*. Virtual Teams Research: 10 Years, 10 Themes, and 10 Opportunities. **Journal of Management**, vol. 41, n. 5, 2015, p. 1313-1337. Disponível em <https://doi.org/10.1177/0149206314559946>. Acesso em: 24 nov. 2022.

GOLDSMITH, M. Site. Disponível em: <https://marshallgoldsmith.com/>. Acesso em: 02 mar. 2023..

GOLDSMITH, M. **Try feedforward instead of feedback.** Disponível em: <https://marshallgoldsmith.com/articles/try-feedforward-instead-feedback/>. Acesso em: 02 mar. 2023.

GOLDSMITH, M.; MORGAN, H. Team Building without Time Wasting. *In*: GOLDSMITH, M.; LYONS, L.; MCARTHUR, S. **Coaching for Leadership:** writings on leadership from the world's greatest coaches. San Francisco, CA: Jossey-Bass, 2012.

GOLDSMITH, M.; REITER, M. **What Got You Here Won't Get You There:** how successful people become even more successful. New York, NY: Hyperion, 2007.

GOLEMAN, D. **Emotional Intelligence:** why it can matter more than IQ. S.l.: Bantam Books, 2012.

GOLEMAN, D. **Foco:** a atenção e seu papel fundamental para o sucesso. Trad. Cássia Zanon. Rio de Janeiro: Objetiva, 2013.

GOLEMAN, D. **Inteligência Emocional.** Rio de Janeiro: Objetiva, 1995.

GREENBAUM, R. L.; MAWRITZ, M. B.; EISSA, G. Bottom-line mentality as an antecedent of social undermining and the moderating roles of core self-evaluations and conscientiousness. **Journal of Applied Psychology**, vol. 97, n. 2, 2012, p. 343–359. Disponível em: <https://doi.org/10.1037/a0025217>. Acesso em: 28 nov. 2022.

GROVE, A. S. **Gestão de Alta Performance:** tudo o que um gestor precisa saber para gerenciar equipes e manter o foco em resultados. São Paulo: Benvirá, 2020.

GUENOLE, N.; FERRAR, J.; FEINZIG, S. **The Power of People:** learn how successful organizations use workforce analytics to improve business performance. Indianapolis, IN: Cisco Press, 2017.

GUNZI, A. O princípio dos pratos equilibrados. **Forgotten Lore**, 30 abr. 2018. Disponível em: <https://ideiasesquecidas.com/2018/04/30/%E2%80%8B-o-principio-dos-pratos-equilibrados/>. Acesso em: 24 nov. 2022.

GURUMURTHY, R.; SCHATSKY, D.; CAMHI, J. Uncovering the connection between digital maturity and financial performance: how digital transformation can lead to sustainable high performance. **Deloitte Insights**, May 26, 2020. Disponível em: <https://www2.deloitte.com/us/en/insights/topics/digital-transformation/digital-transformation-survey.html>. Acesso em: 24 nov. 2022.

HARARI, Y. N. **21 lições para o século 21.** Trad. Paulo Geiger. São Paulo: Companhia das Letras, 2018.

HARRELL, M.; BARBATO, L. Great managers still matter: the evolution of Google's Project Oxygen. **Re:Work**, Feb. 27, 2018. Disponível em: <https://rework.withgoogle.com/blog/the-evolution-of-project-oxygen/>. Acesso em: 01 dez. 2022.

HASTINGS, R.; MEYER, E. **A regra é não ter regras.** Rio de Janeiro: Intrínseca, 2020.

HECKMAN, J. J.; KAUTZ, T. D. Hard Evidence on Soft Skills. **NBER Working Paper Series**, June 2012. Disponível em: <https://www.nber.org/system/files/working_papers/w18121/w18121.pdf>. Acesso em: 01 dez. 2022.

HEIFETZ, R.; GRASHOW, A.; LINSKY, M. **The Practice of Adaptive Leadership:** tools and tactics for changing your organization and the world. Boston, MA: Harvard Business School Press, 2009.

HIATT, J. M. **ADKAR:** um modelo para mudança em negócios, governo e em nossa comunidade. Fort Collings, CO: Prosci Learning Center Publications, 2006. 146p.

HOEFT, S. **Histórias do meu sensei.** Porto Alegre: Bookman, 2013.

HOFSTEDE, G. **Culture and organizations:** software of mind. New York: McGraw-Hill, 1991.

HOUAISS, A. **Minidicionário Houaiss de Língua Portuguesa.** Rio de Janeiro: Objetiva, 2001.

HSIEH, T. **Delivering Happiness:** a path to profits, passion and purpose. New York, NY: Grand Central Publishing, 2010.

HSIEH, T. **Satisfação Garantida:** aprenda a fazer da felicidade um bom negócio. Rio de Janeiro: Harper Collins, 2016.

HSM EXPERIENCE. **Liderança Adaptativa:** por que quase ninguém faz? 09 mar. 2016. Disponível em: <https://experience.hsm.com.br/posts/lideranca-adaptativa-por-que-quase-ninguemfaz>. Acesso em: 01 dez. 2022.

HSM. **Liderança ambidestra é a chave para inovação e gestão de equipes a distância.** 08 maio 2020. Disponível em: <https://blog.hsm.com.br/lideranca-ambidestra-e-a-chave-para-inovacao-e-gestao-de-equipes-a-distancia/>. Acesso em: 24 nov. 2022.

HSM. **Liderança ambidestra é a chave para inovação e gestão de equipes a distância**. 08 maio, 2020. Disponível em: <https://www.hsm.com.br/blog/lideranca-ambidestra-e-a-chave-para-inovacao-e-gestao-de-equipes-a-distancia/>. Acesso em: 01 dez. 2022.

HUNT, S. T. How Hybrid Remote Work Improves Diversity and Inclusion. **Forbes**, May 12, 2021. Disponível em: <https://www.forbes.com/sites/sap/2021/05/12/how-hybrid-remote-work-improves-diversity-and-inclusion/?sh=6de912cf321f>. Acesso em: 25 nov. 2022.

HUNT, V. *et al.* A diversidade como alavanca de performance. **McKinsey & Company**, 18 jan. 2018. Disponível em: <https://www.mckinsey.com/business-functions/organization/our-insights/delivering-through-diversity/pt-br>. Acesso em: 01 dez. 2022.

HUNTER, J. C. **O monge e o executivo.** Rio de Janeiro: Sextante, 2004.

IBGE. **Censo 2010 – Resultados.** Disponível em: <https://censo2010.ibge.gov.br/resultados.html>. Acesso em: 01 mar. 2023.

INDIGO ANCHOR. **On the Origins of VUCA and How it Affects Decision Making.** Oct. 31, 2019. Disponível em: <https://www.indigoanchor.com/blog/2019/10/31/on-the-origins-of-vuca-and-how-it-affects-decision-making>. Acesso em: 01 dez. 2022.

INFOJOBS. **Employee Experience:** entenda os impactos da jornada do colaborador. 10 fev. 2021. Disponível em: <https://www.infojobs.com.br/blog/employee_experience__15775.aspx?t=2>. Acesso em: 01 dez. 2022.

INTROVERTENDO. **Introvertendo 172 – Antineurodiversidade.** Podcast. 07 maio 2021. Disponível em: <https://www.introvertendo.com.br/podcast/introvertendo-172-anti-neurodiversidade/>. Acesso em: 01 dez. 2022.

ISMAIL, S.; MALONE, M. S., VAN GEEST, Y. **Organizações Exponenciais:** por que elas são 10 vezes melhores, mais rápidas e mais baratas que a sua (e o que fazer a respeito). Trad. Gerson Yamagami. Rio de Janeiro: Alta Books, 2018.

JARCHE, H. **Networks thrive in complexity.** May 28, 2012. Disponível: <https://jarche.com/2012/05/networks-thrive-in-complexity/>. Acesso em: 28 nov. 2022.

JIANG, L.; PROBST, T. M. Transformational and passive leadership as cross-level moderators of the relationships between safety knowledge, safety motivation, and safety participation. **Journal of safety research**, 57, 2016, p. 27-32.

JONES, L. B. **Jesus, o maior líder que já existiu.** Rio de Janeiro: Sextante, 2006.

JUDGE, T. A.; PICCOLO, R. F.; ILIES, R. The forgotten ones? The validity of consideration and initiating structure in leadership research. **Journal of Applied Psychology**, vol. 89, n. 1, 2004, p. 36-51. Disponível em: <https://doi.org/10.1037/0021-9010.89.1.36>. Acesso em: 28 nov. 2022.

KAHN, W. A. Psychological conditions of personal engagement and disengagement at work. **Academy of Management Journal**, vol. 33, n. 4, 1990, p. 692-724.

KANE, G. C. *et al.* Strategy, not technology, drives digital transformation: becoming a digitally mature enterprise. **MIT Sloan Management Review**, July 14, 2015. Disponível em: <https://sloanreview.mit.edu/projects/strategy-drives-digital-transformation/>. Acesso em: 01 dez. 2022.

KAPP, S. K. (ed.). **Autistic Community and the Neurodiversity Movement:** stories from the frontline. Singapore: Palgrave Macmillan, 2020.

KELLERMAN, B. **Bad leadership:** what it is, how it happens, why it matters. Boston: Harvard Business School Press, 2004.

KELLY, R. **Constructing Leadership 4.0:** swarm leadership and the fourth industrial revolution. Switzerland: Palgrave Macmillan, 2019. ISBN 978-3-319-98061-4. Disponível em: <https://doi.org/10.1007/978-3-319-98062-1>. Acesso em: 28 nov. 2022.

KIEL, F.; LENNICK, D. **Inteligência Moral.** Rio de Janeiro: Campus, 2005.

KOFMAN, F. **Liderança e Propósito:** o novo líder e o real significado do sucesso. Rio de Janeiro: Harper Collins, 2018.

LAINO, A. de S.; RODRIGUEZ Y RODRIGUEZ, M. V. R. O diagnóstico da cultura organizacional através do modelo dos valores contrastantes: um estudo de caso. *In*: **XI SIMPEP**, Bauru, SP, 08-10 nov. 2004.

LALOUX, F. **Reinventando as Organizações.** Curitiba: Voo, 2017.

LANKSHEAR, C.; KNOBEL, M. **New literacies:** everyday practices and classroom learning. 2nd. ed. New York, NY: Open University Press, 2006.

LEE, H.-W. The relationship between achievement, motivation and psychological contracts. **The journal of global business issues**, vol. 4, n. 1, Spring 2010, p. 9-15.

LENCIONI, P. **The Advantage:** why organizational health trumps everything else in business. San Francisco, CA: Jossey-Bass, 2012.

LIDERANÇA na Era Exponencial. **Revista EBS**, s.d. Disponível em: <https://www.revistaebs.com.br/rh-e-treinamento/lideranca-na-era-exponencial%EF%BB%BF/>. Acesso em: 01 mar. 2023.

LIKER, J. K. **O Modelo Toyota.** 2.ed. São Paulo: Bookman, 2007.

LINS, T. M. Reputação, coronavírus e pós-crise: o que mudou e vai mudar. **Revista da Reputação,** 23 abr. 2020. Disponível em: <https://www.revistadareputacao.com.br/single-post/reputacao-coronavirus-mudar>. Acesso em: 01 dez. 2022.

LITTLE, J. **Lean Change Management:** innovative practices for managing organizational change. S.l.: Happy Melly Express, 2014.

MA, H.; KARRI, R.; CHITTIPEDDI, K. The paradox of managerial tyranny. **Business Horizons**, vol. 47, n. 4, 2004, p. 33-40, 2004. Disponível em: <https://www.researchgate.net/publication/4885134_The_paradox_of_managerial_tyranny>. Acesso em: 28 nov. 2022.

MACHADO, N. J. **Ensino Híbrido ou Anfíbio?** 10 mar. 2021. Disponível em: <https://www.nilsonjosemachado.net/ensino-hibrido-ou-anfibio/>. Acesso em: 01 dez. 2022.

MAGALDI, S.; NETO, J. S. **Gestão do Amanhã.** 8.ed. São Paulo: Gente, 2018.

MARQUES, J. R. 4 exemplos de metas SMART e como aplicar o conceito na sua empresa. **Instituto Brasileiro de Coaching**, 17 ago. 2018. Disponível em: <https://www.ibccoaching.com.br/portal/4-exemplos-de-metas-smart-e-como-aplicar-o-conceito-na-sua-empresa/>. Acesso em: 30 nov. 2022.

MARQUES, J. R. O que é e o que faz um Coach? **Instituto Brasileiro de Coaching**, 09 jan. 2020. Disponível em: <https://www.ibccoaching.com.br/portal/coaching/o-que-faz-um-coach-2/>. Acesso em: 30 nov. 2022.

MARQUES, M. A. J.; CUNHA, C. J. C. de A. Liderança Ambidestra e Inovação: a evolução de uma ideia. *In*: **VIII Congreso Internacional de Conocimiento e Innovación**, Guadalajara, 24-25 sep. 2018. Disponível em: <https://www.researchgate.net/publication/330523667_LIDERANCA_AMBIDESTRA_E_INOVACAO_A_EVOLUCAO_DE_UMA_IDEIA>. Acesso em: 24 nov. 2022.

MARSTON, W. M. **Emotions of normal people (1928).** International Library of Psychology, Routledge, 2000.

MARTINS, J. C. C. **Soft Skills:** conheça as ferramentas para você adquirir, consolidar e compartilhar conhecimentos. Rio de Janeiro: Brasport, 2017.

MASLOW, A. H. **Motivation and personality.** 3rd.ed. S.l.: Prabhat Books, 1987.

MATOS, E. R. **O desenvolvimento de líderes baseado no estilo comportamental em uma organização de saúde.** Dissertação (Mestrado em Gestão para a Competitividade) – Escola de Administração de Empresas de São Paulo, Fundação Getúlio Vargas, São Paulo, 2019.

MAXWELL, J. C. **Liderando para o sucesso:** descubra como ser um mentor qualificado e influenciar positivamente as pessoas. Rio de Janeiro: Vida Melhor, 2015.

MAXWELL, J. C. **O livro de ouro da liderança.** Rio de Janeiro: Thomas Nelson Brasil, 2008.

MAYER, J. D.; CARUSO, D. R.; SALOVEY, P. The Ability Model of Emotional Intelligence: Principles and Updates. **Emotion Review**, n. 8, 2016, p. 1-11.

MCDONALD'S permitirá lanches personalizados nos EUA. **Veja**, 09 dez. 2014. Disponível em: <https://veja.abril.com.br/economia/mcdonalds-permitira-lanches-personalizados-nos-eua/>. Acesso em: 01 dez. 2022.

MEARIAN, L. Como construir uma força de trabalho de "desenvolvedores cidadãos". **IT Forum**, 07 set. 2022. Disponível em: <https://itforum.com.br/noticias/como-construir-uma-forca-de-trabalho-de-desenvolvedores-cidadaos/>. Acesso em: 01 mar. 2023.

MEIR, J. Já é tempo de reavaliar o nosso conceito de normal. **Consumidor Moderno**, 30 abr. 2021. Disponível em: <https://www.consumidormoderno.com.br/2021/04/30/reavaliar-conceito-normal-neurodiversidade/>. Acesso em: 01 dez. 2022.

MORGAN, G. **Imagens da organização.** São Paulo: Atlas, 2002.

MORGAN, H.; HARKINS, P.; GOLDSMITH, M. (eds.). **The Art and Practice of Leadership Coaching:** 50 top executives reveal their secrets. Hoboken, NJ: Wiley, 2005.

MORGAN, J. M.; LIKER, J. K. **Sistema Toyota de Desenvolvimento de Produto.** São Paulo: Bookman, 2008.

MUNIZ, A. *et al.* **Jornada Ágil da Liderança:** entenda como desenvolver times protagonistas para resultados inovadores e sustentáveis no mundo digital. Rio de Janeiro: Brasport, 2020.

MUNIZ, A. *et al.* **Jornada do Ágil Escalado:** entenda como a agilidade em escala com foco nas pessoas potencializa resultados de valor aos clientes. Rio de Janeiro: Brasport, 2020.

NEUMAN, J. H.; BARON, R. A. Workplace violence and workplace aggression: evidence concerning specific forms, potential causes, and preferred targets. **Journal of Management**, vol. 24, n. 3, 1998, p. 391-419. Disponível em: <https://doi.org/10.1177/014920639802400305>. Acesso em: 28 nov. 2022.

NEVES, J. G. **Clima organizacional, cultura organizacional e gestão de recursos humanos.** São Paulo: Atlas, 1997.

NEVES, R. O. **Sensemaking – Liderança por Propósito:** comunicação estratégica para um mundo de complexidade exponencial. S.l.: Independently Published, 2020.

NEWSROOM. Gartner Forecasts Worldwide Low-Code Development Technologies Market to Grow 23% in 2021. **Gartner**, Feb. 16, 2021. Disponível em: <https://www.gartner.com/en/newsroom/press-releases/2021-02-15-gartner-forecasts-worldwide-low-code-development-technologies-market-to-grow-23-percent-in-2021>. Acesso em: 01 dez. 2022.

NEXA. **Somos uma das maiores produtoras de zinco do mundo.** Disponível em: <https://www.nexaresources.com/quem-somos/>. Acesso em: 02 mar. 2023.

NOVAK, D. **Levando as pessoas com você.** Rio de Janeiro: Alta Books, 2020.

ONU. Agenda 2030 para o Desenvolvimento Sustentável. **Nações Unidas Brasil**, 15 set. 2015. Disponível em: <https://brasil.un.org/pt-br/91863-agenda-2030-para-o-desenvolvimento-sustentavel>. Acesso em: 28 nov. 2022.

ORZEN, M. A.; BELL, S. C. **Lean IT:** Enabling and sustaining your lean transformation. New York, NY: Productivity Press, 2010.

PACTO GLOBAL REDE BRASIL. **ESG.** Disponível em: <https://www.pactoglobal.org.br/pg/esg>. Acesso em: 01 dez. 2022.

PACTO GLOBAL REDE BRASIL. **Gigante no mercado financeiro adere ao investimento sustentável.** Disponível em: <https://www.pactoglobal.org.br/noticia/42>. Acesso em: 01 dez. 2022.

PACTO GLOBAL REDE BRASIL; STILINGUE. **A evolução do ESG no Brasil.** Disponível em: <https://conteudos.stilingue.com.br/estudo-a-evolucao-do-esg-no-brasil#rd-form-joq3m2m5>. Acesso em: 01 dez. 2022.

PACTO RH. **Os quatro tipos de personalidade.** Disponível em: <https://www.pactorh.com.br/teste-disc/disc/os-quatro-tipos-personalidade/>. Acesso em: 01 dez. 2022

PARATODOS. **Inclusão da Pessoa com Deficiência:** aspectos psicossociais. Disponível em: <https://www.paratodos.net.br>. Acesso em: 25 nov. 2022.

PEREIRA, C. Todo CEO precisa ter metas ambientais, sociais e de governança. **Exame**, 10 maio 2021. Disponível em: <https://exame.com/blog/carlo-pereira/todo-ceo-precisa-ter-metas-ambientais-sociais-e-de-governanca/>. Acesso em: 01 dez. 2022.

PFEFFER, J.; SUTTON, R. **Hard facts, dangerous half-truths, and total nonsense**: profiting from evidence-based management. Boston: Harvard Business Review Press, 2006.

PIMENTEL, R. F. M.; SOUSA, M. S. **Arte de falar em público.** Disponível em: <https://www.academia.edu/12490964/arte_de_falar_em_p%C3%BAblico>. Acesso em: 30 nov. 2022.

POSNER, B.; KOUZES, J. **O Desafio da Liderança:** como aperfeiçoar sua capacidade de liderar. 5.ed. rev. e atual. Rio de Janeiro: Elsevier, 2013.

PRAHLAD, C. K.; HAMEL, G. **Competindo pelo Futuro:** estratégias inovadoras para obter o controle do seu setor e criar os mercados de amanhã. Rio de Janeiro: Elsevier, 2005.

PRIMEIRO mapa 3D de neurônios do coração revela complexidade do órgão. **Revista Galileu**, 27 maio 2020. Disponível em: <https://revistagalileu.globo.com/Ciencia/noticia/2020/05/primeiro-mapa-3d-de-neuronios-do-coracao-revela-complexidade-do-orgao.html>. Acesso em: 01 mar. 2023.

PROJECT MANAGEMENT INSTITUTE. **PMBOK Guide®**: A Guide to the Project Management Body of Knowledge. 6.ed. Newtown Square, PA: Project Management Institute, 2017.

PROJECT MANAGEMENT INSTITUTE. **PMI Citizen Developer™ Foundation Course**. Disponível em: <https://www.pmi.org/shop/p-/elearning/pmi-citizen-developer-foundation-course/el001>. Acesso em: 24 nov. 2022.

PWC. **Relatório anual 2020.** Disponível em: <https://www.pwc.com.br/pt/publicacoes/assets/2020/relatorio_anual_20.pdf> Acesso em: 02 mar. 2023.

QUANTO tempo estas empresas levaram para valer US$ 1 bilhão. **Época Negócios Online**, 22 fev. 2019. Disponível em: <https://epocanegocios.globo.com/Empresa/noticia/2019/02/quanto-tempo-estas-empresas-levaram-para-valer-us-1-bilhao.html>. Acesso em: 01 dez. 2022.

RAISCH, S.; BIRKINSHAW, J. Organizational ambidexterity: Antecedents, outcomes and moderators. **Journal of Management**, vol. 34, n. 3, 2008, p. 375-409.

REDAÇÃO. 9 estratégias para trabalhadores remotos manterem a saúde mental e o bem-estar. **IT Forum**, 01 ago. 2020. Disponível em: <https://itforum.com.br/noticias/9-estrategias-para-trabalhadores-remotos-manterem-a-saude-mental-e-o-bem-estar/>. Acesso em: 28 nov. 2022.

RIES, E. **A Startup Enxuta.** Rio de Janeiro: Sextante, 2019.

RIGBY, D.; ELK, S.; BEREZ, S. **Ágil do Jeito Certo:** transformação sem caos. São Paulo: Benvirá, 2020.

RINGCENTRAL. **10 Stats that Show the Undeniable Connection Between EX and CX.** Disponível em: <https://www.ringcentral.co.uk/gb/en/blog/10-stats-that-show-the-undeniable-connection-between-ex-and-cx/>. Acesso em: 01 dez. 2022.

ROBISON, J. Give Up Bossing, Take Up Coaching: You'll Like the Results. **Gallup**, Jan. 17, 2020. Disponível em: <https://www.gallup.com/workplace/282647/give-bossing-coaching-results.aspx>. Acesso em: 28 nov. 2022.

ROGERS, C. R.; FARSON, R. Active listening. *In*: KOLB, D.; RUBIN, I.; MACINTYRE J. (orgs.). **Organisational psychology.** New Jersey: Prentice Hall, 1979.

RONSONI, M.; GUARESCHI, J. **Mentoria organizacional:** manual de implementação do programa interno. São Paulo: Primavera Editorial, 2018. 400 p.

ROSENBERG, M. B. **Comunicação não violenta:** técnicas para aprimorar relacionamentos pessoais e profissionais. São Paulo: Ágora, 2006.

ROSING, K.; FRESE, M.; BAUSCH, A. Explaining the heterogeneity of the leadership-innovation relationship: Ambidextrous leadership. 2011. **The Leadership Quarterly**, vol. 22, n. 5, 2011, p. 956-974.

ROST, J. C. **Leadership for the twenty-first century.** New York: Praeger, 1991.

SABINO, R. Você sabe a importância da diversidade nas organizações? **UNG Notícias > Educação**, 10 jan. 2018. Disponível em: <https://www.ung.br/noticias/voce-sabe-importancia-da-diversidade-nas-organizacoes>. Acesso em: 25 nov. 2022.

SALOVEY, P.; MAYER, J. D. Emotional intelligence. **Imagination, cognition and personality**, vol. 9, n. 3, 1990, p. 185-211.

SANTANA, P. S. **O salário emocional e sua importância para a retenção de talentos nas organizações.** 2020. Disponível em: <http://200.229.206.179/bitstream/handle/123456789/522/Monografia_Psicologia%20Organizacional.pdf?sequence=1&isAllowed=y>. Acesso em: 01 dez. 2022.

SCHEIN, E. H. **Guia de sobrevivência da cultura corporativa.** Rio de Janeiro: José Olímpio, 1999.

SCHEIN, E. **Organizational culture and leadership**. San Francisco, CA: Jossey-Bass, 1992.

SCHMID, E. A.; VERDORFE, A. P.; PEUS, C. V. Shedding light on leaders' self-interest: theory and measurement of exploitative leadership. *In*: Academy of Management Annual Meeting, **Proceedings...** vol. 2014, n. 1, 2017, p. 1401–1433. Disponível em: <https://doi.org/10.5465/AMBPP.2014.13714abstract>. Acesso em: 28 nov. 2022.

SCHNEIDER, J. R. Vontade e Destino: aspectos polêmicos das constelações familiares. **IDESV**, 30 maio 2015. Disponível em: <https://constelacaofamiliar.net.br/359-vontade-e-destino/>. Acesso em: 02 mar. 2023.

SCHNEIDER, M. O Google passou 2 anos estudando 180 equipes. Os mais bem-sucedidos compartilham esses 5 traços. **Jornal do Empreendedor**, 27 maio 2019. Disponível em: <https://jornaldoempreendedor.com.br/destaques/o-google-passou-2-anos-estudando-180-equipes-os-mais-bem-sucedidos-compartilharam-esses-5-tracos/>. Acesso em: 28 novembro 2022.

SCHYNS, B.; SCHILILING, J. How bad are the effects of bad leaders? A meta-analysis of destructive leadership and its outcomes. **The Leadership Quarterly**, vol. 24, n. 1, Feb. 2013, p. 138-158. Disponível em: <https://doi.org/10.1016/j.leaqua.2012.09.001>. Acesso em: 28 nov. 2022.

SELIGMAN, M. E. P. *et al*. **The Optimistic Child.** Boston, MA: Houghton Mifflin, 2007.

SENA, C. de. Quem não controla, não gerencia! **Administradores.com**, 02 maio 2016. Disponível em: <https://administradores.com.br/artigos/quem-nao-controla-nao-gerencia>. Acesso em: 24 nov. 2022.

SILBERMAN, S. **NeuroTribes:** the legacy of autism and the future of neurodiversity. New York, NY: Avery, 2015.

SILVA, M. V. B. da. **Indicadores de diversidade para gestão organizacional.** Dissertação (Mestrado Acadêmico – Administração – Programa de Pós-Graduação da Universidade Feevale). Porto Alegre, 2020. Disponível em: <http://engemausp.submissao.com.br/22/arquivos/705.pdf>. Acesso em: 25 nov. 2022.

SILVA, P. S. C. **Gestão Humanizada no Setor Público:** Um Estudo de Caso no Instituto Anísio Teixeira (IAT). Monografia (Bacharelado em Administração) – Departamento de Ciências Sociais Aplicadas, Universidade Estadual de Feira de Santana, Feira de Santana, 2006.

SIMÃO, M. **Salário emocional.** Teresina: Leader, 2017.

SINEK, S. **Comece pelo porquê.** Rio de Janeiro: Sextante, 2018.

SINGER, J. **Reflections on Neurodiversity.** Blog. Disponível em: <https://neurodiversity2.blogspot.com/>. Acesso em: 28 nov. 2022.

SINHA, D.; SINHA, S. Managing in a VUCA World: Possibilities and Pitfalls. **Journal of Technology Management for Growing Economies**, vol. 11, n. 1, 2020. Disponível em: <https://tmg.chitkara.edu.in/index.php/tmge/article/view/159>. Acesso em: 23 nov. 2022.

SKOGSTAD, A. *et al*. The destructiveness of laissez-faire leadership behavior. **Journal of Occupational and Health Psychology**, vol. 12, n. 1, 2007, p. 80-92. Disponível em: <https://doi.org/10.1037/1076-8998.12.1.80>. Acesso em: 28 nov. 2022.

SOLOMON, L. K. How the Most Successful Leaders Wil Thrive in an Exponential World. **Singularity Hub**, Jan. 11, 2017. Disponível em: <https://singularityhub.com/2017/01/11/how-the-most-successful-leaders-will-thrive-in-an-exponential-world/>. Acesso em: 24 nov. 2022.

STRONG BUSINESS SCHOOL. **Como exercer a Liderança Virtual.** 30 set. 2020. Disponível em: <https://strong.com.br/blog/como-exercer-a-lideranca-virtual/>. Acesso em: 01 dez. 2022.

SWIATKIEWICZ, O. Competências transversais, técnicas ou morais: um estudo exploratório sobre as competências dos trabalhadores que as organizações em Portugal mais valorizam. **Cadernos EBAPE.BR**, vol. 12, n. 3, Rio de Janeiro, jul.-set. 2014, p. 663-687. Disponível em: <https://www.scielo.br/j/cebape/a/8VsR3wSrH9f4wHjwJhXb3Hx/?lang=pt>. Acesso em: 24 nov. 2022.

TAMAYO, A. Valores organizacionais e comprometimento afetivo. **Revista de Administração Mackenzie**, ano 6, n. 3, 2005, p. 192-213.

TAVARES, G. Como Alan Turing contribuiu (e muito) para a inteligência analítica. **TI Inside**, 31 mar. 2021. Disponível em: <https://tiinside.com.br/31/03/2021/como-alan-turing-contribuiu-e-muito-para-a-inteligencia-analitica/>. Acesso em: 24 nov. 2022.

TAYLOR, F. W. **The Principles of Scientific Management:** New York, NY; London, UK: Harper & Brothers, 1911.

TEDX TALKS. Neurodiversity – the key that unlocked my world | Elisabeth Wiklander | TEDxGöteborg. **YouTube**, 09 fev. 2017. Disponível em: <https://youtu.be/Qvvrme5WlwA>. Acesso em: 28 nov. 2022.

TEPPER, B. J. *et al*. Procedural injustice, victim precipitation, and abusive supervision. **Personnel Psychology**, vol. 59, n. 1, 2006, p. 101-123. Disponível em: <https://doi.org/10.1111/j.1744-6570.2006.00725.x>. Acesso em: 28 nov. 2022.

TEPPER, B. J.; SIMON, L. S.; PARK, H. M. Abusive supervision. **Annual Review of Organizational Psychology and Organizational Behavior**, vol. 4, 2017, p. 123-152. Disponível em: <https://doi.org/https://doi.org/10.1146/annurev-orgpsych-041015-062539>. Acesso em: 28 nov. 2022.

TOLLE, E. **O Poder do Agora:** um guia para a iluminação espiritual. Trad. Iva Sofia Gonçalves Lima. Rio de Janeiro: Sextante, 2004.

TRENTIM, M. PMI Citizen Development – O que é? Futuro da Gestão de Projetos. **YouTube**, 13 dez. 2020. Disponível em: <https://www.youtube.com/watch?v=a5N9kGTKL2I>. Acesso em: 01 mar. 2023.

TRISTÃO, C. **Barreiras de comunicação em projetos:** como identificar e minimizar seus impactos. Pós-graduação (MBA em Gerenciamento de Projetos), Fundação Getúlio Vargas, Rio de Janeiro, ago. 2018.

TROMPENAARS, F. **Nas ondas da Cultura:** como entender a diversidade cultural nos negócios. São Paulo: Educator, 1994.

TSACOUMIS, S.; WILLISON, S.; WASKO, L. E. **O*NET analyst occupational skills ratings:** Cycles 1-10 results. Alexandria, VA: Human Resources Research Organization, FR10-03. Contract number 2108-009, June 2010.

TTI SUCCESS INSIGHTS. **A pessoa certa no lugar errado.** Disponível em: <https://www.ttisi.com.br/assessment/disc-e-a-inteligencia-emocionaldisc-e-a-inteligencia-emocional/>. Acesso em: 07 mar. 2023.

TURING, A. M. I. — Computing Machinery and Intelligence. **Mind**, Vol. LIX, n. 236, Oct. 1950, p. 433-460. Disponível em: <https://academic.oup.com/mind/article/LIX/236/433/986238?searchresult=1>. Acesso em: 24 nov. 2022.

U.S. ARMY HERITAGE & EDUCATION CENTER. **Who first originated the term VUCA (Volatility, Uncertainty, Complexity and Ambiguity)?** Nov. 22, 2021. Disponível em: <https://usawc.libanswers.com/faq/84869>. Acesso em: 01 dez. 2022.

U.S. BUREAU OF LABOR STATISTICS. Projections overview and highlights, 2018-28. **Monthly Labor Review**, Oct. 2019. Disponível em: <https://www.bls.gov/opub/mlr/2019/article/pdf/projections-overview-and-highlights-2018-28.pdf>. Acesso em: 01 mar. 2023.

ULRICH, D. *et al.* **HR from the Outside In:** six competencies for the future of human resources. Blacklick: McGraw Hill Publishing, 2012.

UNESCO. **Manual para garantir inclusão e equidade na educação.** Brasília: UNESCO, 2019. Disponível em <https://prceu.usp.br/wp-content/uploads/2020/10/2019-Manual-para-garantir-a-inclusao-e-equidade-na-educacao.pdf>. Acesso em: 25 nov. 2022.

UNESCO. **UNESCO Universal Declaration on Cultural Diversity, adopted by the 31st session of the General Conference of UNESCO, Paris, November 2001.** 2002. Disponível em: <https://unesdoc.unesco.org/ark:/48223/pf0000127160 >. Acesso em: 25 nov. 2022.

VASCONCELLOS, L. Precisamos falar sobre positividade tóxica. **Vida Simples**, 20 mar. 2021. Disponível em: <https://vidasimples.co/ser/precisamos-falar-sobre-positividade-toxica/>. Acesso em: 29 nov. 2022.

VAZZOLER, E. Infográfico – 15 dados para mostrar a importância do reconhecimento dos colaboradores. **Endomarketing.tv**, s.d. Disponível em: <https://endomarketing.tv/reconhecimento-dos-colaboradores/>. Acesso em: 25 nov. 2022.

VEJA série de fotos do 'novo normal' após reaberturas pelo mundo. **Folha de S. Paulo**, 11 jul. 2020. Disponível em: <https://www1.folha.uol.com.br/mundo/2020/07/reabertura-cria-novo-normal-pelo-mundo.shtml>. Acesso em: 01 dez. 2022.

VIEIRA, P.; SILVA, D. **Decifre e influencie pessoas:** como conhecer a si e aos outros, gerar conexões poderosas e obter resultados extraordinários. São Paulo: Gente, 2018.

WEBB A. **The Big Nine:** how the tech titans and their thinking machines could warp humanity. New York: PublicAffairs, 2019.

WERMELINGER; L.; RODRIGUES, J. Equilíbrio Emocional: impactos da liderança no desempenho em ambientes ágeis. **MundoPM**, ago.-set. 2020, p. 38-41.

WEST, M. **People Analytics for Dummies.** Hoboken, NJ: Wiley Press. 2019.

WINNICOTT, D. W. Distorção do ego em termos de falso e verdadeiro "self". 1960, p. 128-139. *In*: WINNICOTT, D.W. **O ambiente e os processos de maturação:** estudos sobre a teoria do desenvolvimento emocional. Porto Alegre: ArtMed,1983.

WONG, J.; DRIVER, M.; RAY, S. The Future of Apps Must Include Citizen Development. **Gartner Research**, Oct. 04, 2019. Disponível em: <https://www.gartner.com/en/documents/3970067/the-future-of-apps-must-include-citizen-development>. Acesso em: 01 mar. 2023.

WORLD ECONOMIC FORUM. **The future of jobs:** Employment, skills and workforce strategy for the fourth industrial revolution. Global Challenge Insight Report – Genebra, Switzerland, Jan. 2016.

WOYCIEKOSKI, C.; HUTZ, C. S. Inteligência Emocional: teoria, pesquisa, medida, aplicações e controvérsias. **Psicologia: Reflexão e Crítica**, vol. 22, n. 1, 2009, p. 1-11.

X2ID. História da Inteligência Artificial. **X2 Inteligência Digital**, 20 fev. 2020. Disponível em: <https://x2inteligencia.digital/2020/02/20/historia-da-inteligencia-artificial/>. Acesso em: 01 dez. 2022.

ZENKLUB. **Endomarketing:** o que significa e exemplos de ações. 16 dez. 2021. Disponível em: <https://zenklub.com.br/blog/recursos-humanos/endomarketing/>. Acesso em: 01 dez. 2022.

Dedicatória e agradecimentos

Dedico mais um livro aos amores da minha vida: meus filhos Lucas e Luisa, minha esposa Keila, meus pais Iracema e José Prado e meus irmãos Simone, Paulo e Sandra. Agradeço a Deus essa nova conquista e agradeço ao time organizador pelo comprometimento na curadoria e aos coautores pela dedicação e excelência que resultaram em mais uma obra incrível para nossa série da Jornada Colaborativa. Parabenizo o time organizador pela revisão técnica e em especial ao amigo Júnior Rodrigues pela liderança do time. Agradeço a meus familiares e amigos da SulAmérica, Jornada Colaborativa e ADAXL pelas oportunidades de aprendizado e aos milhares de alunos, leitores e participantes das minhas palestras pela grande receptividade e troca de experiências que me tornam uma pessoa melhor a cada dia.
Antonio Muniz
Idealizador da Jornada Colaborativa, organizador e coautor da Jornada da Liderança Exponencial

Que desafio mais gratificante foi esse? Depois de ter coliderado o livro "Jornada Ágil de Liderança", foi surpreendente ver como foi possível criar um conteúdo tão espetacular e que conseguisse ir além daquilo que já parecia ser tão completo no outro livro. Agradeço a Deus pela honra e oportunidade de liderar esse time de feras que esteve nessa jornada com a gente, a minha amada Ana Paula, por compreender minhas horas de dedicação a essa obra, aos meus filhos Letícia e Bernardo, para quem deixo esse legado, além dos meus pais José e Beatriz por terem me dado uma base sólida para toda a vida.
Júnior Rodrigues
Líder do time, idealizador, organizador e coautor da Jornada da Liderança Exponencial

Nossas conquistas são fruto dos passos que damos e de quem nos acompanha. Na minha estrada, agradeço as bênçãos de Deus, a mão firme do Diego, o senso de responsabilidade do Pedro e os olhares de torcida dos meus pais. Obrigada também aos colegas Priscila, Júnior, Gean e Muniz por compartilhar essa empreitada, pelos aprendizados e pelas risadas. Que nossos caminhos continuem se cruzando pela construção da liderança que acreditamos e que merecemos.
Juliana Guedes Almeida
Organizadora e coautora da Jornada da Liderança Exponencial

Ouvinte, coautora, palestrante e, então, curadora. Quantas oportunidades incríveis a Jornada Colaborativa me proporcionou nos últimos anos! Agradecimento infinito aos três responsáveis por essa evolução: Victor Gonçalves, pela oportunidade de ingressar na Jornada; Antonio Muniz, idealizador desta incrível comunidade, pela acolhida desde o primeiro contato e cujo modelo de liderança é inspirador; e Júnior Rodrigues, por toda confiança, parceria e conhecimento compartilhado desde que ingressei no grupo. Agradeço também àqueles que são minha base e fortaleza: meus pais, irmão e irmãs, sempre atentos e presentes em todos os momentos; meu marido, Gustavo, por todo amor, parceria e suporte; e meus filhos, Pedro e Gabriel, que me permitem exercer diariamente a mais genuína forma de liderança afetiva – a maternidade.
Priscila Paulo
Organizadora e coautora da Jornada da Liderança Exponencial

Agradeço a oportunidade de estarmos juntos mais uma vez na Jornada Colaborativa. Em cada oportunidade, novos aprendizados e novas pessoas passam a fazer parte das nossas vidas, tornando tudo isso muito gratificante, prazeroso e maravilhoso! Sou eternamente grato a todos que me apoiam e participam da minha trajetória e jornada de liderança, em especial a todos que estiveram comigo, nesses últimos anos, na Zitrus e na Unimed SC gerando oportunidades, desafios a serem superados e muitos aprendizados em equipe, que contribuíram para a minha evolução profissional. Agradeço de coração a minha família (esposa e filhos), por estarem sempre ao meu lado, me inspirando, apoiando e incentivando a todo momento!
Gean Pereira
Organizador e coautor da Jornada da Liderança Exponencial

Autores

Acesse o QR Code e confira o nome, foto, minibio e o perfil no LinkedIn dos nossos coautores.

<https://liderancaexponencial.jornadacolaborativa.com.br/coautores>